师范生家庭学校社会协同
育人能力建设论

祝 霞/著

东北师范大学出版社
长 春

图书在版编目（CIP）数据

师范生家庭学校社会协同育人能力建设论 / 祝霞著.
—长春：东北师范大学出版社，2023.10
ISBN 978 - 7 - 5771 - 0742 - 4

Ⅰ.①师… Ⅱ.①祝… Ⅲ.①师范教育－师资培养－研究 Ⅳ.①G655.1

中国国家版本馆CIP数据核字（2023）第211976号

□责任编辑：肖　丹　　□封面设计：优盛文化
□责任校对：何一兵　　□责任印制：许　冰

东北师范大学出版社出版发行
长春净月经济开发区金宝街118号（邮政编码：130117）
电话：0431—84568095
网址：http://www.nenup.com
东北师范大学音像出版社制版
定州启航印刷有限公司印装
河北省定州市西域区大奇连工业园
2023年12月第1版　2024年1月第1次印刷
幅面尺寸：170mm×240mm　印张：11.75　字数：227千

定价：78.00元

前　言

随着时代的变迁和社会的快速发展，教育领域也呈现出前所未有的复杂性和多样性。师范生，作为教育领域的后备军，如何更好地适应这一变革、如何更好地实现自身的成长，是当前教育研究的热门话题之一。本书正是基于此背景深入研究和探讨师范生在新时代中的角色定位和成长路径。

第一章，深入分析了新时代背景下师范生角色的转型。针对师范生角色的变迁，本书对传统角色与新时代角色进行了详细的解读，进而揭示了角色转型背后的社会文化逻辑与教育变革的必然性。作为一种强调教与学互动、合作与共同成长的教育模式——协同教育在当下的教育改革中占据着重要的位置。第二章就为读者全面展现了协同教育的理念、内涵和实践维度。第三章至第六章，对师范生在不同育人领域的实践能力进行了系统的探索。无论是家庭教育、学校教育还是社会教育，我们都试图构建一个全面而深入的师范生培养与发展路径。这不仅有助于推动师范生自身的全面发展，还为我国教育的长远发展提供了有力的人才支持。第七章对地方高师院校的师范生培养模式进行了专门的研究，旨在为我国地方高师的教育改革和发展提供理论参考和实践指导。总之，本书试图构建一个完整的、有深度的师范生教育研究体系，为教育学界、教育行政部门和一线教育工作者提供理论支持和实践指导。

希望本书能成为师范生、教育工作者、教育研究者和所有关心教育的人们所喜爱的一本好书。由于笔者水平有限，书中难免存在疏漏，恳请广大读者批评指正。

目 录

第一章 绪 论 ·· 1
  第一节 时代迭替:新时代师范生角色的转型 ····················· 1
  第二节 顺势而为:指向协同教育的育人导向 ····················· 7

第二章 师范生协同育人理论基础 ································· 11
  第一节 教师教育一体化理论 ·· 11
  第二节 教师专业化发展理论 ·· 22
  第三节 教师实践性知识观 ··· 27
  第四节 终身学习理论 ·· 42

第三章 育人之师:师范生协同育人能力建设 ·············· 46
  第一节 师范生协同育人理念与师范生全面发展 ············· 46
  第二节 师范生通识性协同育人能力建设 ······················· 58
  第三节 师范生专业化协同育人能力建设 ······················· 64

第四章 校育美人:提升师范生家庭教育指导能力 ······ 72
  第一节 家庭教育指导的基本任务与原则 ······················· 72
  第二节 家庭教育指导的基本理念与必要准备 ················ 81
  第三节 构建专家型家庭教育指导教师素质结构体系 ····· 87
  第四节 现代技术推动师范生家庭教育指导 ··················· 89

第五章 校育能人:提升师范生学校教育能力 ·············· 98
  第一节 双导师制提升师范生实践能力 ·························· 98
  第二节 顶岗实习拓展师范生的实践能力 ····················· 109
  第三节 信息化教学助推师范生能力培养 ····················· 115

第六章　校育强人：提升师范生社会教育能力 …… **131**
　　第一节　社会教育概述 …… **131**
　　第二节　学校实施社会教育的原则与途径 …… **148**
　　第三节　提升师范生社会教育能力的策略 …… **153**

第七章　地方高师院校师范生培养与发展 …… **156**
　　第一节　强化师范生技能指导 …… **156**
　　第二节　着力培养"多元化"教师 …… **163**
　　第三节　建立师范生评价标准 …… **173**

参考文献 …… **179**

第一章 绪 论

第一节 时代迭替：新时代师范生角色的转型

一、新时代师范生角色定位的探讨

（一）新时代课改中的学教者

传统的教育模式常将教师置于中心位置，这样的教学策略很难真正激发学生的创新能力和潜能。而在新时代核心素养的指引下，教育更加注重激发学生的主动性，目的是培养学生的信息整合、学习迁移、问题解决和创新批判等能力。在这样的背景下，教师的角色更多地转化为学生能力的塑造者和课堂互动的策划者。课堂应更注重学生的参与，而教师则成为启迪和指导他们的伙伴。在这个过程中，教师需要密切观察学生在课堂上的自我驱动学习、参与动机和情感反应，进而提供针对性的学习指导。

1. 要精心训练技能

师范生在教育领域的发展道路上所面临的任务是艰巨的，他们不仅要在学科知识上达到卓越，还要积极培养和完善自己的教育技能和教师素养。正是这种双重要求，使得师范生的培训和成长过程更加复杂，同时也更加充满挑战。作为即将走入教育一线的"学教者"，师范生需要有清晰的自我认知，明确自己在未来的教育生涯中将担任的角色。这意味着他们在大学的学习过程中，不仅仅是作为一个纯粹的学生，更需要逐渐摆脱大学生的身份心理，从施教者的角度来体验、思考和实践。他们需要深入体验教学流程、节奏等细节，感受到站在讲台前的那份责任和挑战。

但师范生的关注点远不止于此。在专业知识之外，他们需要深度地关注每一个学生，了解他们的学习需求、情感反应和个体差异。只有真正地关心学生，才能有效地进行教育。而要做到这一点，首先要营造一种愉悦和谐的教学氛围。这样的氛围可以让学生更加放松、自主，更容易接受知识；同时，它也可以帮助教师更好地与学生建立联系，了解学生的需求和困惑。师范生在教育实践中还需要不断提升自己的教学技能。教育不仅仅是知识的传授，更多的是教育方法、策略和技巧的运用。这就要求师范生在实践中不断地反思、调整和完善，寻找最适合自己和学生的教学方法。同时，他们还要在实践中培养自己的教师素养，这包括职业道德、情感关怀、教育热情等方面的能力和素质。在当前的教育背景下，核心素养已经成为教育的重要方向。这就要求师范生不仅要有深厚的学科知识，还要能够从更宏观、更全面的角度来看待教育，掌握新的教育理念和方法，以满足现代教育的多元化和个性化的需求。

2. 要精心设计教学活动

精心的教学设计是确保教育效果的关键，尤其是对于正站在教育旅程起点的师范生而言。当他们在模拟课堂环境中扮演施教者的角色时，每一个细节的策划与考量都是对未来真实课堂教学的预演。而这背后，不仅仅是对教学内容的熟悉和理解，更重要的是对学生认知规律、教学逻辑、学科核心素养和以学生为中心的教学理念的深入领悟。详尽的备课工作是保证教学活动顺畅进行的前提。每一个教学环节，无论是导入、讲解、提问还是强化，都需建立在对教学内容的深入理解之上，确保每一步都是为了达到预设的教学目标。同时，由于教学活动的实践性质，师范生还需要提前预测课堂中可能出现的各种现象和问题，从而制订相应的应对策略。这不仅可以增强教学的连贯性，还有助于提高学生的参与度和学习效果。然而，单纯的教学内容熟悉与预测并不足以确保高质量的教学效果。师范生还需要从施教者的角度深入考虑教学设计的合理性和有效性。例如，他们需要确保每一个教学环节都与学生的认知规律相匹配，确保教学内容和方法都能够引起学生的兴趣和参与。此外，教学逻辑和顺序的合理性也是关键，只有确保每一步都是为了达到教学目标，才能确保学生的学习效果。

在当前教育背景下，学科核心素养已经成为教育的重要指导思想。师范生在教学设计中，不仅需要确保教学内容和方法与学科核心素养相匹配，还需要确保整体教学活动能够培养学生的这些核心素养。这既是对学生的长期发展负责，又是对教育事业的贡献。

(二) 心理学伦理下的年长者

教育在传递知识的同时，也承担着塑造个体心理和社会伦理的重任。在教育领域中，师范生不仅仅是学习者，更是即将走上教育一线、与学生互动的教育者。而学生，尤其是青年学生，不仅仅在知识层面迅速吸收和成长，他们的情感、价值观、人生观也在此关键期呈现出快速塑造和变化的特点。

师范生的身份使其自然地成为学生认知和情感发展中的重要参照。在新时代教育的背景下，学生的个人态度和社会责任已被视为核心素养的重要组成部分，这意味着教育不仅仅是知识的传递，更多的是引导和塑造。学生在成长过程中，尤其是在知识体系和价值观的构建中，经常会出现对自我认同的怀疑、对社会规范的质疑、对人生意义的探索等。这种深度的自省和探索，往往伴随着复杂的情感体验，如迷茫、焦虑、自我否定等。在这种背景下，师范生需要更多地从心理学的角度出发，去理解和关心学生。当学生面对知识与伦理、情感与认同的挑战时，师范生不仅仅要提供知识性的回应，更要为学生提供情感的支持和价值观的引导。这也意味着，师范生需要有足够的心理学知识和教育伦理素养，才能在教育实践中更好地完成这一使命。从心理学的角度来看，青年学生正处于自我发展和认同寻求的关键时期，他们需要的不仅仅是知识上的指导，更多的是情感上的关心和支持。因此，师范生在教育实践中应更加注重学生的心理需求，给予学生足够的关心和支持，引导学生建立积极的自我认同和健康的人生观。而从教育伦理的角度来看，学生的价值观和伦理观的培养不仅仅是教育的目标，更是教育者的责任。因此，师范生在教育实践中，不仅仅要提供知识的引导，更要为学生提供价值观和伦理观的引导，帮助学生建立起积极、健康、正义的价值观和伦理观。

（三）模拟课堂中的受教者

1. 师范生要稚化为学科教学中的学生

模拟课堂为师范生提供了一个重要的平台，以深入理解和体验学生在真实教学环境中的角色和经验。尽管师范生通过长时间的学习累积了大量的知识和经验，但当他们在模拟课堂中被定位为受教者时，面临的主要挑战是如何有效地转变角色，并在特定的教学情境中完全投入。这种转变并非简单的角色扮演，它要求师范生深入地投入学生的身份中，体验学生在教学过程中的真实感受。而这种体验的核心是，尽管师范生已经对某个学科拥有深厚的知识和能力，但他们需要稚化，暂时抛开这些知识和能力，完全沉浸在模拟课堂的教学情境中。这样，他们才能更好地理解和体验到学生在学习过程中可能遇到的困惑、挑战以及激励。

对于师范生来说，这样的体验能够帮助他们更深入地理解学生的学习需求，更有效地设计和实施教学策略。通过这种角色转变，师范生不仅可以从学生的角度评估教学设计的有效性，还可以发现和理解学生在学习过程中可能遇到的问题，并根据这些体验调整自己的教学方法和策略。此外，这种角色转变也为师范生提供了一个宝贵的机会，他们可以进一步加深对教学过程中人与人之间互动关系的理解。教学不仅仅是知识的传递，更重要的是师生之间的沟通和互动。只有当师范生真正成为受教者，他们才能更好地理解学生的需求，更有效地与学生建立起真正的沟通和联系。

2. 师范生要隐身为授课教师的学徒

作为受教者的师范生在模拟课堂中扮演真实的学生身份，有助于他们从内部直观地感知和评估教学设计的效果。然而，他们在此过程中不仅是传统意义上的学生，还需隐身为授课教师的学徒，为其提供关于教学细节和效果的反馈。当师范生主导授课时，他们可能难以全面识别并纠正教学中的各种问题和缺陷。但是，通过换位思考，将自己置于学生的位置，他们可以更加敏感地察觉教学中的漏洞和不足。这种角色的转换不仅仅为他们提供了一个新的视角，帮助他们理解学生的需求和困惑，而且也促使他们深入反思自己的教学方法。更进一步地说，当师范生扮演听课教师学徒的角色，他们可以更加系统地分析教学过程，关注教学策略的应用，教学方法的创新，以及教学过程中的师生互动情况。这样的角色转换不仅有助于他们对教学有更深入的理解，而且能够促进他们在未来教育实践中持续提高自己的教学能力。

（四）多样性教学的观察者

对于师范生而言，课堂观察成为一种宝贵的教育研究方式。在他们的课程培训和实践中，每个师范生展现出了各自独特的教学策略和方法，其中包括各种形式，如提问、讲解、演示，以及讲授式、探究式和论证式等多种教学风格。通过作为观察者，师范生可以记录和反思所观察到的教学实践，从而对教学设计和技能进行深入的理解和学习。

1. 做提升教学训练质量的反思者

作为提高教学质量的思考者，师范生在课堂观察中必须重视反思的过程。这涉及对教学中的挑战进行细致分析，对存在的短板进行自我批判，并从中吸取经验教训。通过对教学实践的深入观察与思考，师范生可以更深入地领会教学的真谛，并且锻炼责任心，从而持续优化其教学策略和行为。

2. 做教学设计的分享者

在课程训练和实践中，师范生通过专业的课堂观察，深入分析和讨论教学过程。这种环境鼓励他们之间进行交流和探讨，从中提炼和分享教学心得，进而丰富各自的教学视野。这种共享与交流的过程，无疑助力于他们教学设计能力的进一步提高。

3. 做促进专业成长的自觉者

师范生在教学实践中的合作与坦诚交流，不仅促进了教学技术的共享，还加深了彼此之间的交往与理解。通过观摩、提问和反馈的环节，师范生能够更加关注自己在提问中的时机选择和提问的效果。经过这样的经验积累，师范生的教育哲学和教学理念都会得到积极的调整和完善。

（五）本体诊断下的自省者

在教学实践中，施教者在教学的现场往往深陷于繁复的教学任务和活动中，容易忽略或未能及时捕捉到自身在教学过程中的某些不足。这种局限性，使得即便是经验丰富的教师也很难在短时间内自我修正。而师范生，作为教育实践的新手，这种情况尤其明显。受教者和观察者的角色为师范生提供了另一种角度的反馈。他们站在课堂的另一边，更容易捕捉到教学过程中可能出现的细节问题，例如教学节奏的掌握、教学方法的选择、与学生的互动等。这种从教学对象角度出发的反馈，是对施教者非常有价值的信息来源。

现代技术为教育实践提供了更多的可能性。多媒体设备，如摄像头、麦克风等，能够实时、全面地记录整个教学过程。师范生可以在教学结束后，利用这些记录来进行详细的自我分析。这种自我回放的方式，使师范生有机会从第三人称的视角重新审视自己的教学行为，如同一个旁观者般，冷静地分析、反思，从而发现自己可能忽略的问题。此外，多媒体设备不仅提供了全面的教学记录，还能为师范生提供与真实教学环境相近的训练场景。例如，通过虚拟现实技术，师范生可以在模拟的课堂环境中反复练习，而不必担心真实课堂中可能出现的突发情况。

站在本体者的角度，对自己的教学行为进行诊断和反思，实际上是一种深度的自我挖掘和成长。每一次的自我观察、每一次的反思，都有助于师范生对自己的教育理念、教学方法进行调整和完善，从而更好地适应真实的教育场景，为学生提供更高质量的教学服务。这种持续的、深入的自我审视，对于师范生来说，是他们专业成长的关键，也是他们在教育实践中不断进步、追求卓越的动力来源。

二、师范生角色定位的转变策略

（一）把握发展规律，明确培养目标

师范生所处的时期可视为教师职业生涯的启蒙阶段，他们对于教师角色的认知、预期和情感体验具有其特殊性，区别于已入职的教育从业者。对此，师范院校在培养策略上应深刻洞察这一发展规律，明确师范生教师角色意识的培养目标。考虑到师范生对于教师职业的初步印象往往存在消极、被动的态度，这就需要教育机构通过系统的教育和训练，帮助他们重新塑造对教师角色的看法，从而转变为积极、主动和自觉的心态。教育机构应为师范生提供多元化、实际的教育场景，使其在真实环境下感受、理解教师的职责和角色[①]。这种方式可以帮助师范生逐步建立与教育实践相结合的教师形象，深化他们对教育工作的情感投入。

再者，师范生的教师角色意识的转变还需要师范院校在课程设置、实习体验、教育研讨等多个方面提供支持。例如，在课程设置中，强调实际教学方法的研究与探索，让师范生在学术与实践之间找到平衡。实习体验中，确保师范生有机会深入真实的教育场景中，亲身体验教师的工作，从而更深刻地理解教师角色。而在教育研讨中，鼓励师范生参与，分享他们的观察和体验，与他人交流，这种互动会促使他们对教师角色有更深入的思考和认知。

（二）改进课程设置，加强实践体验

师范生对于课程设置持有深刻的期望，特别是在加强实践课程的方面。他们渴望将所学的专业知识与实际的教学场景相结合，将理论知识应用于真实的教育实践中。为了满足这些需求，教育机构应根据师范生的反馈进行课程的调整和优化，确保课程内容与师范生的发展需求和教育趋势相匹配。学校在课程设置上，应考虑到融合教育学、心理学和学科教学论等课程的内涵，以确保师范生能够在理论和实践之间找到恰当的平衡点。教育学为师范生提供了教育实践的基础架构，心理学则让他们理解学生的学习需求和心理状态，而学科教学论则与具体的教育实践密切相关。三者相辅相成，共同为师范生塑造一个全面的、能够适应现代教育需求的教师形象。

在加强实践体验方面，相关的教育实习对师范生而言尤为重要。实习体验不仅使他们能够直观地体验到教师的职业生涯，还能加深他们对于教育工作的情感投入。教育机构在设计实习计划时，不仅要考虑到学校的教育资源，还需要与外部优秀的教育机构和教育者合作，共同为师范生提供高质量的实习体验。此外，聘请资深优秀的教师来讲授教育相关课程和指导教育实习也是非常关键的一环。这些经验丰富的教育者，不仅可以为师范生提供宝贵的教育见解和策略，还能通过他们的实际经验和故事激发师范生的教育热情，使其更加坚定地走上教育之路。

---

① 李灵敏. 地方高师院校免费师范生教师角色意识及影响因素研究：以S师范大学为例[D]. 太原：山西师范大学，2018：21.

师范生角色定位的转变是一个持续的、复杂的过程，而课程设置与实践体验是这一转变中的关键因素。为了确保师范生能够更好地适应现代教育的需求，学校和教育机构必须与时俱进，不断更新和优化教育资源和课程内容，与外部教育机构和专家共同合作，共同为培养下一代的教育者做出贡献。

（三）指导职业规划，塑造教师性格

尽管师范生已有明确的职业目标，他们对于职业发展的疑虑仍然存在。为帮助他们充分了解教育行业并形成健全的教师角色观念，学校应组织举办模范教师讲坛、邀请杰出教育者分享其教育经验等系列活动。通过与卓越教育者的接触和交流，师范生能更深入地理解教师的职责和挑战，走出之前的误区，从而更为坚定地认识并拥抱自己未来的教师角色。

（四）紧扣时代需要，锚定新型角色

在当代社会的快速变迁中，许多师范生对于新时代教师角色的诸多转变并不充分了解。例如"学习促进者""活动协调者""课程开发者""心灵塑造者""教育研究者"等角色对他们来说可能仍是新颖的概念。为此，师范院校有责任深化"新时代教师"这一文化内涵。这不仅包括让师范生达到核心素养目标，确立与学生之间新的关系，探索新的教学模式，还需要引导他们应用和理解新的评估方法。通过这些措施，师范生可以更深入地理解、建立并强化他们作为新时代教师的角色。

第二节 顺势而为：指向协同教育的育人导向

一、"协同"释义

中西方文化对"协同"一词都赋予了深厚的文化内涵。协同一词在中国最早出现在汉朝，在《后汉书·桓帝纪》中有"内外协同，漏刻之闲"，意为协调一致。在《古代汉语字典》中"协"有"共同，协同"的意思。[1] 在《现代汉语词典》中，协同的意思是"各方互相配合或甲方协助乙方做某件事。[2]"协同与协同现象在社会诸多领域都广泛存在。在军事和军队建设中，存在着协同，主要指各军兵种、专业兵和专业部队之间在战斗行动上的协调配合。在法律事

---

[1] 严廷德，郑红. 古代汉语字典 [M]. 成都：四川辞书出版社，2006：654.
[2] 中国科学院语言研究所词典编辑室. 现代汉语词典（试用本）[M]. 北京：商务印书馆，1973：1135.

务中也有协同，协同的意思是为了做某事，各方面互相配合或一方协助另一方，常与动词搭配，如"办理"。在中国古籍中，《说文解字》对"协"与"同"这两个字给予了细致的解释，其中"协"表示众人以共同的力量和精神进行合作，而"同"则传达了合作和集结的含义。因此，从这个角度解读，"协同"代表了众人齐心协力、相互支持的概念，体现了一种集体主义的合作哲学。

在西方，协同一词最早起源于古希腊语，意为协作、合作、协调、同步。"协同"更偏向于共同努力或共同完成某项工作。这种理解与赫尔曼·哈肯提出的协同学说相呼应。在这一学说中，协同不仅仅是单纯的合作或协作，它涉及在复杂系统中子系统之间的相互影响与交互作用。这些子系统在时空中形成自组织的结构，产生了所谓的协同现象和协同效应。在这种背景下，王学俭教授对"协同"的理解则更为广泛，不仅包括合作，还涉及竞争，但核心的重点仍是合作。这也意味着协同并不仅仅是简单的1+1的加和，而是可能产生超出预期的效果，即$1+1>2$的协同效应。

在自然领域，协同作为一种基本原则早已被广泛研究和应用，比如生态系统中各种生物的相互依赖和合作。随着学科的交叉发展，协同的理念也渗透到了社会科学领域，为各种领域的研究带来了新的视角和方法。近年来，在高等教育领域，我们可以看到"协同创新""协同合作"和"协同育人"等概念的出现和应用。这些都反映了高等教育领域对于协同思想的深化理解和实践。

二、协同教育的内涵

协同教育是反映时代进步的新型教育理念。它不仅体现了教育的社会属性，而且代表了更为宏大、全面的教育视角，标志着现代教育的发展方向。自改革开放以来，我国的协同教育迅速崭露头角。20世纪70年代，协同教育的概念首次在我国得到探讨。到了90年代，学者陈峰深入讨论了协同教育在教育领域的适用性，他强调了协同教育跨学科的理论根基，如其涵盖的唯物辩证法等。随着科技的日新月异和社会的多元化趋势，教育逐渐展现出其广泛性，而协同教育则凸显了其卓越和时代的价值。

通常，"协同"指的是不同实体或系统间的相互作用和合作，这种作用和合作可以生成更优的效果，推动事物向前发展。教育是一个涉及多种因素和多个子系统的复杂过程；而协同教育侧重于探索这些要素和系统如何协同作用。协同教育旨在将合作的原则和策略应用于教育实践，其核心目标是通过多方合作来更有效地进行人才培养。根据实际需求，协同教育可以大致划分为内部协同和外部协同。具体到高等教育实践，高等教育机构的内部协同主要涉及三个方面：价值观的统一、跨学科的知识融合以及教育组织的协同。而在外部协同方面，是指以高校为核心，结合社会、家庭等主体资源，共同构建协同教育平台，以培育适应现代社会需求的人才。本书关注的协同教育重点是高校教育的协同，目标是培育学生确立坚实的生态文明观，通过内外部协同，创建有序的教育结构，增强教育的效果，从而更好地影响学生的生态文明观，并提升教育效果。

三、协同育人导向的三大维度

（一）知识维度

在协同育人的框架中，知识维度占据了核心的位置，与技能维度和情感维度相互作用、相互渗透。知识维度不仅仅是传统的知识传递和掌握，而是基于更深层次的理解和探索，使学生能够将所学与实践相结合，形成深入的认知和应用。

在现代教育的背景下，协同育人强调的是多学科、跨领域的综合性知识体系。这一维度使学生不再局限于特定的学科边界，而是能够跨越这些边界，对多个学科的知识进行整合，形成全面的认知视角。这种综合性的认知不仅仅能够提高学生的学科素养，也为他们的终身学习打下了坚实的基础。

与此同时，知识维度也着重于培养学生的批判性思维和分析能力。在协同育人的过程中，学生不仅仅需要对所学的知识进行接受，更要对其进行批判性的反思和评价。这样的知识体验可以培养学生的独立思考能力，使他们在未来的学习和工作中能够独立判断、分析问题，形成自己的见解。

更为关键的是，知识维度的核心在于培养学生的创新思维。在不断变革的社会背景下，仅仅掌握知识是远远不够的，如何将知识进行创新性的应用，以应对社会的挑战和需求，成为协同育人的关键。通过创新性的知识应用，学生可以更好地适应未来的职业和生活，为社会的发展做出更大的贡献。

（二）技能维度

技能维度在协同育人的结构中扮演了不可或缺的角色。与知识维度相辅相成，技能维度重在培养学生实际操作、实施和执行的能力，确保知识转化为具体行动和应用。技能不仅包括具体的操作和实施技巧，还涵盖了策略性思考、沟通协作及解决问题的能力，这些都是现代社会所特别重视的素养。

在协同育人的过程中，技能维度注重学生的实践操作和实际应用。这意味着学生不仅仅需要理论知识的支撑，更要掌握与之相关的实践技能。例如，在科学实验中，学生不仅要理解相关的科学理论，还要掌握实验操作的技巧，才能真正达到教学的目的。另外，技能维度还涉及学生的社交和沟通技巧。在多元化的现代社会中，跨文化、跨领域的交流与合作变得尤为重要。如何与来自不同背景的人有效沟通、如何在团队中发挥自己的作用、如何协同合作完成复杂的任务，这些都是技能维度中需要解决的问题。

解决问题的技能也是技能维度的重要组成部分。面对复杂多变的社会现实，学生需要具备独立思考和解决问题的能力，这既包括对问题的分析识别，又包括对问题的创新解决。在这一过程中，学生既要利用自己的知识体系，又要结合实际情境，动态地调整和优化自己的解决策略。

技能维度的培养不仅仅是在学校中进行，还需要与社会、家庭和其他教育主体进行紧密的合作，形成一个协同的教育环境。通过这种协同的教育模式，学生可以在真实的社会环境中锻炼和应用自己的技能，从而更好地适应社会，为未来的发展做好准备。

(三) 情感维度

情感维度在协同育人中占据核心地位，其重要性并不亚于知识和技能维度。情感，作为个体的内在驱动力，关系到学习的积极性、持续性以及深度，影响着知识和技能的吸收、转化与应用。在教育过程中，情感维度关注学生的内在体验、情感反应和价值取向，以及这些因素如何与知识和技能相互作用，共同推动个体的全面发展。

情感维度的核心在于培养学生的积极心态、健康的自我认知以及对外部环境的正确认知。这意味着学生需要发展出对自己、对他人、对社会和自然的关爱和尊重，形成基于人性、道德和伦理的价值取向。当这些情感因素得到妥善培养，学生会更加珍视学习过程中的每一次体验，更加珍惜与他人的互动，更加尊重和欣赏文化和自然的多样性。

此外，情感维度还涉及情绪的管理和调节。学生在学习过程中难免会遭遇困难和挫折，如何面对和处理这些情绪，如何将其转化为动力，是情感维度需要关注的关键问题。正确的情绪管理能够帮助学生更加冷静、客观地看待问题，避免情绪的过度波动对学习造成干扰。

情感维度的培养不仅局限于学校教育，还涉及家庭、社区和其他社会环境。家庭是情感教育的最初和最重要的场所，家长的教育方法、家庭的氛围以及家庭成员之间的互动都对学生的情感发展产生深远的影响。同样，社区、文化和社会环境也为学生提供了丰富的情感体验和学习机会。

第二章　师范生协同育人理论基础

第一节　教师教育一体化理论

一、教师教育一体化的含义

"一体化"作为一个概念，逐渐成为现代学术和社会实践中的核心话题。其涵盖的内容非常广泛，既可以指物的组成部分，又可以代表某些事物之间的紧密关系，或者是对两个或多个事物之间相似性的描述。一是"一部分"，即某一事物是某一整体的一部分。二是"比喻关系亲密，如同一个整体"，即某两个或多个事物之间有必然的内在的联系，形成一个整体。如《仪礼·丧服》中有这样的例句："父子，一体也；夫妇，一体也；昆弟，一体也"。三是"一样"，即两个或多个事物在某些方面是相同的。可见，"一体"即哲学中所讲的"对立统一"。在教师教育领域中，这一哲学原则被具体化，揭示出教师教育的各阶段或各方面之间所存在的对立与统一关系。这些阶段或方面在目标、内容、方法等方面表现出差异性，但又共同构成了教师教育这一整体，显示出它们之间的共性和内在联系。

为了深入理解"一体化"的概念，我们不妨从字面上对"化"进行探讨。在《中华学生字典》中，"化"作为一个后缀，它表示某种转变或达到某种状态。结合"一体"，这一词汇旨在描述一种由分离到整合的过程，即将事物的各个部分转化为一个内在联系的整体[①]。此外，从英语的视角来看，"一体化"的对应词是"integrate"和"integration"，它们分别指向"使完整，使结合"和"结合、综合"。这进一步印证了"一体化"在中英文中的一致性。

---

① 周宁.中华学生字典[M].北京：学苑出版社，1996：249.

在经济领域,"一体化"这一术语已被广泛接受和使用,它描述了当今经济实践中一个明显的趋势——即各国经济间的相互融合和依赖。全球经济一体化的出现,使得不同国家之间的经济活动更加紧密,各国经济都呈现出"你中有我,我中有你"的特点。而跨国公司的崛起则是这一趋势的直接体现,它们在多个国家开展业务,充分利用了各地的资源和优势,展现出了全球经济的相互连接性。

但是,"一体化"并不仅仅局限于经济领域。在文化、政治、科技等多个领域,都可以观察到类似的融合趋势。教师教育一体化理念在当代教育界中逐渐受到重视,体现了对教师专业成长及教育质量提升的深刻思考。其核心思想是提高教师的专业水平,以达到优化教育质量的目的。在这个过程中,职前教育和职后培训成为两个互为补充、相互依存的关键环节。职前教育作为教师入职前的师范教育,为即将步入教育行业的人员奠定坚实的理论基础。它确保了教师在刚开始职业生涯时,已具备必要的理论知识和教学方法,为其日后的教育工作提供了指引。然而,单靠职前教育是不足以应对日常教育实践中的各种挑战的。因此,职后培训作为职前教育的延续,涵盖了教师入职后的继续教育,包括但不限于入职和在职教育。这两个环节虽然各具侧重和特色,但它们之间是紧密相连的。职前教育为教师提供了一个稳定的理论基础,而职后培训则是对这些理论在实践中的应用、完善和提高。此外,职前教育在纵向各阶段之间和横向各方面之间都有着各自的特色,它们之间既有明确的区分,又存在相互衔接和配合的关系。例如,在职前教育中,不同年级阶段(如低、中、高)的教育目标和内容会有所不同,但它们都是为了培养教师的全面能力。同样,职后培训也在纵向各阶段和横向各方面展现出了既有特色又相互协调的特点。入职阶段和在职阶段的培训内容、方式、强度都会有所不同。更进一步细化,校本培训和高师本位职后培训也有其独特的培训目标和方式。

在这个一体化的教育理念下,教师教育的各个环节、阶段和方面都在不断地实现辩证统一。这种统一不是简单地叠加或累加,而是一个深度整合的过程。它要求教师教育在满足教师专业成长的同时,也要确保整个教育体系的连贯性和协调性。教师教育一体化的实现,不仅需要有明确的制度和政策支持,还需要教师、学校、教育行政部门和社会的共同努力。这种努力是为了确保教师能够在不断变化的教育环境中,持续地提高自己的专业能力,以满足学生、学校和社会的需求。

二、教师教育一体化的具体内容

教师教育一体化的理念深受现代教育改革的启示,它不仅彰显了教育的内在逻辑和必然性，还呈现了教师教育自身进程中的整合和创新。本书对教师教育一体化进行了深入探析。

（一）观念一体化

教师职前教育与职后教育是一个完整的、连贯的教育体系，它们之间存在辩证统一的关系。从长远的角度看，只有当两者紧密结合、相互补充，我们才能培养出既有坚实基础知识又具备实践经验的优秀教师。

首先，观念的一体化强调职前与职后教育的等重性。在某些情况下，可能存在重视职前教育、轻视职后教育的观念。这种观念往往忽视了一个事实：教师在职前教育中所获得的知识和技能，只是其职业生涯的起点，真正的挑战和成长，往往发生在他们进入真实的教育场景之后。因此，职后教育同样重要，它帮助教师持续地进行自我更新和专业发展。其次，观念的一体化要求我们在设计和实施教师教育时，确保职前和职后教育之间的无缝连接。这意味着，职前教育中所学的理论和方法，应当为职后教育中的实践和挑战做好准备。同时，职后教育也应反馈到职前教育中，以修正和更新课程内容，确保它们始终与实际教育环境保持一致。再次，克服观念上的偏见和隔阂，需要各级管理部门、教育机构以及教师本身共同努力。管理部门应调整政策，确保职前和职后教育都得到足够的关注和支持。教育机构需要改进课程设计，加强实践教学，提供更多的实战经验。而教师本身，更需要树立终身学习的观念，主动参与职后教育，不断提高自己的教育教学水平。

（二）目标一体化

教师教育的目标不仅仅是传授知识和技能，更重要的是培养教师的专业素养和教育情怀。从职前到职后，教师教育的目标应当形成一个连贯和有机的发展脉络，确保教师在其职业生涯中能够持续进步和发展。

首先，职前教育的主要目标是为未来的教师打下坚实的基础，让他们作为新手教师进入职场时能够有一个清晰的职业方向和基本的教育工具。在这个阶段，教育机构需要传授基础的教育理论、教学方法和课程设计知识。更重要的是，通过模拟教学、实习等方式，让师范生对教育工作有一个初步的体验和认识。

当新手教师步入真实的教育环境，职后教育便开始起到关键作用。职后教育的目标是确保教师能够适应各种教育场景，不断地提高自己的教育教学能力。这一阶段，教育的重点从基础知识转向了实践经验、案例分析和专业发展。目标是将教师从合格的水平提升到优秀，甚至专家的层次。

专家型教师，或称为教育专家，不仅仅在教学上有出色的表现，更在教育研究、教育创新等领域有所贡献。这样的教师可以为教育机构、学生和社会带来更多的价值。

为了实现这些目标，教育机构和管理部门需要确保职前和职后教育的内容、方法和评价标准都能够相互衔接、相互支持。同时，教师本身也要有明确的职业规划，积极参与各种培训和学习，努力提升自己的教育教学水平。

（三）内容一体化

教师教育是一个连贯的、逐步深化的过程。这一过程从培养学科专业基础，到教育技能的习得，再到教育理论的探索，旨在帮助教师在教育领域中找到自己的位置，持续地发展和创新。

在职前教育阶段，学科专业知识的积累是必不可少的。这为教师日后的教学提供了坚实的基础。例如，一个数学老师不仅仅要懂得数学知识，更要深入地理解数学背后的哲学和思维方法。而教育技能的培养，如课堂管理、教学设计等，为教师的初次踏入课堂打下基石。此外，宏观的教育理论，如教育概论和教育哲学，帮助教师建立一个广阔的视野，理解教育在社会中的地位和价值。随着教师步入职业生涯，职后教育开始扮演更为关键的角色。此时，教育技能的进一步培训，如如何对学生进行个性化指导、如何使用新技术辅助教学等，成为重点。与此同时，微观的教育理论，如学习论、教学论和德育论，为教师提供了对学生行为和思维的深入洞察。此外，随着学科发展和社会变革，教师需要不断更新自己的学科知识，确保教学内容的前沿性和时效性。

为了确保职前和职后教育内容的连贯性，教育机构和管理部门应该制定明确的教育大纲和指导方案。这一方案不仅列明了各个阶段的主要学习内容，还要强调这些内容之间的内在联系和衔接关系。这样，教师在完成职前教育后，可以更加顺畅地进入职后教育，进一步加深和拓展自己的教育知识和技能，满足教育事业的持续发展需要。

（四）方法一体化

方法一体化，意味着不同阶段的教师教育方法应该是相辅相成、有机结合的，以确保每一位教师都能得到适合其阶段和需求的培训。

对于学科知识和教育理论，职前教师由于其知识基础和自学能力都相对较弱，因此需要采用讲授为主、自学为辅的方法。讲授式教学可以确保教师获得学科的核心和基础知识，而自学则是为了培养他们的独立思考和主动学习能力。但到了职后阶段，教师已经在实际教学中获得了丰富的经验，对学科知识和教育理论也有了更深入的理解，所以自学成了主要的学习方式，他们可以根据自己的需要和兴趣去深入研究，而讲授则为辅助，用于引导和解答疑惑。

技能训练方面，职前教师因为缺乏实际教学经验，所以微格教学（microteaching）和案例教学法（case methods of teaching）成为主导。微格教学允许他们在一个安全的环境中进行模拟教学，从而磨炼技能和增强自信。而案例教学法则通过真实的教育场景，培养他们的分析和判断能力。但职后教师每天都在真实的课堂上与学生互动，所以他们更需要实战练习为主的技能培训。这不仅可以帮助他们巩固和提高已有的技能，还能根据实际情况进行调整和完善。

（五）管理一体化

传统的教师教育管理体制往往受制于"条块分隔"的框架，即职前和职后教育各自独立，互不交叉。这种体制在一定程度上制约了教师教育的深度和广度，导致资源浪费和教育效果的下降。打破这种僵化的体制，建立统一协调的领导体制，是提升教师教育效果的必然选择。统一协调的领导体制意味着，无论是职前还是职后教育，都要在同一个大框架下进行。这不仅可以实现资源的合理分配和利用，还可以保证教育内容的连贯性和深度。此外，统一体制下，各个部门或机构既可以独立运作，又可以相互协作，形成一个动态、灵活的管理网络。在这种网络中，各部门或机构之间的关系既是竞争又是合作。竞争可以激发创新和进步，而合作则能确保教育的连贯性和完整性。这样的管理网络不仅可以提高教育效果，还能促进管理的创新和升级。

（六）机构一体化

在教师教育领域，结构和机构的设计不仅关系到资源的分配与利用，还涉及培训内容的连贯性与深度。如今，我国在教师教育方面的体系分为两大部分，即职前教育与职后培训，但两者间存在明显的隔离。

师范院校，作为主要的教师职前培养机构，承担着为我国培养初级教育人才的重要任务。它们注重基础教育理论与实践技能的培训，为学生打下坚实的基础。而职后培训机构，如教师进修学校和教育学院，则关注教师的进一步发展，针对实际教育环境中的问题与挑战进行针对性的培训。但这两者之间存在一道鸿沟，即职前教育与职后培训之间缺乏衔接。这种鸿沟不仅使得教师在从职前到职后过渡时遭遇到困惑与挑战，还导致了资源的重复投入与浪费。为此，构建机构一体化成为当务之急。我们提议合并重组计划，旨在将师范大学或学院与教师进修学校或教育学院整合为一个统一的教师教育体系。这种新的体系可以实现资源的最大化利用，同时确保教师从职前到职后得到连续且高质量的培训。

新的师范教育机构在结构上应该有所创新。内部不仅要有专门针对职前培训的机构，还需设置针对职后培训的机构。例如，新的师范学院可以考虑设立"成人教育学院"或"继续教育学院"，甚至是"培训处"。这些机构应该具备一定的独立性，以确保各自职能的有效发挥，同时还需要与其他机构密切合作，形成一个有机的、协同工作的网络。此外，这种机构一体化还可以促进教育研究的深入进行。职前与职后的培训机构可以共享研究资源，针对教育领域中的问题进行深入的探讨与研究。这不仅能够提高研究的效率，还能为教育改革提供有力的理论支撑。

（七）师资一体化

师资是教育的核心，决定了教育的质量和效果。对于教师教育而言，师资的角色尤为关键。目前，虽然从事教师职前教育和职后教育的师资大体上是一套人马，但如何合理配置、专业发展是优化教育的关键。

一体化的教师教育需要从师资的结构和分配上做出明确的调整。首先，需要对师资进行明确的定位。一部分教师，其主要任务是进行职前教育。他们需要深入了解基础教育理论，同时对于新入职的未来教师进行引导和启蒙，帮助他们构建对教育事业的初步认识。这类教师更像是"种子工程师"，为未来的教育事业播撒希望之种。另一部分教师，则专注于教师的职后教育。他们需要具备丰富的实践经验，对教育趋势有敏锐的洞察力，并能根据实际情况为在职教师提供具体的指导和建议。他们是教师职业发展的守护者和推动者，帮助已经走上讲台的教师不断提升和完善。这种师资的一体化，不仅可以实现资源的高效利用，还能确保教师教育的连续性和深度，通过明确的定位和任务分配，可以使每一位从事教师教育的教师都发挥其最大的价值。这样的策略，从根本上保证了教师教育的一体化。

综上所述，教师教育一体化是一个多维、复合的系统工程，它需要我们从多个角度进行深入研究和探讨。只有真正做到一体化，我们的教师教育才能适应时代的要求，更好地培养出适应未来社会发展的优秀教师。

三、教师教育一体化的必要性

（一）它是变革的时代和学习化社会的必然要求

在现代社会，我们正经历一个巨大的转变时期，其中知识和技术不断进步和刷新是其核心特征。受到第三次技术革命的推动，全球和每个个体都经历着前所未有的急剧变化。英国科学家詹姆斯·马丁对人类知识增长进行研究发现一个惊人的趋势：在 19 世纪，人类知识的倍增周期为 50 年，但到了 20 世纪 70 年代，这一时间已缩短到 5 年。托夫勒在其著作《未来的震荡》中提到，今天出生的小孩到了大学毕业，面对的知识总量将是他们出生时的四倍。但知识的增长并不是无休止的，同时也伴随着它的快速老化和更新。某些高科技领域的知识甚至在几个月内就已过时。例如，据报道，20 世纪 60 年代的工业知识中已有 30% 过时，电子技术领域更是高达 50%。这样的速度表明，在当前社会，持续学习已经成为一种生活方式，一个必要的适应手段。实际上，学习化社会的概念已经在 20 世纪 60 年代由富尔和马厄等学者提出，并在国际教育发展委员会的报告《学会生存——教育世界的今天和明天》(1972)中得到系统的解说。这一报告主张在学习化社会中推行终身教育，让每个公民都能够利用自我学习、自我训练和自我培养的方式持续发展。

要实现这一愿景，正规和非正规教育的结合是关键。在教师教育领域，这意味着要结合职前教育和职后教育，以确保教师的专业水平不断提高。随着科技的进步和社会的发展，仅仅依靠职前教育所学的理论和教学技术，教师很难适应持续的社会变革。美国国家教育统计中心在 1999 年的一个调查中发现，仅有五分之一的教师感到自己在现代学校课堂中有充分的准备和信心。这也反映了对教师质量日益增长的担忧。因此，为了确保教师在快速变化的社会中持续、阶段性地成长，职前和职后教育的整合变得尤为重要。

（二）它是世界竞争日益激烈而导致教师专业发展备受关注的必然结果

在当今激烈的全球竞争环境中，各领域的深度竞争可视为人才之间的竞赛，而这种人才竞赛的基石正是教育。其中，教师扮演着至关重要的角色，因此教师教育被视为全球竞争的关键因素。这一观点得到了许多国家政府的广泛关注，尤其是在他们对提高教师专业水平的重视上。

1980 年世界教育年鉴将其主题定为"教师专业发展"，标志着这一议题受到国际关注。美国在 1980 年经历了一场关于教师质量的公众讨论，彼时《时代》杂志发表了一篇引发了大量关注的文章，此文指出教师的教学能力受到质疑。这一事件成为美国启动以提高教师专业发展为核心的教育改革的契机。在此后的 1986 年，卡内基教育和经济论坛及霍姆斯小组相继发表了关于教师教育改革的报告，都聚焦于提高教师的专业发展水平。

1996 年，第 45 届国际教育大会提出了若干建议，旨在通过赋予教师更多的自主权和责任来提高他们的专业地位，并鼓励他们在专业实践中应用新的信息和通信技术。与此同时，中国也在教育部级别对教师教育进行了系统的反思，明确了提高教师教育专业化水平成为未来改革的核心目标。

为了持续提升教师的专业发展水平，各国采取了一系列措施。尽管各国的具体策略存在差异，但其改革的核心理念都是一致的，都着重于教师职前教育和职后教育的整合。以美国为例，其教师的职前教育与职后培训已经被视为一个不可分割的整体。日本学者长谷川荣对美国的教师教育进行了深入研究，并认为美国的教师教育旨在长期培养具有高度专业素质的教师。教师在完成大学教育后，并未真正成为成熟的教师，还需要继续在实际教学中不断成长。这种观念在美国教育界得到了广泛认同，并在各州的教师资格标准和大学师资培养课程的改革中得到了体现。

（三）它是我国当前教师教育现状的迫切要求

中国的教师教育系统在其发展历程中出现了某些不足，明显的一种趋势是对教师职业的低估，这种观点主张任何拥有基础专业知识的人均可胜任教师职业。另一个趋势则是尽管重视职前教育和职后继续教育，但这两者之间存在明显的断层，它们互不相干。中国在教师职前培养方面已经建立了完备的体系，拥有大量的高等和中等师范学校；而在职后培训方面，也有众多的教育学院和进修学校，以及为教育管理干部培训而设立的各类中心。

尽管如此，一个显而易见的问题是我国教师的职前教育和职后培训之间的严重断层。这种断层不仅体现在培训机构的分离上，如师范学院主要负责职前教育，而教育学院则着重于职后培训，更体现在职后培训的各个方面。尤其是在培训的形式、内容、方法、计划和评价方面，职后培训经常模仿职前教育，而未能形成其特色。如某些学者指出，我国的在职教师教育在多个方面几乎没有特色，大多只是中级或高级教育课程的重复，导致了教育效果的降低甚至逆转。

尽管近年来已有学者和实践者对此提出了批评，一些地方如上海和唐山尝试进行了改革，试图将中国的职前和职后教育整合为一个统一的体系，但这种分离的现状尚未得到根本的改变。因此，要想确保中国教师的专业化水平能够快速提升，推动我国教育质量持续提高，并在现代化建设中充分发挥其战略作用，对教师教育进行整体性的改革和整合势在必行。这不仅是解决当前教师教育中存在的问题的方法，更是确保我国教育系统持续、健康发展的关键。

（四）它是教师教育内在规律的客观要求

教师教育的内在规律体现在其本质的必然联系上，尤其是职前教育与职后培训的融合。这种内在联系不因主观意志的改变而转移，是基于对教师职业生涯理论研究的深入认识。自20世纪70年代以来，包括美国、英国、荷兰、澳大利亚和法国在内的多个国家的学者对教师职业生涯的不同阶段及其特点进行了广泛研究，并获得了诸多有益的认识。以菲斯勒（Fessler R.）的教师职业生涯理论为例，他将教师职业周期细分为八个阶段：职前阶段、入职阶段、形成能力阶段、热情和成长阶段、职业受挫阶段、稳定和停滞阶段、职业泄劲阶段以及职业退出阶段。这些阶段并不简单地构成一个从职前培养至职业退出的线性路径，而是在特定的个体和组织环境中，教师可能不断进入或退出的动态变化。例如，处于热情和成长阶段的教师可能因组织环境变动而突然进入职业泄劲和职业退出阶段，而另一位原本处于稳定和停滞阶段的教师可能因外部刺激而重新激发教学热情，回到热情和成长阶段。

基于此，我们可以得出结论：教师在其职业发展过程中会经历不同的阶段，而每个阶段所面临的专业发展问题和需求都有其特殊性。然而，这些阶段间的需求并非孤立，而是存在一定的过渡和衔接。因此，教师教育不仅需要考虑到这些阶段间的差异，还需要注意它们之间的内在联系，进而设计出具有针对性但又具有统一性的培训内容和方法。这就意味着，要努力实现教师职前教育、职后教育以及职后教育中的各个不同阶段的整合。只有这样的一体化教师教育才能真正满足教师教育的内在规律，从而达到预期的教育效果。

四、教师教育一体化的可能性

（一）教师教育一体化已成为越来越多人的共识，为教师教育一体化的实施提供了"观念"保障

教师教育一体化观念在现代教育实践中已深入人心，为其实施提供了理论背景与观念支持。这种观念的形成与发展，可以归因于多个因素的相互作用与影响。

在实践层面，传统的教师教育模式，特别是职前教育与职后教育的脱节，经常导致其效益不佳，甚至产生失败的结果。这种局限性为学界提供了反思的契机，推动对教师教育模式的深度探索，从而寻求更具效果和适应性的新模式。与此同时，多位杰出的教育家如富尔、卡鲁索、卡茨、麦克唐纳等，通过对教师专业发展规律的深入研究，不仅为学界提供了丰富的理论资源，而且促进了广大教育工作者和研究者对教师教育观念的创新。

另外，20世纪60年代的终身教育思潮也为教师教育一体化观念的塑造和传播提供了重要的外部环境。该思潮强调教育不应局限于某一特定时期，而应伴随个体的整个生命周期，这无疑为教师教育一体化观念的形成提供了推动力量。一些学者指出，70年代以来，由于各种外部因素，包括终身教育的普及、国际教育领域的广泛关注，以及各国的教育改革努力，师范教育已逐步进入一个新的发展阶段。这一阶段的显著特征是师范教育观念的根本转变，由传统的仅关注职前教育，扩展至涵盖职前和职后教育的整体过程。这种转变意味着教师的培养与教育已不再是一个断片式的、孤立的过程，而是一个连续、完整的

发展路径，无论教师是否继续从教，其专业发展与进修都不应中断。

（二）关于教师专业发展阶段的理论研究，一方面促使了教师教育一体化观念的形成，另一方面为教师教育一体化的实施提供了强有力的理论指导，使它更具可能性

教师的专业发展阶段研究在教师教育领域中占据着举足轻重的地位。这些研究既推动了教师教育一体化观念的塑造，又为其实施进程提供了坚实的理论依据，从而使教师教育的整体化和连续化变得更为切实可行。

尽管关于教师专业发展的研究始于 20 世纪初，但真正对现代教育实践产生深远影响的是 20 世纪 60 年代之后的研究。这些研究内容深入且富有洞见，涉及多种理论框架，其中包括教师的职业生命/周期研究框架、心理研究框架、教师社会化框架、"关注"研究框架以及综合研究框架。如休伯曼及其团队所提出的教师职业生命/周期研究框架，为我们提供了对教师在其职业生涯中可能经历的各个阶段的深入了解。

这些研究框架为我们揭示了教师在其专业发展路径上可能遇到的各种挑战和机会，并为我们提供了深入了解教师在不同发展阶段所面临的独特需求和特点的机会。更为重要的是，这些研究还强调了教师专业发展不仅是一个多阶段的过程，而且是一个连续、循序渐进的过程。教师在其职业生涯中不断地学习和成长，这种成长是建立在以往经验的基础上，并根据其当前所处的发展阶段来调整和完善的。

这种对教师专业发展的深入理解为教育决策者和实践者制定与实施针对性的、一体化的教师教育计划提供了宝贵的理论指导。当我们意识到教师的专业成长不是一个短暂或孤立的过程，而是一个持续、多阶段的旅程时，我们就更有可能为教师提供真正有意义和效果的支持和资源，从而确保他们在整个职业生涯中都能够实现最佳的教学效果。

（三）有关教师教育一体化的理论探索和成功的实践范例，为教师教育一体化的实施提供了理论和经验的支撑

教师教育一体化的理论与实践持续为教育领域提供着丰富的理论和经验资料。1972 年，英国约克大学的詹姆斯·波特博士提出了一个观点，他将教师教育分为三个既相对独立又相互关联的阶段：职前教育、导入教育和职后教育。此理论迅速获得了国际范围内的认同，许多国家如英国、美国和法国等，采纳了这种视角，将教师培养分解为上述三个阶段。

以北爱尔兰教育部的教师教育安排为例，不同的教育阶段都有其特定的重

点。在职前教育阶段，如"对不同教育目的的理解能力"是其 38 项重点内容之一；在导入阶段，"鼓励学生发展观察和探究能力"是 35 项重点内容之一；而在职后教育阶段，"鼓励学生积极主动和为自己的学习负责"则是其 17 项重点内容之一[①]。这些不同阶段的培训内容反映出教师教育一体化的理念。值得注意的是，某些培训内容在各个教育阶段中的重要性和地位可能会有所不同。如"对信息技术对儿童产生影响的方式的理解"在职前教育中被视为关键，但在其他阶段则可能被视为次要。但这并不意味着某些内容对某一阶段的教师不重要。这种主从划分的原因主要基于两点：一是不同阶段的教师有其独特的专业发展特点和需求；二是为确保教师教育的各个阶段能够真正实现一体化。

在国内，尽管教师教育一体化的研究与实践起步相对较晚，但其发展速度和成果均令人惊喜。特别是上海华东师范大学，其在这方面的开创性工作为其他学术机构提供了有价值的参考。1995 年，国家教委与上海市决定联合华东师大在上海展开一系列的教师职前和职后教育一体化探索。作为此项探索的一部分，上海教育学院、上海第二教育学院和上海幼儿师范高等专科学校被合并进入华东师大，随后成立了华东师大继续教育学院和华东师大学前教育与特殊教育学院。这一措施标志着教师教育管理的完全一体化。现如今，华东师大正致力于从理论研究和实践两个维度进一步深化教师教育一体化改革。其所取得的成果为中国教师教育一体化的进一步发展提供了有力的支持，使得教师教育一体化在国内呈现出乐观的前景。

（四）教师职后教育重点已由学历达标教育转向非学历素质提高教育，为教师教育一体化的实施提供了宽松的环境

近年来，教师职后教育在我国经历了显著的转型。从过去主要集中于学历达标教育，逐渐转向非学历的素质提高教育，为教师教育一体化的实施提供了更为宽松和有利的背景。这一转变基于我国《中华人民共和国教师法》以及其他相关法规和文件的明确规定。

经过多年的持续努力，我国在学历补偿教育方面取得了显著的成果，特别是在城市和中等发展的农村地区，教师的学历已基本达到了国家的标准要求。随着学历达标任务的完成，教师教育的实施和管理部门逐渐将焦点从学历教育转移到了提高教师的专业素质上。这种转变的背后逻辑是明确的：只有真正实现了教师教育的一体化，才能有效地提升教师的专业素质。同时，当前的教师

---

① 白益民. 教师的自我更新：背景、机制与建议 [J]. 华东师范大学学报（教育科学版），2002 (4)：28-38.

群体也逐渐认识到自身专业水平的重要性,并因此更为主动地追求、接受并重视一体化的教师教育。

第二节 教师专业化发展理论

一、教师专业化发展

"教师专业化发展",要对这一词做科学定义,必须首先解决两个前提性问题,一是专业性职业有什么特点或应具备什么条件,二是教师职业是否是专业性职业。对于第一个问题,美国教育家认为,专业性职业有7个特点:(1)职业本身具有完善的、高标准的、有竞争力的知识基础;(2)长期复杂的训练过程;(3)职业成员有较多的自主权和为他人服务的责任;(4)具有特定的职业道德观;(5)受过良好的文理教育并不断追求新的知识和技术;(6)职业成员必须具有公众敬仰的个人品质;(7)经济上的保障和较高的社会地位。英国学者何伊尔(hoyle)归纳了一个专业性职业需要具备的条件:(1)专业必须是承担着关键性社会职能的行业;(2)需要相当程度的专门知识和技能;(3)具有解决新问题、应付新情况的知识和技能;(4)受过系统的高等教育;(5)形成专业的价值观念;(6)以顾客利益为中心的道德规范;(7)自主做出专业判断;(8)有专业发言权和专业控制权;(9)长期的训练,高度的职责,得到高度的尊重和可观的报酬。[1]

教师专业化是一个复杂而多层面的话题,教育专家对教师专业化有不同的解释:根据胥茜的描述,教师专业化是指教师在其职业生涯中,经过系统的训练,形成教育技巧、道德观念和整体素质的演进过程。刘捷在《专业化:挑战21世纪的教师》一书中认为,教师专业化涉及教师的整体职业生命,包括持续的学习、技能掌握、道德实践和个人成长,不仅仅是知识的增长,还有情感、价值观和需求的转变。教师专业化意味着教师具备独特的职业标准和条件[2]。教师的专业素质是他们在教学中展现的综合能力,包括他们的教育观点、知识、技能和情感。这种素质可以分为四个主要领域:教育观念、知识、能力和情感。

教师专业化也意味着有专门的教育机构和内容,国家对教师的资格和教育有严格的标准和管理制度。它是一个持续的过程,既是状态又是一个深化的旅

---

[1] 柳国梁. 提高高等师范教育专业化水平的思考 [J]. 教师教育研究, 1999 (3): 3-8.
[2] 刘捷. 专业化:挑战21世纪的教师 [M]. 北京:教育科学出版社, 2002: 15.

程。教师专业化是教师职业专业化的一个特例，涉及教师从一个普通人转变为教育专家的过程。这个转变需要社会的支持，因为教育对整个社会都有深远的影响。教师不仅是知识的传播者，还是道德、思想、情感和意志的塑造者。

二、教师专业化与教师专业发展辨析

从宽泛的视角看，"教师专业化"和"教师专业发展"两者皆关乎提高教师的专业程度，但细分下来，两者仍存在差异。"教师专业化"从社会学的维度看，偏重于提高教师队伍整体的外在专业标准；而"教师专业发展"从教育学角度出发，关心教师个体内部的专业能力提升。20世纪60至70年代，人们主要通过提升教师队伍整体的专业水准来增强其社会地位。但到了80年代，重心转向教师的个体专业提升，强调其自身的发展。这种转变不是说提高教师的社会地位不重要，而是认为提升教师的内在专业能力更有助于达到这一目标。在教师专业发展的初期，主要致力于达成两个目标：构建基于双重学科的专业发展体系并将理论知识转化为实践原则；构建权威的、统一的专业组织来争取更大的职业权益。

学者帕森斯（Parsons）认为，这两个目标是相互补充的。他认为一个专业有两个关键特点：第一，它类似于一个行会，由志愿者组成，成员受到其规范和自律的约束；第二，专业基于特定的科学知识，需要经过多年的大学研究来掌握。然而，在追求这两大目标时，一些教育者犯了错误，过于关注提高公众眼中教师的地位，而忽略了提高教师在教学实践中的专业素养。一些教师组织在设定目标和选择行动策略时产生了混淆。他们在选择是向工会主义靠拢，还是坚持专业主义方向时产生矛盾。在实际行动中，他们又陷入了是选择与雇主进行集体谈判、罢工，还是提高自身的专业知识和服务水平的困境。大多数英美的教师组织，在面对专业与工会的选择时更多地选择了工会主义的路径。

三、教师专业化的必要性

（一）教师专业化是世界教师教育的发展趋势和潮流

教师专业化的概念与进程已被全球视为教师教育发展的核心要旨。国际关于教师的专业性以及教师专业化的推进在近代历史中屡次得到强调，并作为提高教育质量的核心策略被广大发达国家所认可。例如，早在1955年，世界教师专业组织会议对此进行了深入研讨，促进了教师专业组织的成立与壮大。而到了1966年，国际劳工组织与联合国教科文组织在法国巴黎的会议中正式以官方文件的形式明确了教师专业化的定义，即教育工作应当被视为一个专业职业，该职业要求教师经历严格的、持续的学习，获得并保持专门知识和独特技术。

20世纪80年代起，教师与教师教育相关的研究逐渐在全球范围内成为教育研究的主导领域，其中"教师专业化"成为众多国家研究的核心话题。此外，各国在此领域的持续努力也推动了"教师专业化运动"的兴起，其目的是提升教育的整体质量。美国无疑是这一运动中的先锋。在1986年，美国卡内基工作小组和霍姆斯小组发布了两份具有里程碑意义的报告，均强调了确立教师的专业性是教师教育改革与教师职业发展的关键。

亚洲国家如日本在1971年就已开始关注教师的专业性。日本中央教育审议会的一份报告指出，教师职业本质上要求具备高度的专业性，不仅需要对教育目标与人的成长有深入的理解，还需熟练掌握学科知识，并具备实践的指导能力，以及综合处理问题的能力。而在英国，随着教师聘任制和教师证书制度的推行，教师专业化的步伐也在不断加速。1998年，该国的教育与就业部进一步发布了新的教师教育专业性认可标准，明确了"教师教育课程要求"。

（二）教师专业化是实施科教兴国战略的需要

教师专业化已成为现代教育的核心要素，对于我国来说，它不仅符合教育发展的内在需求，而且与实施科教兴国战略及实现中华民族伟大复兴事业的宏大愿景密切相关。自改革开放以来，我国在多个领域都取得了显著的进步，这不仅表现在社会的总体发展和人民生活水平的提高上，还表现在以素质教育为核心的教育改革的深化上。这种深度的社会变革和教育自身的转型，都对教师的专业能力和素养提出了更高的标准。

依据《面向21世纪教育振兴行动计划》和《关于深化教育改革全面推进素质教育的决定》，国家逐步将原有的三级师范教育体制（中专、大专、本科）进行调整，向大专、本科、研究生的新体制过渡。这样的制度性变革映射了我国在改革开放后所取得的社会进步，特别是教育领域，从对教育数量的追求转向了对教育质量的重视。

现阶段，随着我国教育水平的整体提升和基础教育改革的不断发展，教师质量与新时代素质教育的标准之间的差距变得越来越明显。为此，教师需要努力更新自己的教育观念，更好地适应学生中心的教育模式。这包括提高将知识转为智慧、理论转为实践的能力，以及满足综合、研究、实践性教学的新要求。此外，随着现代信息技术的快速发展，教师还需要学会将学科知识、教育理论与信息技术进行有机融合，充分利用技术为教育和学习创造新的可能性。更为重要的是，教师应当具备深入了解学生，促进学生在道德、学识和个性上全面发展的综合能力，同时，他们既要做到教书育人，又要在人际关系中起到积极的引导作用。这都是对教师职业的基本要求，教师应当持续提高自己的专业水平，以更好地适应社会的发展需要。

四、教师专业化发展策略

（一）调整教师教育课程结构

教师专业化的发展策略必须在教师教育课程结构的调整中找到其根本。一个完善的教师课程体系应包括三大领域的知识：学科专业知识、教育学专业知识以及教育实践技能。尽管关于教师教育专业课程的构成，学者们持有各种观点，但他们普遍认为教师需要具备普通文化知识、学科专业知识、教育学基本知识、教育教学的基本技能与技术。

此种认知建立在以下的基础上：教师教育课程结构大体由普通文化课程、学科专业课程、教育学科课程、教育技能课程和教育实践课程组成。普通文化课程涉及政治、经济、文化、科学、社会和伦理等方面，其宗旨在于为学生提供一个宽广的文化基础，以帮助他们对社会和文化有全面的理解。学科专业课程则涵盖未来教育实践中所需的内容，包括该学科的基本知识、基本理论和技能。教育学科课程，如教育学、心理学、教育史及学校卫生学等，旨在使未来教师能够全面理解教育的基本原则和人的发展。而教育技能课程主要指向教师必须掌握的技能和技术，如所教学科的教学方法、板书技巧、语言表达、教育教学评估等。教育实践课程主要为学生提供在实际教育场景中应用所学知识的机会。

此外，如何确立这五个方面的课程在整个课程体系中的权重显得至关重要。课程的权重，即各类课程的学分或学时在总学分或总学时中的比例。根据国际劳工组织和联合国教科文组织在70年代末对多国教师教育情况的调查，可以发现，学科专业课程大约占35%，而普通文化课程和教育学科课程各自约占25%，教育技能课程和教育实践课程占15%。考虑到我国的实际情况，教师教育课程结构的比重建议为：普通文化课程20%，学科专业课程40%，教育学科课程20%，教育技能课程10%，教育实践课程10%。这种分配有助于确保教师教育专业化的持续发展。

（二）改革教师教育课程模式

教师教育是一种具有边际性的专业，其课程结构应从三个方面进行改革：第一，对于独立的高等师范院校，其教师教育课程体系中的教育学科专业课程可以轻微调整；第二，针对师范院校，其内部的教师教育课程体系可能需要进行更加深入的结构性改革；第三，倡导教师教育的开放性，构建一种开放的教师教育课程模式。

1. 定向型教育学科课程结构微调

我国的教师培训主要依赖于专门针对教育的高等院校。应在保持其定向专业特质的基础上，考虑扩展教育学科课程的种类并优化其质量，旨在提升教师的专业素养。然而，这种课程调整模式的潜在发展受到一定限制，由于国内的高等教师培训机构以综合性大学的课程结构为参照，而国家和社会常常采用综合性大学的学科水平作为评价高等师范院校的标准，若过度加强教育学科课程，可能对学科专业的深度产生不良影响，难以满足国家的教育评估要求，从而影响学校的学术声誉与地位。因此，对于这种课程体系，我们只能考虑有限度地进行调整。尽管如此，在当前体制下进行适当的调整是既必要又实际可行的。

2. 师范院校内部专业课程结构改革

在师范院校及其教育学系中进行的内部专业改革意味着，基于国家对于教师教育本科及硕士的基础课程、学时、学分和毕业标准的规定，各专业院系将为有意成为教师的学生提供普通文化课程和学科专业课程，而教育学系则为他们提供专门的教育学科课程，授予他们教育学士或教育硕士学位。这也标志着师范院校向综合性大学的转型。与当前的教师培养模式的显著区别在于，新模式下的学生入学时并未被预定特定的方向，只有那些选择成为教师的学生会在完成专业学科课程的同时或之后，进入教育学院接受系统的教育学科专业教育，然后前往中小学任教，而其他学生则完成其所在专业的学业。

目前，我国对于这种模式已有一定的实践基础。传统的本科教育学专业招生困难，因为其初衷是为中等师范学校培养教育学和心理学教师。而随着幼儿园和小学教师的学历要求逐渐提高，中等师范学校的存在意义已逐渐消失。因此，教育学专业需将其培养目标调整为针对特定学科（如数学、语文等）的学生或在职教师，为他们提供系统的教育学科专业教育，帮助他们成为真正的专业教师。不同的课程模式，无论是混合式、2+2、3+1、3+2或教育硕士，都需以教师教育的专业化为准绳。因此，我们需要扩展师范大学中的教育学院或教育系的培训能力，确保它们有能力提供这种专业化教育。

3. 建立开放性的教师教育课程模式

开放性的教师教育体系意味着，任何符合标准的高等教育机构都可以成立教育学院或教师教育学院，为有意愿成为教师的学生或其他专业的毕业生提供教育学科的课程。当他们完成并达到指定的教师教育课程要求后，他们可以获得教师教育的毕业证书和相关学位。自20世纪50年代以来，多数发达国家已经采纳了这种模式。这种体系的益处颇为显著：它不仅可以最大限度地利用各高校的学科专长，还能推进教师教育的专业化。同时，它既考虑了学生的个人发展需求，又能确保基础教育学校和职业技术教育学校能够获得各种专业化的合格教师，以满足社会对于不同类别教师的多样需求。

（三）树立终身学习的观念

终身学习不仅仅是每个人都应秉持的态度，更是教师所必需的。教师在教育领域中应当起到领导和示范的作用。普通人是否接受教育，关乎的更多是个人的成长和素养，但教师作为教育的传递者，他们的教育和知识会直接影响许多学生，甚至影响一个时代。因此，无论是为了教师自己的职业进步，还是为了实施新的教育标准，他们都应深植终身学习的理念。

第三节　教师实践性知识观

一、实践性知识的相关研究

实践性知识在教育领域的研究和探索在过去的几十年中持续深化，特别是在教师教育与教学实践中，它的地位逐渐上升并得到广泛的关注。其中，唐纳德·舍恩的《反思性实践——专家是如何思考的》可以被视为这个领域的开篇之作。舍恩强调了从技术熟练者到反思性实践家的转变过程，揭示了专业实践所经历的范式转换。其关于活动过程的反思理论获得了教育研究者和教师的广泛赞誉。随之，传统的以技术理性为核心的教师教育模式受到挑战，崭新的以实践性知识为中心的教师教育和教学模式开始逐步形成。这种知识注重对教师工作的实践、经验和情境的认识，而这正是支撑教师教育和教学研究范式转换的原动力。

艾尔贝兹通过对中学教师莎拉的研究，进一步深化了对教师实践性知识的认识。她发现，教师所拥有的这种知识是独特的，它与特定的实践环境和社会环境紧密相连，具有强烈的经验性和个人化特质。这种知识涵盖了关于学生的学习风格、兴趣、需求、长处和困难的深入理解，也包括了丰富的教学技巧和课堂技能。更为重要的是，教师需要了解学校的社会结构，以及学校所处的社会环境，知道哪些是被社会接受的，哪些是不被接受的。这种知识不仅来源于教师所教学科的理论知识，还与儿童成长理论、学习理论和社会理论等有关。

康奈利和柯兰蒂宁对教师知识的研究则更为注重其个人特色。他们称之为教师个人实践知识，这种知识既包括了教师的有意识或无意识的信念，又包括了构成教学实践的所有行为，如规划和评价。柯兰蒂宁进一步指出，这种知识的形成是由个人的所有经验所共同构成的，它既包括专业经验，又包括个人的生活历史。柯兰蒂宁和康奈利认为，为了真正理解这种知识，需要深入探究教师的生活经验，他们提倡利用教师的叙事来理解其个人实践知识，并通过多种方法，如日志、访谈、讲故事、写信、自传和口头历史等来进行研究。

日本学者佐藤学对实践性知识的定义则更为明确，他强调，在教师专业领域存在一种与一般大众和领域研究者所拥有的知识不同的，只属于教师的特有知识。这种知识被称为实践性知识，它不仅仅是教师为了完成教学任务和实现教育目的在教育教学过程中所形成的知识，更是教师在实际教学情境中所具备的课堂知识，以及与知识传授和能力培养相关的方法论知识。

二、教师实践性知识的特点

实践性知识，作为教师职业发展中通过观摩与反思逐渐形成的个人特有知识体系，蕴含了深厚的教育哲学和方法论。钟启泉先生与梅叶等学者分别对其进行了深入的解读和归纳，从中我们可以提炼和综合一些关键的观念。

教师实践性知识的根本特征是情境性。这种知识的产生和运用都与具体的教育情境紧密相连。在特定的教育场景中，如教师与学生教学互动或课堂上突发事件，教师需利用现有的实践性知识体系，迅速做出判断并采取相应行动。这种"现场性"决策往往来自教师长期累积的经验和对现场变化的敏感洞察。当然，这种知识大多属于缄默性和内隐性的范畴。波兰尼的知识分类理论为我们提供了理解教师实践性知识的维度。与显性知识明确、可描述的特性不同，实践性知识更多地表现为难以用语言描述的直觉、灵感、洞察力和技巧。它是教师在日常教学实践中沉淀下来的知识，存储在个人的心智结构中，很难通过传统的语言、文字或教学手段进行广泛传播。此外，这种知识体系的一个显著特点是机智性。在教育场景中，新的情境和变化不断出现，对教师提出了极高的应变能力要求。教师需能够依赖自身的实践性知识库，迅速地对教育情境中的微妙变化做出准确的判断，并灵活地调整教学策略和手段。

实践性，作为该知识体系的命名核心，昭示了其与实际教育活动之间的紧密联系。教师的实践性知识不仅源于教育教学的实践和反思，还在日常的教育实践中不断得到加深和拓展。当教师面临实际的教学挑战时，他们的实践性知识能够指引他们有效地解决问题，推动教育教学活动向更高的目标迈进。

三、实践性知识的内容与特征

艾尔贝兹揭示了教师实践性知识的内容范畴。其中，学科内容的知识不仅涉及教师教授的特定学科内容和概念，还涵盖了与学习相关的理论，如学习技能和研究能力。课程知识关乎学习经验和课程内容的组织，包括课程设计与开发[1]。教学法的知识则包罗了教学组织、课堂管理、学生需要和学习评价等各个方面。对于自我知识，它涵盖了个体特性，如性格、信仰和价值观，同时也包括教师对自身在学校和课堂中的职业形象的认知。环境知识则关注学校的社会结构、外部社区、政治环境及课堂情境的创设。这些知识范畴相互关联，尽管它们在结构上可能是静态的，但与实践的相互作用是动态的。因此，这些知识范畴可以被视为实践的知识和以实践为媒介的知识。

左藤学通过深入的课堂观察研究，对教师实践性知识的特征进行了进一步的阐释。这种知识是一种基于特定情境的经验性知识[2]。与所谓的"理论性知识"相比，它可能不具有同样的严密性或普遍性，但它的具体性和功能性使其在实践中更加生动和有用。这种知识是特定教师在特定的课堂环境中，使用特定的教材和针对特定学生认知形成的，它通常以"案例知识"的形式积累和传承。此外，这种实践性知识是跨学科的，因为它整合了多个学术领域的知识来解决实际问题，它包括经过意识化的知识，以及在实践中无意识地应用的默会知识。由于这种知识基于每个教师的个性化经验和反思，它具有很强的个性色彩。作为一个新兴的研究领域，教师实践性知识的研究旨在探索教师如何基于自己对世界的理解来构建课堂经验，并如何与学生、家长和管理员互动。

四、教师实践性知识的影响因素

（一）教师的个人生活史

每位教师所带有的个人生活史是其实践性知识的一个独特而又核心的部分。生活史不仅仅是教师的经验和回忆，而是影响他们教学方法、观念和策略的复杂背景。这些背景与教师在课堂中所展现的风格、与学生的互动方式，以及教师如何处理日常的教学挑战都有直接的关系。

在教育领域中，我们常常听说教育是受社会、文化和历史背景影响的，但实际上，每位教师都是一个具体的社会、文化和历史背景的体现。这种背景是教师从他们的家庭、社群、过去的学校和早期的教育经验中获取的。这种与过

---

[1] 姜美玲，王赛凤. 理解教师实践性知识 [J]. 全球教育展望，2004，33（11）：47-51.
[2] 左藤学. 课程与教师 [M]. 钟启泉，译. 北京：教育科学出版社，2003：369-370.

去紧密相连的经验在很大程度上影响了教师如何看待教育、他们认为的教育的目的是什么以及他们在课堂中如何进行教学。

每位教师都有一个独特的故事。他们可能出生在不同的地方，成长在不同的家庭环境中，受过不同的教育，并经历了各种各样的生活经历。这些经历，不论是好的还是坏的，都为他们提供了宝贵的生活经验和教训。这不仅影响了他们的教学风格和方法，而且在很大程度上决定了他们与学生、家长和其他教育工作者的互动方式。教师的生活史还涉及他们的家庭背景、童年时期、早期的教育经验以及他们与教育有关的各种早期经验。这包括了他们的父母、老师、朋友和其他家庭成员对他们的影响，以及他们在学校中的成功和失败经验。这些经验在很大程度上塑造了他们的价值观、信仰、态度和行为方式，这都是他们作为教育工作者的基础。

（二）学生时代的经验

"学生时代的经验"是指教师在进入正式的教育职业前所经历的学习历程。这段时间的经验是影响他们教学哲学和策略的基石。这些经验既来自正式的学校教育环境，又来自他们的家庭背景和日常生活。更重要的是，这段时期对于教师的价值观和对教育的看法起到了基础性的作用。

首先，作为学生的经历让教师初步了解了教育的本质。每一个教师都曾是学生，他们的学习经验形成了他们对于教学的基本理解和期望。例如，一位曾经受益于互动式教学的学生可能更倾向于使用这种教学方法；相反，一位在应试教育环境中成长的学生，可能会对这种教育形式持有一定的批判态度。

其次，教师在学生时代对学习的感受和态度也会影响他们对学生的期望。他们可能会回忆起自己的学习习惯和经验，以此来设置对学生的教学目标和要求。这种经验还可能导致某些教师对学生持有某种固定观念，例如认为学生应该如何学习，或者哪种学习方式是最有效的。

此外，与同学之间的交往也为教师提供了宝贵的社交经验，使他们更容易理解学生的社交动态和挑战。在这种背景下，教师更能体察到学生的需求，并更加注意到那些在学习和社交方面遇到困难的学生。他们也可能会利用这些经验来处理班级之间的关系，进行班级管理，以及处理与学生之间的冲突。

但是，仅仅依靠学生时代的经验是不够的。教师必须承认，尽管他们学生时代的经验为他们提供了有关教育的基本认识，但这种认识是有限的。教育环境、技术和社会期望都在不断地发展和变化，过去的经验可能不再适用于现代的教育环境。因此，教师需要不断地更新和调整自己的教学策略和哲学。

(三) 职前培训的经验

职前培训是教育体系中一个至关重要的环节，它为未来的教师奠定了教育和教学的理论和实践基础。它的重要性在于，它连接了教师的个人学习经验和真正的教学实践，为他们提供了一个过渡期。

师范院校开设的课程如教育学、心理学和教学法为准教师提供了深入的理论知识。这些课程不仅帮助他们理解学生的行为和心理，还让他们对教育的目的和方法有了更清晰的认识。理论知识对于教师来说，就如同为建筑打下的坚实基础，它支撑着教师的教育实践。通过教育实习和见习，准教师可以将所学的理论知识应用于实际的教学中。这种实践为他们提供了一个实地观察和体验教育过程的机会。在这期间，他们会面临真实的挑战，如如何管理课堂，如何处理学生问题，如何制订教学计划等。这些挑战帮助他们锻炼教育技能，提高问题解决能力。模拟课堂则为准教师提供了一个安全的环境，让他们可以自由尝试不同的教学方法和策略。这不仅增强了他们的自信，还帮助他们发现自己的长处和短处，从而调整自己的教学方法。

职前培训还培养了准教师的反思能力。在教学实践中，他们需要经常思考自己的教学方法是否有效，学生是否真正理解所教内容，以及如何改进自己的教学。这种反思让他们不断地进步，成为更好的教育者。此外，职前培训还强调团队合作和交流。教师并不是孤立的，他们需要与同事、家长和其他教育工作者合作，共同为学生创造一个良好的学习环境。通过团队合作和交流，他们可以学习到不同的教育理念和方法，从而丰富自己的教育知识和技能。

(四) 教师的教学经验

教师的教学经验是在一次次的课堂中，对于教与学的理论进行实践、验证和修正的结果。这样的实际经验形成了教师最宝贵的财富——实践性知识。

课堂提供了一个真实、具体的环境，让教师与学生进行直接互动。这不仅包括教学内容的传递，更涉及教学策略、课堂管理、学生动态观察等多方面的实践。在这样的实践中，教师经常会遇到意想不到的挑战，如学生的突发问题、课堂突发事件等。正是这些挑战，促使教师不断地调整教学策略，寻找更有效的方法来达到教学目标。在每一次的课堂教学中，教师都会有所收获，无论是成功的经验，还是失败的教训。这些经验在长期积累后，构成了教师的实践性知识库。这种知识并不是条条框框的理论，而是关于如何在特定情境下进行教学的经验总结。它包括教师对于各种教学方法的理解、对于学生行为的观察、对于教学目标的认知等多方面的内容。

但仅仅有经验是不够的，对于经验的反思和总结才是关键。教师需要经常进行自我反思，思考自己的教学方法是否有效，自己的教学态度是否恰当，自己的课堂管理是否到位。这样的反思不仅仅帮助教师找到自己的不足，更能让他们从中找到改进的方法。如此，教师才能不断地成长，不断地完善自己的教学。舍恩提到的"反思性实践家"正是这样的教师。他们不满足于现有的知识和方法，而是持续地追求进步，通过对实践经验的反思，找到更好的教学方法。他们不仅仅是教育的执行者，更是教育的研究者，对于教育有着深入的理解和独到的见解。

（五）在职培训

随着学习型社会的形成和终身教育观念的深入人心，全球范围内对教师的在职培训提出了更高的要求和期望。在这样的背景下，教师这一特殊群体面临着不断调整与完善自己知识体系的压力，以满足社会发展和教育改革的需要。对教师来说，不断地充实和更新自己的专业知识，已经成为他们职业发展中不可或缺的一部分。

在职培训不仅仅是教师知识更新的渠道，更是促进教师专业成长和技能提升的有效途径。通过诸如校本培训、非组织的专业活动、新教师引导式培训、集中式培训等多种形式，教师有机会接触到最新的教育理念、教学方法和研究成果，从而完善自己的教学实践。

在这一过程中，教师的实践性知识获得了极大的丰富与拓展。实践性知识是指教师在日常教育教学中积累的、基于实际经验的知识。这种知识与理论知识不同，它更注重教育教学的实际操作和经验总结。在职培训为教师提供了一个重要的平台，使他们能够结合自己的教学经验，与同行进行交流和探讨，从而更好地理解和运用新的教育理念和方法。

此外，随着教育技术的快速发展，教育手段和工具也在不断地更新。在职培训为教师提供了一个了解和掌握这些新技术的机会，使他们能够更加有效地利用这些工具进行教育教学，提高教学效果。

同时，我们也应该认识到，在职培训不仅仅是一种知识和技能的传授，更是一种教师自我成长和自我完善的过程。在这个过程中，教师不仅要学习新的知识和技能，还要不断地反思自己的教育观念和教学方法，从而实现自己的专业成长和自我超越。

五、师范生习得实践性知识的价值

在教育学领域，对于教师所应具备的知识体系存在多种分类方式。例如，申继亮主张教师的知识结构应包含本体性知识、条件性知识与实践性知识，这三者相互关联，构成教师知识的核心框架。傅道春则提出，教师知识应涵盖原理知识（包括学科原理与一般教学法知识）、案例知识（涉及学科教学的特定案例和独特经验）及策略知识（即如何将原理应用到案例中的策略）。陈向明的分类法较为简练，他将教师知识分为理论性知识和实践性知识两大类。叶澜从理论的形态出发，区分了普遍理论（为大众所接受的通用形态）和个人理论（为特定个体或小群体所持有的私有和特定形态），并指出学科性知识的标志是普遍理论，而实践性知识则多呈现为个人理论。实践性知识不仅仅是教师知识体系的关键部分，更是支撑教师专业成长的基石。综合上述观点，可见学界普遍认同教师应具备实践性知识的观点[①]。

师范生习得实践性知识的价值至少可以体现在以下几方面。

（一）实践性知识是师范生知识结构中不可或缺的重要组成部分

随着师范生逐渐发展为熟练的教师甚至专家级教师，他们需要学习并掌握教学方法，不断吸收和更新与教师角色相关的期望和规范，并逐步建立自己的教育实践知识和经验。具备丰富实践知识的师范生能更好地理解教育中的复杂问题，对各种情境有深入的洞察，并做出明智的决策。许多西方国家如美国、英国都已经认识到，教师的职前培训中，教育实践是关键环节。例如，美国创建了教师专业发展学校，英国则建立了由实习学校、地方教育部门和大学教育学院组成的合作团队。而德国师范生在培训中也会经历学术和实习两个关键阶段，旨在加强他们的知识体系并提高实践能力。由此可见，实践性知识对师范生而言是至关重要的。

（二）师范生习得实践性知识，可以缩短其入职适应期，促进其专业发展

许多师范生在首次进入课堂时，都深感真正的教学与想象中的有着天壤之别。尽管他们在大学中学到了丰富的教育理论，但当面对真实课堂时，他们常会遭遇各种困难。这种情况主要是因为他们对教学实践的了解仍然停留在表面，而对自己的教学能力过于乐观，以为仅凭理论就可以轻松应对教学。然而，真实的教学场景中充满了挑战，单靠书本知识很难完全胜任。新教师之所以会有这样的困境，主要是因为他们缺少实践经验，又需要应对教学、管理等多重任务，这无疑给他们带来了巨大的压力。

（三）学习实践性知识，可以增强师范生专业学习的针对性和目的性

西方研究者对中小学教师的考查结果表明：当教师的智力和知识达到一定"标准"后，这些因素对其教学效果的影响逐渐减小。通过实践性知识的习得，

---

① 王传金，王琳. 论准教师实践性知识的习得[J]. 教育理论与实践，2007（10）：51-54.

师范生更能体验到教育教学的复杂性与独特性。这不仅仅有助于他们深化对教育教学的了解，更使他们认识到，面对的教育挑战并非仅仅是理论或技术性的，而更多的是实践性的，关乎于教师在实际场景下如何采取行动。这样的认识帮助师范生早日意识到自己在知识和能力上的不足，从而为未来的职业生涯提供明确的方向。

六、实践性知识及其形成机制

（一）实践性知识的构成

教师实践性知识的构建是一个多方面的、综合性的过程。陈向明在研究中明确指出，教师实践性知识包含了多个领域的内容，这些内容既来自教师个人的直接和间接经验，又源于对理论性知识的深入理解、应用与拓展。

教师的教育信念是其实践性知识的核心。这种信念积淀于教师的内心深处，是一种基于其人生经历形成的价值观念。这种信念，通常不容易被外在教育理论所影响，更多地体现在教师的不经意间的行为中。它指导教师如何与学生互动、如何选择教学策略，以及如何看待教育的目的。

教师的自我知识是另一个核心领域。它关乎教师的自我意识、自我评价和自我效能感。教师需要了解自己的性格、能力和教学风格，从而更好地在教学中发挥自己的长处、规避短板，并根据反馈调整自己的行为。此外，教师的自我概念与其对反馈信息的敏感度紧密相关。一个愿意接受反馈、持续学习的教师，往往能更好地认识自己、提高自己的教学效能。

当我们深入探讨教师的人际知识时，我们发现它与教师与学生之间的关系紧密相连。教师不仅需要传授知识，还需要建立与学生之间的信任和深厚的人际关系。这种关系基于相互尊重、公平和默契。在日常的教育实践中，教师通过身体力行，向学生展示他们对于人际交往的价值观。

教师的情境知识与其教学机制是息息相关的。在快速变化的教学环境中，教师需要做出迅速的决策。这种决策往往基于他们对情境的敏感性、思维敏捷性和对学生的感知。教学机制是教师在课堂中灵活适应、应对各种突发情况的能力。

教师的策略性知识主要涉及教学策略的选择和应用。这涉及教师如何将理论知识与实践相结合，如何运用具体策略如比喻或类比来帮助学生理解复杂的概念，以及如何针对特定情境调整其教学方法。

最后，教师的批判反思知识关乎其对日常实践的深度思考。教师需要反思自己的行为、决策和与他人的互动。这种反思不仅帮助教师优化自己的教学实践，还鼓励他们对所处环境的权力结构进行批判性思考。

(二) 实践性知识的形式

教师的实践性知识包括多个层次，其中不仅包括那些明确可言、易于表达和分享的显性知识，还有那些深埋心底、难以用语言描绘的缄默知识和内隐知识。这些知识形式，在教师日常的教育实践中起到了不同的但同样关键的作用。

显性知识通常是教师在教育领域中经常提及的知识，它有明确的界限，可以被广泛传播并被多数人理解和接受，例如，教师如何进行课堂管理、如何使用某种教学方法等。这些知识可以被编纂入书，传授给教育学的学生，并在教育培训中传递给在职教师。但是，依赖显性知识的教学，可能只是表面上的，缺乏深度和针对性。

与显性知识相对的是缄默知识，它源于教师的个人经验，是在日常教学实践中逐渐积累起来的，而且通常难以言传。就像波兰尼所说，人们可以辨认一个熟悉的脸，但很难解释为什么能够认出这张脸。这种知识是教师在与学生互动中产生的，很多时候是基于教师的直觉和经验。这种直觉可能来源于过去的某次成功或失败的经验，可能是对学生的某种细微的反应的觉察，也可能是对某种教学策略的深刻理解。

更为神秘的是那些教师自己也可能未意识到的内隐知识。这种知识可能表现为教师的某种习惯性的行为，或是在某种情境下的直觉反应。例如，当面对一个突发事件或一个特定的学生问题时，教师可能会自然而然地做出某种反应，而不是经过深思熟虑。这种反应可能并不是基于教师的有意识的决策，而是基于过去的经验和习惯。这也说明了为什么有时教师的某些行为与其自己的教育哲学似乎不太一致，因为这些行为可能是基于内隐知识而非显性理念。对于教育者而言，理解和挖掘这些缄默和内隐的知识至关重要。虽然这些知识难以言传，但它们对于形成教师的专业身份和提高教学效果有着深远的影响。尤其是当教育环境和学生群体在不断变化时，教师不能仅仅依赖于那些固定的、显性的知识，他们需要灵活反应。这也是为什么教育研究和教师培训应该更多地关注教师的实践性知识，尤其是那些深层次、难以揭示的知识。在此背景下，教师的知识不再是简单的信息传递或技能训练，而是一个深层次的、多维的、不断演变的过程。只有我们真正理解和尊重教师的这种复杂性，才能真正推动教育的进步和发展。

(三) 实践性知识的形成

实践性知识的形成与大脑的特定信息处理机制紧密相关，它反映了大脑在面对复杂的教育任务时如何调动其资源来适应这些任务。在许多研究中，我们了解到大脑不仅在单一脑区处理信息，而且多个脑区经常以协同的方式参与到这一过程中，这是由大脑的串行性和平行性加工方式决定的。实践性知识的形成是一个动态、互动的过程。这一过程涉及个体如何在不断的教育实践中，通过内隐和外显的学习手段，对各种教育经验进行积累、整合，并逐渐形成自己的教学观念和策略。这种观念和策略不仅受到教育者自身认知结构的影响，还受到所处教育环境的影响。

内隐学习，作为一种不需要显式指导的学习方式，通常更加自动、更加难以言传。其所获得的知识具有高度的抽象性和概括性，很多时候它们会被存储为难以陈述的缄默知识。这种知识的积累和发展为教育者提供了直觉、顿悟等高级认知能力的基础。而外显学习，相对而言，更加结构化和有序。它需要教育者明确地、有意识地去探索、理解和掌握知识，最终形成的是可以明确陈述和传递的显性知识。不过，内隐学习与外显学习在实践性知识的形成过程中并不是相互独立的。实际上，它们经常是相互作用、相互转化的。例如，经过反复的教学实践，教育者可能会从外显学习积累的显性知识中提炼出核心观念，并通过长时间的反思和整合，将这些观念转化为内隐学习的缄默知识。同时，内隐学习中的缄默知识也可能在某些情境中被激活，转化为外显的显性知识。对于教育者来说，不断地在内隐与外显学习之间进行切换和转化，是形成深厚、广泛的实践性知识的关键。这需要他们在教育实践中不断地进行反思，对自己的经验、观念进行批判性的审视，以确保他们的实践性知识源于深入的理论基础和丰富的实践经验。

七、师范生实践性知识的获得与培养

（一）教师实践性知识的生成途径

1. 教育叙事研究

教育叙事研究为教育领域带来了深刻而独特的洞察。它不仅为我们提供了探索教师个人经验和专业成长的新途径，而且也成为教师认知与情感整合的重要手段。叙事，作为一种讲述生命事件的方式，本质上是人类对自身经验的一种组织和呈现方式。这种呈现方式在教育领域有着特殊的意义，因为它涉及的不仅是教育事件本身，还有教师在这些事件中的情感、思考和反思。当教师开始用叙事的方式描述他们的教育教学故事时，他们不仅仅在向外界展示自己的教育实践，更是在为自己提供一个深入反思和自我认知的机会。教育叙事研究的核心在于，它不直接对教育进行定义或设定规范，而是通过真实的、生动的教育故事，让读者去体验和感悟教育的真谛。这种从底层、从内部出发的研究方法，使得教育研究更加贴近实际，更具有感染力和说服力。从叙事的实践来看，教师可以是行动者，也可以是叙说者和记述者。当教师既是行动者又是叙述者时，他们对自己的教育实践有着深入的了解和感受。他们通过自己的叙事，可以更加深刻地反思自己的教育行为，从而不断地优化和完善自己的教育方法。在这个过程中，教育研究者可以为教师提供必要的指导和支持，使叙事研究更具系统性和深度。而在第二种叙事方式中，教师可能只是行动者或叙说者，而叙事的工作则由教育研究者来完成。这种方式的优势在于，研究者可以从一个更为客观的角度来观察和记录教育实践，从而使研究成果更具科学性和普遍性。但同时，这也需要研究者具有敏锐的观察力和深厚的教育背景知识，以确保叙事的真实性和有效性。

2. 教育行动研究

教育行动研究是现代教育领域中一个重要的研究方法，它以解决实际问题为核心，注重实践者的参与和经验的积累。这种研究方法的出现，打破了传统研究与实践之间的界限，让研究与实践更加紧密地结合起来。

首先，教育行动研究强调从经验中学习。这意味着教育实践者不仅要关注当前的教育活动，还要反思自己的经验，从中提取有价值的教育启示。这种基于经验的学习使教师能够更加客观地分析自己的教育行为，从而找到更有效的教学方法。其次，教育行动研究看重实践者自身的角色。在传统的教育研究中，研究者通常处于一个旁观者的角度来观察和分析教育现象。而在行动研究中，教师自己成为研究者，这样的研究角度更加接近教育的真实情境，因此更有可能得到具有实际意义的研究成果。此外，教育行动研究注重研究与实际活动的一体化。这意味着研究不是与实际教育活动分离的，而是与教育活动密切结合的。这样的研究方法可以确保研究结果具有很高的实际应用价值，同时也可以使教师在实际教学中更加敏锐地发现问题，更快地找到解决办法。再者，教育行动研究也鼓励教育实践者与科研人员合作。这种合作方式可以结合实践者的实际经验和科研人员的研究技能，从而更有可能得到具有深度和广度的研究成果。这种跨界的合作方式也促进了教育实践和研究的相互促进，使得教育理论与实践更加紧密地结合在一起。

3. 教育见习和教育观摩

教育见习与教育观摩是现代教师教育的核心组成部分，对于建立和加强教与学的知识和技能与实际运用情境之间的联系具有决定性意义。由于这种联系的存在，教师能够更为深入地理解和掌握教育教学理论，并在实际中运用这些知识和技能。

教育见习，作为一种将学习者置于情境中的方法，是教师职前培养活动中的重要环节。通过见习，未来的教师能够与熟练的教育者进行深度交流，观察其在教育过程中是如何娴熟地运用各种知识和技能的。这种情境化的学习方式有助于学习者形成深厚的实践性知识，并为其未来的教育工作奠定坚实的基础。同时，教育见习也使学习者意识到教育工作中所需的知识与技能并非孤立的，而是镶嵌在实际情境中的。这种情境化的学习有助于培养学习者的综合思考能力和应对复杂教育问题的能力。而教育观摩，作为教师职后研修的基本途径，同样具有重要意义。通过观摩，教师能够对自己的教育实践进行反思和完善。观摩可以为教师提供新的教育思路和方法，促使其对自己的教育行为进行更新和调整。此外，观摩也为教师提供了一个与同行交流经验和探讨教育问题的平台，有助于提高教育者之间的合作和互动。

在教育见习与教育观摩的过程中，熟练的教师所展现出的教与学的知识和技能，往往被视为完成有意义任务所必需的工具。这种知识和技能的传递与学习，无疑为提高教育质量、培养高素质教育者、促进教育创新提供了重要支撑。

4. 教育案例研究

教育案例研究是近年来受到广泛关注的教育研究方法。这种方法特别注重对真实教育情境的深入理解与挖掘，提供了一种对教育实践进行细致观察与分析的机会。通过对具体事件的纪实性描写，教育案例为我们展示了教师和学生在特定情境下的行为、思想和感情。与传统的理论导向研究不同，教育案例研究侧重对具体实践情境的描述与反思。这种情境化的描述提供了一个深入了解教师如何运用自己的实践性知识来应对教育挑战的窗口。通过对这些典型情境的研究，研究者和实践者都可以从中获取关于教育实践的深入见解，从而促进自身的专业成长。

当今社会，教育实践中的复杂性和多样性要求教师不仅具备扎实的理论知识，还需要有丰富的实践性知识和经验来应对各种各样的教育情境。教育案例研究，为教师提供了一个从真实情境中提炼和反思实践性知识的平台。通过对案例中的具体行为、思想和感情的分析，教师可以更好地理解和掌握教育实践中的核心问题，进而提高自己的教育实践能力。此外，优秀的教师往往在长期的教育实践中积累了丰富的"实践智慧"。这种"实践智慧"是教师对自己的教育实践的深入反思和总结，代表了教师的专业素养和经验积累。通过将这种"实践智慧"转化为具体的教育案例，我们不仅可以有效地保存和传递这些宝贵的经验，还可以为其他教师提供学习和反思的机会。教育案例还为教师提供了一个与同行交流和分享经验的平台。在这个平台上，教师们可以围绕具体的教育案例进行深入的讨论和反思，形成一个"学习共同体"。这种基于案例的交流和探讨，使得教师们之间的专业互助变得更加充实和富有意义。

(二) 影响师范生实践性知识形成的因素

1. 外部因素

影响师范生实践性知识形成的因素繁多，其中外部因素对其起着至关重要的作用。学习氛围作为其中的一部分，与师范生的成长和发展密切相关。在学校和实习过程中，当师范生身处于一个充满活力和鼓励的学习环境中时，他们的学习热情往往会被激发。一个积极的学习环境不仅促进了师范生之间的交流与合作，还为他们提供了分享自己的知识和经验的机会。在这种环境中，师范生更容易产生归属感，感受到与学校和同伴之间的深厚联系。

学习氛围的重要性不仅仅体现在激发学习热情上，更在于它如何为师范生提供一个分享实践性知识的平台。实践性知识的传播和分享对师范生的专业成长起到了至关重要的作用。在一个良好的学习氛围中，师范生会更愿意分享自己的实践经验，这种共享的实践性知识将在学校内部迅速传播，为师范生的专业成长提供强大的助力。

此外，社会氛围同样对师范生实践性知识的形成起到了关键作用。在一个重视教育和尊重教师的社会环境中，师范生会更有动力去追求专业的发展和进步。教师群体的专业发展组织在这方面发挥了不可或缺的作用。如果这些组织能够对新入职的师范生提出关注实践性知识的要求，这将有助于提高师范生的学习热情。此外，国家和政府也可以通过多种手段，如舆论宣传、教育政策制定等，对公众进行引导，从而在整个社会中营造出有利于教师专业发展的氛围。

2. 内部因素

影响师范生实践性知识形成的内部因素的范围十分广泛，涉及个体的心智结构、动机、认知及社交能力等。在学习实践性知识的过程中，师范生原有的知识结构起到了基石的作用。新知识的习得与原有知识结构之间存在紧密的联系，师范生必须具备相应的知识基础来支撑新知识的学习。然而，师范生的已有知识可能会对新知识的摄入产生前摄效应，特别是在新旧知识存在冲突的情况下。师范生在学习过程中也可能受到自身的习惯性思维的影响，从而形成独特的教学理论。除了知识结构，个人的职业理想与职业动机也对师范生的实践性知识形成产生重要影响。那些对自己的教育职业有明确追求的师范生，往往更愿意投入精力去关注和解决教育教学中的问题。自我反思意识在实践性知识的获得中占有核心地位。反思不仅是实践性知识的一个重要部分，而且是影响其形成的关键因素。实践性知识既有显性状态的部分，又有隐性状态的部分。师范生对隐性知识的敏感程度很大程度上决定了他们能否将其整合进自己的知识结构中，而进行反思则是达到这个目标的有效手段。

人际交往对于实践性知识的形成也起到了至关重要的作用。由于实践性知识是在人与人之间的互动中形成的，师范生间、师范生与指导教师之间的良好交互将促进这种知识的交流与传播。而在师生互动中，学生的特质和行为也对教师产生影响，激发教师的反思和学习，从而丰富其实践性知识。教师的个人生活史对其专业认知的形成具有深远的影响。并非只有在正式的教育背景下，教师的专业认知才得以发展。生活中的特定经验和重大事件通过教师的主观感受转化为其早期的价值观和信仰，进一步影响其后续的专业实践和发展。

（三）职前教师获取实践性知识的途径

教师实践性知识的生成，一是来自系统的教师教育学习；二是来自对教育实践的关注；三是来自教师实践的培训。获取实践性知识的途径是多种多样的，就职前教师来说，其获取途径大致如下：

1. 系统学习，积累实践知识

职前教师在教师教育阶段主要依赖系统的学习来掌握实践知识。因为这个时期的他们尚未真正涉及教育工作，所以缺乏实际的教学经验和日常的教育实践。这时，系统的理论学习成为他们的主要知识来源。对教育教学理论的深入掌握不仅可以为他们指明实践方向，还可以提供实践中所需的资源。只有在扎实的理论基础上，职前教师才能在未来的教育实践中有所作为。因此，他们需要在师范教育阶段努力学习，同时还要努力掌握其他教育相关的专业知识，并尝试将各类知识进行整合。除了在课堂上的学习，职前教师还可以通过各种方式积累实践性知识。例如，他们可以主动研读教育领域的书籍和杂志，以了解最新的教育研究成果和实践经验。由于职前教师往往缺乏实际的社会经验，这种学习方式可以帮助他们更好地理解社会中的教育现象和问题，从而丰富自己的实践性知识。此外，高等师范院校往往为学生提供丰富的培训资源，如教育主题讲座、研讨会和教师技能训练课程。这些培训通常由经验丰富的教育专家主持，他们的分享不仅能让职前教师更深入地了解教育实践，还可以为他们提供成功的教育经验作为参考，帮助他们为自己的未来职业生涯规划方向。

2. 留心观察生活，积累实践知识

生活中的每一个细节都是实践知识的源泉。从日常的生活和实践中，教师可以逐渐构建和丰富自己的教育观念和方法。那些卓越的教育工作者往往能够从生活中捕捉到细微的启示，并将其转化为宝贵的教学经验。教师应持续地维护教育日志或评论，敏锐地感知教育中的问题，通过这种方式加深对某一事件的印象和洞察，同时也便于未来的回顾和思考。读书笔记不仅仅是对读物的记录，更是将经典教育理念与个人经验相结合的产物，使之更适应实际的教学场景。对于社会和校园中出现的教育问题，教师应有独立的思考和分析能力，勇于提出自己的观点。与此同时，与教育界的权威人士进行深度的对话和交流，可以拓宽视野，挖掘新的思考角度。这种交互对话的形式能够帮助教师从其他专家的经验中汲取智慧，挑战自己的思维模式，从而更加全面地构建自己的知识体系。

3. 在实习实践中积累实践知识

实习阶段为教育学院的学生提供了直接体验教育和教学的机会。这不仅是他们吸收知识的关键环节，还是他们积累宝贵实践经验的时期。通过实习，师范生能够深入教育的前沿，亲自体验学校的日常运营，接触教师的真实生活，并深入了解教学的各种细节和特色。他们可以近距离地与学生互动，洞察不同年龄段学生的心理和需求。实习不仅使师范生将所学的理论知识应用于真实的教育场景，还帮助他们从实际的教学中吸取经验，反过来再补充和完善他们的理论知识。这样的经历对于他们未来的教育职业发展是至关重要的。除此之外，师范生参与如家教、教育辅导等社会实践活动也为他们提供了宝贵的实践机会。他们还可以利用假期参与如"送教下乡""教育研究"或社区调查等活动，进一步深化实践经验。这样的早期尝试和成功体验会增强他们对教育的热情，也有助于他们未来的持续学习。

（四）职前教育为师范生提供支持

在现代教师教育中，职前教育的支持和指导显得尤为关键，它旨在帮助师范生建立坚实的教育理论和实践基础。过去的教育模式对于教师在实践中获得的知识存在某种偏见，常常视其为非系统的经验性知识，与普遍性、系统性的教学理论相对立。在这种思维模式下，职前教育中的实践经常受到理论的约束，实际操作变得僵化，这种做法不仅否定了教师作为研究者的角色，还限制了教师培养的有效性。然而，实践知识的获取与教学理论的构建并不是互斥的。教师职前教育的实践类课程不仅需要强有力的理论指导，而且应当从实践中提炼出有价值的理论，构建完整的教师职前教育实践理论体系。只有在实践中，师范生才能真正体验到教育和教学的全貌，将理论与实践相结合，从而更好地为未来的教育职业生涯做好准备。此外，师范生在专业成长过程中所获得的实践性知识是至关重要的。教育理论研究与教育实践探究都应被赋予等同的重要性，它们在教师职前教育中都有其不可替代的地位。

在课程设置上，教育理论类课程应进行深入改革，以更加接近实际的方式呈现，帮助师范生将理论知识转化为实践知识。课程应当促进师范生的独立思考，鼓励他们对教育教学持开放态度，并在反思中持续完善自己的实践知识。

受到实践性知识的内隐特质影响，师范生很难直接掌握这些知识，他们需要在实践中不断体验和反思，从而真正地习得所需的实践性知识。因此，建立一个完善的实践类课程体系对师范生来说是至关重要的。教育实习的运行机制也亟须变革。在此过程中，与基地学校和地方教育行政部门的合作应当建立在共赢的基础上。中小学和大学间应建立更加紧密的合作机制，这不仅有助于师范生更好地适应实际的教学环境，还能确保双方都从合作中获益。最后，指导教师在师范生实践性知识的习得过程中扮演着至关重要的角色。他们不仅需要有深厚的教育理论和实践基础，还需要具备出色的人际沟通和协调能力。选拔出合适的指导教师，确保他们能够为师范生提供高质量的教学和实践指导，是提高师范生学习效果的关键。

第四节 终身学习理论

一、终身学习理论的产生

终身学习理论的诞生与终身教育思想的形成紧密相关。社会政治的快速发展和变革是这种思想产生的重要背景。要真正实现全面发展，教育必须覆盖到社会的各个角落，以及各个生活阶段，这需要建构一个全新的教育体系。此外，科技的飞速进步，尤其是20世纪70年代后的高科技发展和信息化时代的崛起，也为终身学习理念的形成提供了基础。随着学习型社会的兴起，知识在经济社会中的重要性逐渐增长，同时科技更新速度加快，人们的生活品质提升，休闲时间增多，这些都促使人们更加珍视学习的机会。

教育家和心理学家桑代克（E. L. Thorndike）经过深入的研究，对成人的学习能力进行了观察和实验，他发现人的学习能力并不会随着年龄的增长而迅速减退。他的研究指出，成人的学习能力在22岁达到高峰，25岁后开始逐渐下降，但降低的速度相对缓慢。基于这些发现，他撰写了《人类的学习》一书，为20世纪初的成人教育理论做出了重要贡献。此外，1965年，法国教育家保尔·朗格朗在教育实践中，对教育问题的新变化有了深入的理解，提出了终身教育的全新观念，即教育应当成为人生的一部分，形成一个完整的体系，这一理论超越了传统教育的局限。他特别强调了"终身教育"和"学习社会化"两大关键词。这两者指引了教育在21世纪的核心发展方向，同时也为应对职业场景的变化及适应个体生活的不断调整提供了新的思考。在这个瞬息万变的时代，终身教育的理念为我们提供了应对挑战的方案。

终身学习是通过一个不断的支持过程来发挥人类的潜能,它激励并使人们有权力去获得他们终身所需要的全部知识价值、技能与理解,并在任何情况和环境中有信心、有创造性和愉快地应用它们。

终身学习的概念在学术和社会领域都得到了广泛的关注和讨论。其深厚的内涵意味着学习并不仅仅是在某一个特定的生命阶段完成的活动,而是持续贯穿于个体的生命周期,从生命的初始阶段一直延续至生命终结。这种观念挑战了传统教育模式中的固有思维,即教育和学习仅在特定的生命时期进行。当我们将学习视为一个不断进化和发展的过程,它为人类个体和社会的持续发展提供了新的视角和机会。

终身学习并非孤立存在的活动,它依赖于一个稳固的支持系统——终身教育。这两者之间的关系是紧密且相互依赖的。终身教育为终身学习提供了必要的理论和实践支持,它确保了学习活动能够在社会各个层面得到实施和推广。在社会结构中,每一项人的活动都与社会的各个部分相互关联。同样,学习活动也深受社会的影响,尤其是目的明确、有组织的学习。这使得教育在整个终身学习的进程中扮演着关键的导向和指导角色。细化到终身学习的本质,我们可以发现,它不仅仅是偶然或无意中的学习,而是一种有目的、有组织、有计划的活动。这种学习方式远比随意或偶发的学习更具有价值,因为它是根据个体的需求和社会的要求有意识地进行的。除了传统的学校教育之外,非正规的学习环境在终身学习中也起到了至关重要的作用。随着学习内容和方法的不断拓展,学习的空间和环境也得到了更广泛的认识,不再仅仅局限于学校或正规教育机构,学习可以在任何时间、任何地点进行,无论是工作中、日常生活中还是社交活动中。终身学习不仅是个体的权利,还是其责任。每个人,无论其年龄、性别、职业或地域,都应该有机会并享有权利去学习,去完善自己。学习是人类文明进步的驱动力,也是社会发展的基石。它不仅是一种理论概念,还是一种生活态度和行为习惯。因此,为了确保社会成员都能得到高效、有意义的学习,社会应该建立和完善终身学习的体系和机制,解决学习的内容和方法问题,从而推动社会和个体的持续发展和进步。

二、师范生的终身学习

(一)师范生的自我发展需求

师范生的自我发展需求是教育领域中一个长期被关注的议题,因为它涉及如何更好地培养未来的教育者,使其既具备教育理论知识,又拥有适应不断变化教育环境的能力。师范生作为未来的教育工作者,他们的自我发展不仅仅关乎个人职业发展，更与整个教育体系的进步和创新密切相关。

自我发展首先源于师范生的内在驱动。随着社会的不断发展和教育领域的持续变革，未来的教育者需要更强的自我驱动力，追求终身学习以满足不断增长的职业需求。师范生的学习动力很大程度上取决于他们对于自身职业发展的期望和对未来工作的充分准备。对于许多师范生而言，选择教育作为职业并不仅仅是为了求职或经济上的考虑，更多的是出于对教育的热爱和使命感。因此，为了更好地满足学生的需求，他们需要不断地扩展自己的知识和技能，以及更新自己的教育理念。此外，教育领域的快速变革要求师范生拥有灵活的思维和敏锐的洞察力，以便捕捉教育发展的新趋势，从而使用正确教学策略。教育的目标和内容不断发生变化，不同的学生群体也有着不同的学习需求和兴趣。师范生需要具备跨文化、跨学科的教育背景和视野，这样才能更好地理解和满足学生的多元化需求。

在教育实践中，师范生面临的挑战并不仅限于教学方法和策略的选择，还涉及如何处理与学生、家长、同事和学校管理层之间的关系。与此同时，他们还需要考虑如何维护自己的职业身份和价值观，以及如何在日常教学中实现自我实践和成长。技术在教育领域的应用为师范生提供了更多的学习和发展机会。教育技术不仅可以帮助师范生提高教学效率，还可以为他们提供更多与学生互动和沟通的机会。同时，技术还为师范生提供了一个展示自己教育理念和教学策略的平台，使他们能够与更广泛的读者和同行进行交流和分享。

（二）作为教育者的终身学习实践

作为教育者的终身学习实践是现代教育领域的核心议题之一，尤其在知识和技术日新月异的时代背景下，教育者们面临着不断地自我更新和成长的挑战。对于教育者来说，终身学习不仅仅是一种职业需求，更是一种教育哲学和价值观的体现，它涉及如何保持对知识的好奇心，如何持续地与时俱进，以及如何为学生提供高质量和与时俱进的教育。

终身学习实践意味着教育者要在职业生涯中持续地更新自己的知识和技能。这不仅涉及对专业知识的深化和拓展，还涉及对教育方法、策略和技术的探索和应用。随着教育理念的变化和教育技术的发展，教育者们需要不断地学习新的教学方法，探索如何将技术与教育结合，以及如何为学生创造一个更有利于学习的环境。另外，终身学习也意味着教育者要学会自我调整和反思。在教育实践中，教育者不仅需要关注学生的学习，还需要关注自己的教学方法和策略是否有效，是否能够满足学生的需求，以及是否与教育的目标和价值观相一致。这要求教育者具备反思性思维，能够在教学实践中不断地反思和调整自己的教学方法，以提高教学效果。

终身学习还涉及对教育者的职业身份和价值观的深入理解和反思。作为教育者，他们不仅是知识的传递者，还是价值观的引导者和传承者。在这个过程中，教育者需要对自己的职业身份有深入的认识，理解自己在教育体系中的角色和职责，以及在教育实践中实现自己的职业理想和价值观。此外，终身学习还要求教育者拥有开放的思维和态度，愿意接受新的知识和观念，对新的教育理念和方法保持开放和好奇的态度，这样才能确保自己在教育领域始终保持前沿的地位。这也意味着教育者需要拥有一种探究的精神，愿意尝试新的教育方法，勇于创新，以提高教育质量和效果。

（三）面对变化：教育技术与终身学习

在现代社会，变革的步伐愈加迅猛，其中教育技术的飞速发展给教育领域带来了前所未有的机遇与挑战。在这样的背景下，教育者如何利用教育技术实现终身学习，成为一大核心议题。

教育技术与终身学习之间的联系早已超越了单纯的工具使用。教育技术为终身学习提供了新的空间、方式和机制，使教育者能够在任何时空背景下获取知识，与全球的教育者和学习者建立连接。更重要的是，教育技术重塑了学习的生态，使之更为开放、自主和协作。随着数字技术的普及，教育资源逐渐数字化，为教育者提供了丰富多样的学习材料。无论是开放的在线课程、数字图书馆、互动教材，还是各种教育应用，它们为教育者开辟了新的学习渠道。这些资源的灵活性和便捷性，使教育者能够根据自己的需求和兴趣进行自我驱动的学习，实现真正的终身学习。与此同时，教育技术也增强了教育者之间的交流与合作。社交媒体、在线讨论论坛、协作工具等，都为教育者提供了与同行及学习者建立连接的机会，实现了知识的分享和创新。这不仅促进了教育者的个人成长，还有助于推动整个教育领域的发展。

与这些机遇并存的是，教育技术也给教育者带来了新的挑战。如何筛选和评估众多的在线资源，如何在数字化的学习环境中培养批判性思维和信息素养，如何与学生建立真实而深入的互动关系，都需要教育者进行深入的反思和实践。此外，教育技术的快速变革也对教育者的终身学习能力提出了更高的要求。随着技术的更新换代，教育者需要不断地学习新的技能，与时俱进，确保自己在教育领域始终保持领先地位。这不仅涉及技术的操作和应用，更重要的是如何将技术与教育相结合，创造有意义的学习体验。

第三章 育人之师：师范生协同育人能力建设

第一节 师范生协同育人理念与师范生全面发展

一、协同育人的基本理念

协同育人，又称积极参与式教育，是一种革命性的学习方式，其核心在于学生的主动参与和互动，构建了一个丰富多彩的教育生态。在协同教育模式中，学生不再是被动的知识接收者，而是积极的知识创造者和学习者，他们在教学过程中的地位更加突出。协同育人赋予学生自主学习的能力，通过参与课堂活动和实践，他们能够在真实场景中运用所学知识，将抽象的概念转化为实际能力。例如，在团队合作项目中，学生需要运用各自的专业知识和技能，共同解决问题，实践性的学习不仅能使学生加深对知识的理解，还培养了其解决实际问题的能力。协同育人也有助于培养学生的创新能力，学生在参与式教育中有更多的机会提出自己的观点和想法，应鼓励他们勇于尝试新的思路和方法，从而培养出富有创造力的个体。教师在这个过程中充当着引导者的角色，为学生提供必要的支持和指导，同时为他们创造一个开放的环境，让他们能够充分展现自己的才华和创意。协同育人更加有助于培养学生的综合素养，在参与式教育中，学生不仅仅是为了获取知识和技能，更是为了发展自己的情感、思维和人际交往能力。他们需要在团队中合作，与同学分享自己的想法，解决冲突，培养出良好的人际沟通能力和团队合作精神。然而，协同育人的实施离不开教师的积极参与。教师作为学生的引路人，需要具备丰富的教育知识和教学经验，能够在学生的学习过程中提供指导和支持。教师应灵活运用教学方法，根据学生的需求进行个性化的指导，从而更好地引导学生发展。

协同育人的另一个重要元素是建立在教师—学生关系之上，这种关系体系中，教师的角色超越了传统的知识传授者，更多地成了学生学习道路上的引导者和伙伴。教师在这个过程中为学生提供支持和指导，从而帮助他们在学习中获得更多的成长。教师需要具备开放的心态，能够真正欣赏学生的参与，鼓励学生提出问题，分享观点，积极参与课堂讨论和活动。教师与学生进行积极的互动，教师可以更好地了解学生的需求和兴趣，从而更有针对性地引导学习。教师也应该帮助学生建立良好的学习网络，可以引导学生与同学互动，合作完成任务，共同解决问题。而学生与他人建立合作关系，不仅可以获取不同的观点和思维方式，还可以培养团队合作的能力，这对于他们未来的发展十分重要。在协同育人中，教师还需要关注学生的学习进展，及时指导他们学习下一个技能。结合及时的反馈和指导，教师可以帮助学生更好地理解和掌握知识，从而增强他们的学习信心和自信心。更重要的是，教师要在学习过程中注重肯定和促进，对学生的积极表现给予肯定和赞赏，激发学生的学习动力，让他们感受到成就感和满足感，提供积极的反馈和建议，帮助学生不断提升自己。

协同育人是一种教育模式，更是一种全面培养学生成长的重要方法。协同育人方式能促使学生不断学习和扩展知识，并且培养一系列重要的能力，为他们的未来发展打下坚实的基础。在协同育人的过程中，学生不仅仅是知识的接收者，更是思维能力的培养者。学生积极参与教学活动，锻炼思维的灵活性和创造性。思维的培养不仅在学术上有益，还在解决实际问题时发挥着重要作用，为他们未来的职业发展奠定基础。协同育人还强调合作意识的培养，学生在团队合作中学会倾听、沟通和协作，培养出良好的合作意识和团队精神，对于他们未来的职业生涯至关重要，因为现实社会中合作与团队协作能力是不可或缺的素质。协同育人也致力于培养学生有效解决问题的能力，学生参与实际问题的解决过程，能够培养分析问题、提出解决方案的能力，有助于他们在学术领域取得成功，且有助于他们在日常生活中迎接各种挑战。协同育人也关注学生的品格和价值观的培养，学生有机会在合作、竞争、分享中培养道德观念，形成健康的人格。他们在与同学互动的过程中学会尊重和关心他人，并树立起正确的价值观。最终，协同育人为学生的职业道德建立奠定了坚实的基础，学生可以在未来的职业道路上始终保持良好的职业道德。

二、新时代家校社协同育人的内涵与特征

我国进入新时代，家校社协同育人受到空前重视，成为当代教育研究的焦点。然而，作为一个新兴领域，家校社协同育人在理论和实践方面都面临着一系列问题、争议和挑战。协同育人模式要求家庭、学校和社会共同合作，以实现更有效的育人目标，但如何实现这种协同育人仍需要深入研究和探讨。在新

时代的家校社协同育人中,最核心的特征之一是价值和育人导向的统一。家庭、学校和社会应当共同分享育人的目标,达成共识,以确保孩子得到全面的培养和教育;需要各方明确育人的价值观,建立共同的育人理念,从而更好地引导学生成长。新型伙伴关系的建立也是家校社协同育人的典型特征之一。在此模式下,家庭、学校和社会都是教育的重要主体,需要保持平衡。家长、教师和社会机构应当相互支持、相互协作,共同为学生提供全方位的培养和指导,以促进他们全面发展。

(一)家校社协同育人的内涵

1. 家校社概念的辨析

"内涵"这一概念是事物本质属性的综合体现,要明确家校社协同育人的内涵并非易事,其主要困难在于对家校社概念的理解。在探讨家校社协同育人时,一些研究者常常会涉及家庭、学校和社会(社区)这些概念,然而在社会学中,对这些概念的理解具有不同的含义与层次。社会作为一个概念,在社会学中指的是由相互联系、相互依存的人们组成的超越个体的有机整体。社会是人们日常生活的基础,涵盖了广泛的社会关系和相互作用。而社区是由多个社会群体或社会组织在特定领域形成的一个生活上相互关联的大集体,是社会有机体的基本构成,也是宏观社会的一个缩影。家庭则是以婚姻关系、血缘关系或收养关系为基础,以情感为纽带,由亲属之间构成的社会生活单位。家庭是每个人成长的起点,是个体情感、价值观和社会认同的重要来源。而学校是指有计划、有组织地对受教育者进行系统教育活动的组织机构,是知识传递、技能培养和思维发展的场所以及社会化的重要环境。显而易见,家庭、学校和社会是不同层面上的概念。家庭和学校是社会(社区)的下位概念,而社会是更广泛的范畴。因此,将这三个概念简单地并列是不太恰当的,因为它们在教育过程中具有不同的角色和作用。尽管存在概念的层次差异,家校社协同育人强调的是三者之间的协调合作,以实现更好的育人效果。在实际操作中,家庭、学校和社会应当紧密合作,形成一个育人的共同体,共同为孩子的全面成长提供支持和指导。

家庭、学校和社会,虽然在概念上属于不同的层级,但当作为教育系统的组成部分共同存在时,它们便处于同一层级的概念之中。在协同育人教育系统中,家庭教育、学校教育和社会教育形成了一个协同的体系,相互之间受到相同的教育原理支配,实现着相互的影响与合作,从而产生协同效应。在这样的教育体系中,家校社协同育人这一表述变得恰如其分。从协同理论的角度来看,协同教育体系具有重要的意义。家庭作为孩子成长的第一环境,学校作为知识传递和综合素养培养的场所,社会作为更广阔的人际关系和价值观形成的环境,都在孩子的成长中起着不可替代的作用。因此,家校社协同育人并不是简单的重复,而是强调了这种协同体系中家庭、学校和社会的密切合作与互动。在这一协同育人体系下,家庭教育、学校教育和社会教育相互融合,互补优势,共同促进孩子的全面成长。家长、教师和社会机构之间的协作,可以更好地满足孩子的发展需求,培养他们的综合素养、创造力和社会责任感。

2. 家校社三者的关系

教育被视作一个有机的整体,由家庭教育、学校教育和社会教育三者共同构成。家庭教育作为教育体系的基础,只在家庭环境中进行。家庭教育是孩子成长的最早阶段,承载着亲情、情感和价值观的传承。学校教育作为正规教育的一部分,可以引导家庭教育,为社会教育打下基础。学校教育通过知识传授和综合素养培养,为学生的综合发展提供坚实支撑。社会教育则是教育的延伸,深刻地影响家庭教育和学校教育的方向、内容和效果。"家校社"三者的提法,恰如其分地体现了这三种教育形式之间的内在逻辑关系。它们在教育体系中不是孤立存在的,而是相互交织、相互影响的。家庭教育作为最初的环境,为孩子的价值观和行为习惯的形成提供了基础。学校教育在这个基础上通过专业的师资和教育资源,进一步促进学生的认知和综合素养的提升。社会教育则是在家庭和学校教育之外的重要环境教育,主要以社会化的过程培养学生的社会适应能力和实践能力。"家校社"教育体系是教育环境的划分,更是一种协同作用的体现。三者相互交织,相互促进,共同为孩子的全面成长提供支持。家庭教育、学校教育和社会教育之间的关系是相互补充和相互依存的,共同塑造着孩子的个性、价值观和能力。

家庭教育、学校教育和社会教育在育人责任上共同肩负重要使命,然而它们之间又各自存在着边界,相互独立且在分工上存在差异。三种教育形式在育人功能上存在显著差异,家庭教育并不仅仅是学校教育的辅助,社会教育也不仅仅是学校教育的补充。三者在育人过程中,都具有独立的角色与功能。尽管各有优势,但也各有不足之处。在具体的教育实践中,没有哪一种教育能够完全替代另一种教育。在家庭教育中,父母作为孩子的第一任教师,扮演着重要的角色。家庭教育注重情感的培养和价值观的传递,塑造孩子的品德和道德观念。然而,家庭教育可能会受限于家庭环境和父母的教育水平,难以涵盖所有知识领域。学校教育则是正规教育的核心,学校教育提供系统的知识传授和综合素养培养,为学生的学术发展和社会适应能力的培养奠定基础。但是学校教育可能存在课程局限和学科专注的问题,有时难以满足学生多元化的兴趣和需求。社会教育则是延伸教育的重要组成部分,社会教育通过社会化的方式,培养学生的实践能力和社会适应能力，为其未来的职业发展做好准备。社会教育也受制于社会环境和文化因素，有时可能无法提供充足的专业教育。正是基于这些差异和独特性，家庭、学校和社会教育需要实现协同合作，共同育人。三者的各自优势可以相互弥补，同时能够共同弥合短板。家庭、学校和社会的教育合力，正是在协同互补中形成的。只有通过各施所长、共同合作，才能发挥出整体效应，创造出巨大的教育合力，以实现最佳的教育效果。正如家校社协同育人所表达的，三者之间的协同作用，是创造一个有利于孩子全面成长的教育生态系统的关键。

家校社协同育人的关键焦点在于协同合作。解决的核心问题是，在何种情况下能够最大限度地发挥家庭、学校和社会三者不同教育因素的互补作用，以及多渠道影响的叠加效应。那么则需要建立多向互动、共同促进的协作关系，实现"1+1+1＞3"的教育效果。协同育人旨在整合家庭、学校和社会的资源，以实现全面的育人目标。家庭是孩子成长的最初环境，学校是正规教育的主要场所，社会则承载着更广阔的社会化过程。如何让这三者在教育过程中形成有机互动，是家校社协同育人的核心挑战。为了达到最佳效果，需要在家庭、学校和社会之间建立协作关系，家庭要积极参与孩子的学习和成长，提供情感支持和道德引导；学校需要主动与家庭沟通合作，了解学生的个性特点和需求，以便更好地调整教学策略；社会则通过实践经验和社会化过程，培养学生的社会适应能力和实践能力。在协同育人关系下，家庭、学校和社会的教育因素互相叠加，形成协同效应。家校社协同育人不仅仅是简单的"1+1+1"的相加，而是在协同互补中产生更大的教育影响。家庭的情感培养与学校的知识传递相结合，可以使学生更全面地发展；而社会经验的引导与学校的综合素养培养相结合，可以培养学生更广泛的背景和实践能力。

3. 家校社协同育人的内涵

家校社协同育人，作为一种全新的教育理念，涵盖了家庭教育、学校教育和社会教育三者之间的紧密协作与合作。家校社协同育人强调家庭教育、学校教育和社会教育的主体地位是平等的，不存在从属关系，三者相辅相成，各自发挥独特作用，共同肩负起培养新一代的重任。实现家校社协同育人的关键在于将家庭、学校和社会的行动统一到共同的育人目标上。要将三者的教育理念、目标与行动紧密协调，形成一个立体、全方位的育人格局，以满足学生全面成长的需求。家校社协同育人是通过加强交流、合作，形成教育合力而实现的，家庭、学校和社会需要积极互动，共同关注学生的发展需求。协同合作的方式包括家校合作、校社合作、家社合作以及家校社三者共同合作，在协同合作中，不仅知识得以传递，而且道德、情感、实践等也实现了多维度的培养。最为重要的是，家校社协同育人的核心落脚点在于实现最佳育人效果。这意味着要高质量地实现全面育人、全方位育人的素质教育目标，培养个体的综合素养，实现全面发展。在家庭、学校和社会的共同努力下，学生可以在不同环境中得到全面培养，展现出更加出色的综合素质。

理解家校社协同育人存在一定的难度：一方面，这一概念并不是严格科学定义下的概念；另一方面，它在现实中也面临着许多挑战与难题，需深入分析，探讨其困难所在，以便更好地把握其内涵及价值。家校社协同育人并不是一个严格定义的概念，而是一个综合性的理念。家庭、学校和社会的教育因素在协同育人中共同发挥作用，但由于三者之间的关系错综复杂，其界限不容易界定，家庭教育、学校教育和社会教育之间的互动模式和影响机制需要更多的研究与实践探索。长期以来，学校教育在整个教育体系中占据主导地位，导致家庭教育和社会教育的发展较为薄弱。家庭教育在家长教育观念、育儿方法等方面存在差异，而社会教育受到社会变革和快速发展的影响，与学校教育难以实现良好的协同，此种教育格局不利于培养学生全面发展所需的品德、能力和知识。现行教育体制中"应试教育"现象仍然存在，学校教育过度关注考试分数，忽视了学生的全面发展，此种教育倾向导致了家庭教育和社会教育与学校教育的功能和价值错位。

（二）家校社协同育人的特征

1. 价值统一，育人导向

（1）育人为本，立德树人

教育作为一项培养人的活动，其根本宗旨在于培养人的全面素质，丰富人性、培育德性、发展理性，使个体在社会、文化和精神领域得以全面发展。在党的教育方针和社会主义办学方向的指引下，家校社协同育人致力于培养合格的社会主义建设者和接班人，以实现国家的可持续发展。在此过程中，家校社协同育人旨在落实立德树人的根本任务，坚定地贯彻育人初心，秉持党的教育方针，将育人效果作为评价教育工作的根本标准，确保育人目标的实现。家校社协同育人不仅仅是知识传授，更关注学生的道德品质、社会责任感和创新能力的全面培养。

（2）以人为本，尊重差异

家校社协同育人的核心理念在于以人为本，贯彻个体身心发展规律，重视个体差异和成长需求，同时关注现代社会的演进趋势。在育人过程中，家校社协同育人致力于将每个个体的自我发展与社会、经济、文化的发展紧密结合，以确保个体发展与社会进步的和谐统一，同时为每个人提供施展才华、创造辉煌的机遇。以人为本意味着尊重个体的独特性和发展轨迹，不同的学生有着不同的兴趣、能力和优势。在家校社协同育人中，教育者应更加注重培养每个学生的个性特点，激发其潜能，引导他们朝着适合自己的方向发展。在育人过程中，遵循个体的身心发展规律是至关重要的。每个人的成长和发展都具有一定的规律和阶段，家校社协同育人应根据不同年龄段和阶段的学生提供相应的教育和培养。同时，需要充分关注学生的差异性，为他们提供多样化的教育路径和支持，使每个人都能找到适合自己的成长方式。

（3）协同融合，交叠影响

家校社协同育人的核心在于将教育组织、内容、方式方法以及职能进行差异性互补，以实现更全面的育人目标。家庭教育、社会教育和学校教育各自强调不同的方面，但通过融合，它们可以相互协作，为个体的成长提供更丰富的支持。家庭教育着重于融入生活中的教养，注重培养良好的品德和人格，在家庭环境中，孩子接收到父母的关怀和教导，建立起价值观念和道德观念；社会教育则更加注重整合多种资源，通过社会互动和教化，促进个体的全面发展；而学校教育则聚焦于学科知识的传授，教授学生系统性的知识体系。相关教育领域的融合旨在创造家校社育人的合力，通过家庭、学校和社会的协同作用，形成交互叠加的影响，为个体的成长提供更多元化、综合性的支持。家庭和社会教育的价值观可以与学校教育的学科知识相辅相成，为学生提供更丰富的学习经验和全面的素养培养。家校社协同育人的融合也有助于弥补各自教育领域的不足，在家庭教育中，虽然重视品德和情感培养，但可能缺乏系统性的知识传授；社会教育注重实践和教化，但可能不够系统和有组织；学校教育强调学科知识，但可能偏离了个体的综合发展。协同融合可以使有关领域相互补充，使教育更加全面。

2. 新型伙伴，主体平衡

新时代的家校社协同育人中，家庭教育、学校教育、社会教育展现出新的特征，各自扮演不同角色，肩负独特责任，共同助力个体全面成长。

（1）新型伙伴

我国教育实践中，家庭教育、学校教育和社会教育各自属于独立的领域，但因共同服务学生而紧密联系，各领域并非简单并列，而是在协同育人中呈现复杂的关系。在个体成长过程中，三者既非旁观者，又不是机械的参与者。其影响超越了各自场域的范畴，相互交织，叠加影响，形成了一种有机、整体、生态的共生关系，被学者称为"家校社共同体"。

（2）主体平衡

不平衡的主体关系在家校社协同育人中常常表现为某一方的缺位、越位或一方占据主导地位,从而压制了其他主体的作用的发挥。不平衡状态可能导致家庭、学校和社会在育人过程中无法充分发挥应有的作用,甚至出现某方在合作中过度行使权力的现象。典型的例子是学校教育"一轨独大"的情况,即学校在协同育人中占据主导地位,而家庭和社会的作用相对较弱。为了实现家校社协同育人的平衡,首先需要明确各方的责任边界。各主体应各司其职,充分发挥自身的作用,承担各自的责任。平等原则是关键。家庭教育、学校教育和社会教育三者的地位和权利应当平等,不存在哪一方绝对优先的情况,也不应出现一方主导其他主体的情况。平等原则体现在多个方面:教育影响没有先后次序之分,三者共同以个体发展为核心,影响力同时存在,只是因个体的年龄和心理特点而有所差异;三者之间应平等且独立,不存在控制和服从的关系。协同育人时应去除权威化的元素,建立相互尊重、互信互赖的合作关系;主体的广泛参与也是平衡的体现,例如,应重视社会教育,强化其地位,使社区、机构和传媒等都能参与协同育人的过程。学校教育可以通过提供指导课程、培训和讲座等方式为家庭提供教育支持;应鼓励家庭积极参与协同育人,共同推动个体的全面发展。在家校社协同育人的平衡中,家庭、学校和社会应达到平等状态,共同为个体的成长和发展提供支持。通过明确责任边界、坚持平等原则以及主体的广泛参与,可以构建起一种相互尊重、合作共赢的家校社关系。平衡不仅有助于个体的全面发展,还将为教育体制的改革和社会的进步提供稳固的基础,并且能够实现更加有益的教育效果,培养出更加全面发展的新一代人才。

3. 政府统筹,项目主导

在新时代,家校社协同育人需要各级政府发挥统筹协调作用,而项目主导也是关键。政府的统筹能力可以促进家庭、学校和社会教育的有机结合,实现协同育人的目标。而项目主导的方式能够使家庭、学校和社会的优势相互补充,更有效地发挥各自的作用,从而确保育人成效的最大化。根据政府的引导和项目的主导,家校社协同育人的合作将更加有序和有效,为培养全面发展的人才提供坚实的基础。

(1) 政府统筹

家校社协同育人是一项庞大而复杂的社会系统工程,其中政府的统筹协调具有关键性作用。结合政府的引导和协调,可以突破原有的教育框架,建立起家庭、学校、社会之间平衡的主体关系。政府的参与能够推动家校社协同育人机制的建立,实现教育资源的有机整合和共享,从而形成更为紧密的家校社融通与合作。政府作为中坚力量,能够在协调各方利益、制定政策和法规等方面发挥决定性作用,从而促进家校社协同育人的顺利进行。协同育人的合作努力将为培养全面发展的人才提供更加有力的支持和保障。

政府在家校社协同育人中的统筹作用体现在多个方面。政府应同等重视家庭教育、社会教育与学校教育，将其纳入整体教育政策设计中，实现教育理念的根本转变。这种方式可以营造一种更有利于家校社协同育人的教育环境，推动培养模式和体制机制的创新。政府需要建立健全相关的政策法规，推动相关法律的立法进程，为家校社协同育人提供法制保障。这将有助于规范各方的行为，明确责任边界，确保协同育人的有序进行。政府要在协同育人中发挥统筹协调作用，各部门之间要加强联动合作，分工负责，共同筹措经费，提供管理保障。通过有效的合作和资源整合，可以最大限度地发挥家庭、学校和社会的育人功能。政府应将家校社协同育人的质量评估纳入督导范围，定期进行督导评估，从而帮助监测协同育人的实施情况，及时发现问题并加以解决，确保协同育人取得良好的成效。由此可见，政府的统筹协调在新时代家校社协同育人中扮演着重要角色，为全面推进协同育人提供了重要支持和保障。

（2）项目主导

在实践中，关于家校社协同育人主导角色的问题引起了广泛的讨论。一方面，有学者主张政府主导，认为政府应在协同育人中发挥统筹协调作用，确保各方合作有序进行。另一方面，也有学者提出学校主导，认为学校在教育领域拥有专业性和权威性，应该主导协同育人的实践。然而，无论是政府主导还是学校主导，都可能造成主体的不平衡状态，限制了各方的发挥空间。相对而言，以项目为主导的家校社协同育人模式更具优势。以具体的育人项目为核心，家庭、学校和社会等不同主体平等参与，可以在协同育人中形成更加协调和平衡的关系。此种模式注重在实践中引领家校社协同育人的活动设计，从而更好地实现育人目标和任务。例如，家庭教育可以开展中华优秀传统文化教育、民族美德教育等活动，学校可以强化学科教学，社会可以提供各类教育资源和实践机会。实施项目主导模式可以更好地发挥各方的专业特长，实现优势互补，产生协同效应。然而，项目主导模式的实施仍需政府的支持和引导。政府可以发挥统筹协调作用，确保协同育人的顺利进行。在推进家校社协同育人实践的过程中，政府可以借助专业研究机构或社会组织的力量，创建家校社协同育人指导中心或联盟，起到协调引领的作用。例如，设立家庭教育研究会可以为家庭提供教育指导服务，协调家校社合作，推动协同育人实践的深入发展。

4. 协商合作，互动共进

家校社协同育人旨在平衡家庭、学校和社会三个主体的育人作用，实现协同效应，但要达到这一目标，协商合作是不可或缺的关键。平衡主体意味着各方在协同育人中应该通过协商和合作，共同制定育人目标、方案和实施计划，以产生最优的协同效应。

为了实现平等的协商合作，家庭、学校和社会应该遵循平等对话的原则。家庭、学校和社会应该平等对待，不以谁的地位更高为基准，充分尊重每个主体的意见和建议；建立有效的协商机制，制定明确的议事制度和协商流程，使协商过程有条不紊、高效有序；充分发挥各主体的优势，通过协商合作，将这些资源最大限度地发挥出来，实现优势互补，确保协同育人的最佳效果，通过协商合作，形成正向的互动叠加影响，实现家校社协同育人的最佳效果。

三、师范生全面发展的内涵

（一）知识层面

当谈及师范生的全面发展，知识层面显然是不可或缺的一部分。师范生需要具备广泛的学科知识和深入的教育学基础，这对于他们未来成为合格的教育工作者至关重要。师范生作为未来的教育者，他们将面对各个年级的学生，因此他们需要具备广泛的学科知识，能够胜任不同科目的教学任务。学科知识包括基础学科，如数学、语文、科学等，还包括跨学科知识，以便能够为学生提供综合性的教育。师范生还需要了解教育学的基本理论，教育不仅仅是知识的传授，还涉及教育心理学、发展心理学等教育学基本理论的应用。师范生需要了解学生的心理特点、发展阶段，以便更好地调整教学策略，满足学生的学习需求。教育伦理和教育法律等方面的知识也是师范生必备的，以确保他们在教育实践中不仅能够传递知识，还能够保护学生的权益和安全。师范生的知识层面发展对于他们未来的教育事业具有重要影响，只有具备充实的学科知识和深入的教育学基础，他们才能更好地理解学生，更有效地进行教学和引导。随着社会的不断变化和教育的不断发展，师范生还需要具备不断学习的意识，不断更新自己的知识储备，以适应未来教育的新需求和新挑战。

（二）技能层面

师范生的全面发展不仅包括掌握学科知识，还涵盖广泛的教育技能、课程设计能力以及教育评估的技巧。在新时代的教育环境中，师范生需要在技能层面具备多方面的能力，以便能够在未来的教育岗位上游刃有余地履行教育使命。教育技巧是师范生必备的核心能力之一，涉及教学方法、教育沟通、学生引导等方面的技能。师范生需要学会采用多样化的教学方法，以满足不同学生的学习需求。他们还需要具备良好的教育沟通能力，能够与学生、家长、同事等进行有效的沟通与交流。师范生还应形成良好的学生引导技能，能够引导学生主动参与、积极思考，从而培养他们的自主学习能力。课程设计能力对于师范生的全面发展至关重要，师范生需要学习如何根据学科特点和学生需求，设计富有创意和趣味性的课程，制定教学目标，选择教材，设计教学活动，以及评估教学效果。课程设计的能力能够使师范生更好地满足学生的学习兴趣，提高课堂教学的效果。教育评估技巧也是师范生必不可少的一项能力，师范生需要学会监测和评估学生的学习进展，了解他们的学习情况以及存在的问题，结合有效的教育评估及时调整教学策略，帮助学生更好地掌握知识和技能。

（三）德行层面

在师范生的全面发展中，德行层面的培养同样具有重要意义。德行是师范生应具备的高尚职业道德和人文素养，培养德行旨在使他们成为典范与楷模。在现代教育环境中，培养师范生的德行是培养优秀教育者的基石。高尚的职业道德是师范生的核心素养之一，师范生应坚守教育伦理，严守教育职业的道德底线。他们应始终以学生的发展为己任，保持教育事业的纯粹性和崇高性，不受外界干扰和利益驱使。师范生还应当具备忍耐、耐心、责任心等品质，能够以身作则，为学生树立良好的榜样。人文素养是培养师范生德行的重要方面，师范生需要具备广泛的文化素养，关心社会热点，热爱人类文明，以及具备跨文化交流的能力。他们应当培养善于感知、理解和尊重不同背景和文化的能力，以便更好地与多元学生群体进行沟通和互动。成为学生的楷模是师范生的使命所在，师范生应该具备优秀的品德和行为，以身作则，引导学生树立正确的价值观和道德观。师范生的榜样作用在于鼓励学生追求卓越、积极向上，以及培养他们正确的社会行为和健康的心理素质。在师范教育中，德行层面的培养应当是一项长期而持续的过程。学校可以通过课程设置、教育活动以及社会实践等途径，培养师范生的职业道德和人文素养。

四、协同育人促进师范生的全面发展

（一）扩展学习资源

协同育人作为一种新的教育模式，为师范生的全面发展提供了有益的机遇与平台。其中，扩展学习资源是协同育人促进师范生全面发展的重要方面之一。师范生可以通过协同育人跳出传统的课堂教学，接触更广泛的实践经验和资源，从而在知识、技能和德行层面得到更加全面的培养。协同育人为师范生提供了更广阔的学习平台，传统的学校教育往往局限于教室内部，而协同育人将教育的边界扩展到了社会、家庭等多个领域。师范生可以通过参与社会实践、社区服务、家庭教育等活动，与不同领域的人们互动交流，拓展自己的视野和经验，跨领域的学习经历能够培养师范生的综合素养，使他们更具全球视野和创新思维。协同育人丰富了师范生的实践经验，通过参与协同育人项目，师范生可以深入实际教育场景，面对真实的教育问题，积累宝贵的实践经验。实践经验不仅丰富了师范生的教育教学素材，还提升了他们的教育技能。师范生可以在实践中不断调整教育策略，应对不同情境下的挑战，从而提升自己的教育水平。协同育人还为师范生提供了丰富的资源支持，在协同育人的过程中，学校、家庭和社会等多个主体都为师范生提供资源支持。师范生可以借助学校的教育资源、家庭的教育经验、社会的专业知识等，使自己的学习更加丰富多彩。多元的资源支持有助于培养师范生的综合素质，使他们能够更好地应对复杂多变的教育环境。

（二）增加实践机会

作为一种创新的教育模式，协同育人为师范生的全面发展提供了广泛的实践机会。其中，与各种教育机构和企业的合作可以为师范生提供丰富的实习和实践机会，使他们更早地融入教育实践，深入了解和掌握教育的真实情况。与教育机构和企业的合作为师范生提供了丰富的实习机会，在协同育人的框架下，学校、社会机构、教育企业等各种教育主体相互合作，为师范生提供多样化的实践机会。师范生可以参与到各类教育项目、课程设计、教育研究等实际工作中，从而在实践中不断积累经验，提升教育实践能力。合作机会使师范生更早地接触教育实践，通过与教育机构和企业的合作，师范生可以提前进入真实的教育场景，亲身体验教育工作的方方面面。亲身参与让师范生能够更真切地感受到教育实践的挑战和乐趣，培养他们的责任感和使命感。与教育机构和企业的合作让师范生可以近距离观察教育实践中的各种现象和问题，了解学生的需求和家长的期望，同时能了解教育资源的配置和管理，掌握教育政策和法规等方面的信息。深入了解有助于师范生更好地适应教育现实，提升教育实践能力。

（三）塑造全面的教育观

作为一种全新的教育模式，协同育人为师范生的全面发展提供了丰富的机会。在协同育人中，与各种教育机构和企业的合作是促进师范生全面发展的重要方式之一，为师范生提供了丰富的实习和实践机会，让他们更早地融入教育实践，深入了解教育的真实情况，同时塑造了他们更全面的教育观。合作机会不仅令师范生接触多样化的实践经验，并且能帮助他们从多个角度认识和理解教育。与学校、社会机构、教育企业等合作，师范生可以参与到各种教育项目和活动中，亲身体验不同类型的教育实践。师范生与不同育人主体交往，可以了解不同的教育理念、教育模式以及各种实践经验，从而形成更为全面和开放的教育观。这种多元交往使师范生能够充分感知教育领域的多样性，从学校教育、社会教育、企业培训等不同角度了解教育的本质和目标。师范生亲身参与不同领域的实践，可以拓展自己的视野，加深对教育的认识，逐渐形成独立、客观、全面的教育观。合作实践也能够激发师范生的创新思维，他们与不同教育主体合作，有机会接触新的教育理念、方法和技术，从而激发自己的创新意识。跨界合作能够促进不同领域之间的思想碰撞和知识交流，培养师范生的创新能力，使他们更好地应对未来教育的挑战。

第二节　师范生通识性协同育人能力建设

一、通识教育的含义

"通识教育"虽然源自西方，但在我国古代到现代也存在着相似的概念，这并非纯粹来自国外。"通识教育"模式是一种自由开放、通达全面的教育，强调文明传统与人才培养，是培养高端人才的重要方式。近年来，许多大学在本科教学中引入通选课程，推行通识教育。然而，人们需要深入研究和综合考虑，明确推行通识教育的原因和合理设置通选课的策略。通识教育在我国并非无源之水，历史上，我国古代士人要求文、武、经、史、子、传全面兼修，强调广博的人文素养。如今，通识教育在培养全面人才方面也有重要作用。开设通选课程，能够打破专业壁垒，拓宽学生知识视野，培养他们的跨领域创新能力和综合素质，有助于他们更好地适应社会需求。通识教育的推行要因地制宜，紧密结合国情和学校特点。学校应当明确推行通识教育的目标，确保其与高等教育发展战略相一致，设置合理的课程，既满足学科基础要求，又涵盖广泛的人文社会知识。

（一）认知教育

甘阳先生和牟宗三的观点深刻揭示了通识教育的本质和目标，以及在实践中需要平衡的考虑方面。通识教育被视为人的自我超越的途径，而不仅仅是知识的堆积和实用性的追求。甘阳先生认为，通识教育超越了功利性和实用性，不仅仅是为了找到工作或提高市场竞争力，更是回归人之为人的根本。他强调通识教育的目的在于引导人们对自我进行深入认知，超越表面的功利需求，从而实现个体内心的升华和超越。此种观点强调了人的内在发展，强调知识与内在精神成长的融合。牟宗三则强调通识教育的核心是让学生了解自己和时代，他批判了对知识量的过分追求，认为真正重要的是知识的质和应用。通识教育不应仅仅让学生变成百科全书，而应让他们通过对自我和世界的认知，达到更深层次的成长和发展。将通识教育过度强调为哲学意义的实践也存在一些偏颇，如果过于偏重这种观点，可能会忽视具体科学知识的学习，影响学生对实际应用的掌握。毕竟，通识教育的目标是培养多方面素养的人才，不仅要关注个体内心的成长，还要关注社会对多样技能和知识的需求。因此，在通识教育的实践中，需要在哲学观点和实际应用之间找到平衡。教育者需要关注学生对自我的认知，同时要确保他们具备足够的专业知识和实际技能。通识教育旨在培养综合素质，让学生既能深刻了解自己和世界，又能在社会中发挥作用。

（二）人本主义教育

在人本主义教育观点的引导下，教育被赋予了更加深刻的意义。人本主义教育观点将学生视作教育的主体，强调个体的主动参与和自我实现。人本主义教育理念体现了对每个人潜能的充分信任，相信通过教育的培养和引导，个体能够不断完善自我，实现个人的价值，发挥各自的潜力。有学者将通识教育归纳为建立人的主体性的教育，即一种促进人的解放和成长的教育。在这一理念下，通识教育的目标不仅仅是传递知识，更在于引导学生思考、自省和自我实现。人本主义教育强调了学生的主体地位，将教育者视作辅助者，帮助学生发挥潜能，促进其个人成长。然而，人本主义教育也可能引发一些问题和反思：强调个人自我实现是否会忽视教育对社会的作用？教育不仅仅是为个体服务的，还应贡献于社会的发展和进步。过分强调个人发展，可能导致社会责任感的削弱，影响个体对社会的贡献。如何在追求个人发展的同时保持对集体的认同和贡献是需要探讨的议题。另一问题在于人类天生有惰性，纯粹依赖个体自我发展是否能够在实际教育中有效实现？教育者仍需在引导学生自主发展的同时，适度鼓励和辅助，以帮助学生克服惰性，实现更全面的发展。

（三）多元教育

在探讨通识教育的不同观点中，多元教育的理念显得尤为重要。通识教育被视作一种多元化的教育体系，其中包含了丰富多样的教育元素和策略，以满足不同学生的需求和发展。此观点强调灵活性、个性化和针对性，令教育更加具有包容性和实效性。有学者提出通识教育作为多元教育系统的理念，认为通识教育不应被限制于某种特定形式，而应该是一个结构严谨、执行灵活的多元化教育系统。该观点强调了教育的灵活性，意味着通识教育可以因地制宜、因人而异地进行设计和实施。教育者应该根据不同学生的背景、兴趣、能力和需求，量身定制教育计划，使每个学生都能够得到适宜的教育资源和培养。这种观点虽然提出了通识教育应是多元教育系统，但具体的结构和实施过程并未给出清晰的框架。在实际教育中,如何落实多元教育,确保不同学生能够获得有质量、有针对性的教育,仍然需要深入探讨。多元教育观点的探讨也引发了一系列问题。不同学生可能有不同的需求和能力,如何保证教育资源的均衡分配,避免因个体差异而导致的不公平现象,是需要认真思考的问题。教育者需要面对不同学生的差异性,适应不同的教育需求,这可能会增加教育管理和教学的难度。如何在满足个体需求的同时,保证教育的深度和广度,是需要探讨的课题。教育者需要认真思考和设计,在强调个性化和多元化的同时,保证教育的深度和广度,维持学生对共同价值文化的认同。

(四)能力教育

通识教育作为一种综合性教育理念,旨在培养学生的多方面素养和综合能力。有学者将通识教育归纳为能力教育,认为通识教育的目标在于为学生提供跨学科的知识,培养其深入思考和研究问题的能力,并提供学术规范,从而让学生具备分析和解决问题的能力。能力教育强调了对学生能力的培养,能让他们在各种领域都能够做出有深度和逻辑的思考,从而更好地适应社会的发展和变化。知识是培养能力的基础,缺乏扎实的学科知识,学生难以分析和解决问题。因此,在进行能力培养的同时,还需要注重知识的传递和积累。教育者需要在提供跨学科知识的同时,注重培养学生的深入学习和思考能力,让他们能够在一些领域获得更深层次的理解。

(五)人格培养教育

人格培养教育作为通识教育的一种观点,强调了通识教育不仅仅是知识的传递,更是一种塑造人格的过程。通识教育应当使学生在不同领域都具备广泛的认知,兼通于"何以为生"和"以何为生"两个领域,从而形成完整而完美的人格。人格培养教育观点关注人的整体发展,将心理健康与人格塑造纳入通识教育的范畴。在该理论指导下,通识教育不再仅仅是知识的传递过程,而是通过塑造健全人格来实现学生的全面发展。教育者在此过程中是灵魂的工程师,通过引导和培养,帮助学生更好地形成良好的人格。

(六)公民教育

将通识教育与公民教育相联系,旨在强调共同文化的教育。通识教育与专业教育相对,是指对所有大学生进行的共同文化教育,强调培养负责任的人和公民。该观点强调教育对社会的影响,旨在培养合格的社会成员,使其具备承担国家公民责任与义务的能力。公民教育不应仅限于大学阶段的特殊社会化教育,而应贯穿受教育者一生的发展历程。大学阶段的通识教育,最终旨在培养出高级人才,而不仅仅是普通公民。尽管公民教育的重要性不容忽视,但将其单一放置于大学通识教育中，可能会模糊通识教育的本质和目标。通识教育的核心在于培养学生的全面素质，不仅包括学科知识，还包括人文精神、社会责任等方面的培养，应该从学生进入学校的第一天开始，从基础教育入手培养学生的公民意识、社会责任感、法律意识等。如此，在进入大学阶段时，学生已经具备了基本的公民素质，通识教育则可以更加深入地培养他们的思辨能力、领导力、人际交往等高级素养。然而，要实现这一目标，需要更加系统和综合的教育策略。教育者需要在课程设置中融入公民教育的内容，通过案例分析、社会实践等方式，引导学生思考社会问题，培养他们的社会责任感。校园文化也应该强调公民素质的培养，鼓励学生参与社会公益活动，培养他们的团队协作和领导能力。

（七）分类定义教育

从通识教育的角度出发，学者们按照教育的性质、目的和内容，给予了不同的定义。有学者将通识教育界定为高等教育的组成部分，是所有大学生都应该接受的非专业性教育。就其目的而言，通识教育旨在培养积极参与社会生活、具有责任感的、全面发展的社会人和国家公民。而在内容方面，通识教育涵盖了广泛的非专业性、非功利性的基本知识、技能和态度。此种定义方式强调培养学生的基本素养，从而在教育中起到促进高校人才培养的作用。通识教育的地位和作用不容忽视，通过提供跨学科的知识和技能，通识教育帮助学生获得全面的视野，形成跨领域的思维能力。通识教育还注重培养学生的人文素养和社会责任感，使他们成为有志于参与社会事务的积极公民。通过通识教育，学生能够更好地理解社会的复杂性，形成终身学习的能力，以适应不断变化的社会环境。然而，这种广泛的定义方式也存在一些问题。过于宽泛的概念可能导致通识教育的具体内容变得模糊不清，为了确保通识教育的有效实施，需要明确其核心要点，避免在实际教育中陷入模糊状态。同时，通识教育在培养基本知识、技能和态度的同时，也需要注意平衡，以确保学生能够适应专业发展需求和社会的多样化挑战。

二、师范生通识协同育人能力的有效建设

（一）项目式学习

在培养师范生的通识协同育人能力方面，项目式学习被认为是一种有效的建设方式。师范生通过项目式学习，可以在学习过程中选择并参与跨学科的项目研究和实践，从而全面提升教育能力和综合素养。在实施项目式学习策略时，师范生面对一个具有现实意义的问题或主题，然后跨不同学科领域，进行深入

的研究与合作。举例来说，师范生可以结合数学、地理和环境科学，探讨与城市规划相关的实际问题。结合项目式学习方式，他们将不仅关注自己所学的专业领域，还能够理解和应用其他学科知识，形成全面的教育视角。项目式学习强调实际问题的解决，这要求师范生积极与团队成员合作，共同寻求解决方案。在合作的过程中，他们需要相互交流、协商，并将来自不同学科的知识融合在一起，以达到更好的综合效果。他们的团队协作能力、他们的沟通和表达能力，均为通识协同育人所必需的技能。项目式学习也有助于师范生加深对各学科知识的理解，师范生在解决实际问题的过程中，需要运用数学、地理和环境科学等不同学科的知识，从多角度思考和分析，从而加深对各学科概念的理解和应用。

（二）案例教学法

在培养师范生的通识协同育人能力方面，另一个有效的建设方式是采用案例教学法。具体的教育案例能使师范生深入探讨、分析并解决实际的教育问题，从而实现通识知识与实际应用的有机结合，并且可以锻炼他们的协同合作能力和批判性思维。在实施案例教学法时，教育者可以选择多个不同领域的教育案例，如涵盖教学设计、教育管理、学生关怀等方面。师范生可以在小组中共同分析这些案例，探讨其中的问题、挑战和解决方案。师范生通过案例讨论能够结合所学的专业知识，并且能够从多个角度思考问题，形成更加全面的教育视角。案例教学法强调问题导向的学习方式，要求师范生在解决实际教育问题的过程中，积极互动、合作探讨。在团队的协同合作中，他们可以集思广益，从不同的角度获取解决问题的思路，合作精神将为他们未来在协同育人中的合作提供坚实的基础。案例教学也促使师范生发展批判性思维，在分析案例时，他们需要从多个角度审视问题，评估各种可能的解决方案，并进行合理的判断，这有助于培养他们对问题的深入思考能力，以及在实际教育场景中做出明智决策的能力。

（三）翻转课堂

在探讨有效的师范生通识协同育人能力的培养方式时，翻转课堂方法显然是一种具有前景的策略。翻转课堂在培养师范生全面发展和协同育人能力方面，有着独特的优势和潜力。翻转课堂教学方法强调学生的主体性，将学习的主动权交到了师范生手中。实施翻转课堂时，师范生需要在课前自主进行学习，通过阅读、研究、讨论等方式，准备课程内容，这激发了师范生的学习热情，有助于培养他们的自主学习和问题解决能力。在课堂上，师范生不再是被动接受知识的对象，而是通过讨论和互动，深入分析和思考课程内容。翻转课堂教学方法也非常符合通识协同育人的理念，在小组讨论环节，师范生将合作探讨课程内容，从不同学科和角度分析问题，可以促进跨学科思维和合作能力的形成。在与同学们的互动过程中，师范生可以积极表达自己的看法，并且能够倾听、吸收他人的观点，有助于增强沟通和团队合作的能力。翻转课堂教学强调思考和讨论，能够培养师范生的批判性思维。此种能力对于未来成为优秀的教育者至关重要，因为他们需要在教学中引导学生独立思考、分析问题，并做出明智的决策。翻转课堂教学方法还能培养师范生的自我管理能力，他们需要在课前规划学习时间，充分准备课程内容，这促使他们形成良好的学习和自我管理习惯，为未来的教育工作打下基础。

（四）学术研讨会与工作坊

学术研讨会与工作坊作为师范生通识协同育人能力建设的创新策略，为培养未来教育者的多元素养提供了富有活力的平台，旨在将学术研究和实际教育经验有机融合，通过交流、合作和批判性思维的锤炼，使师范生能够全面发展并具备协同育人的能力。在学术研讨会中，师范生可以分享自己的研究成果，与同人进行深入讨论，从而获取来自不同领域的新观点，提升自己的思辨和表达能力。跨学科的交流有助于师范生突破学科壁垒，拥有更广阔的教育视野，从而更好地为学生提供多元化的育人经验。在工作坊中，师范生可以在实际教育场景中分享和解决问题。结合模拟教育实践活动，他们可以在小组合作中充分发挥个人优势，共同探讨教育难题，而合作中的协调和冲突培养了师范生的团队合作和领导能力，让他们在未来的教育工作中能够更好地协同育人。

（五）社会实践

社会实践作为一种创新的师范生通识协同育人能力的建设方式，为培养优秀教育者提供了丰富的机遇和平台。在现代社会，教育不仅仅局限于课堂内部，更需要与社会相融合，因此通过社会实践来培养师范生的通识协同育人能力显得尤为重要。社会实践不仅能够让师范生感受到真实的教育环境，还可以让他们深入了解不同社会群体的需求和问题。在参与社区服务和志愿者活动时，师范生将接触到来自不同年龄、不同背景的人，从而能够更好地理解不同学生的需求和特点。跨越性的体验能够让师范生更好地适应未来教育工作中的多样性，从而更加有针对性地进行协同育人。

（六）国际交流与合作

与国外教育机构建立合作关系，为师范生提供留学、研修和实习的机会，不仅可以开拓他们的国际视野,还能够在全球教育舞台上加强与外界的交流与合作。通过国际交流,师范生将有机会体验不同国家和文化的教育环境,了解各国教育体制、教育方法以及师生关系的差异,拓宽思维和眼界,对不同教育模式进行比较和借鉴,从而更好地适应我国不断变化的教育需求。国际交流还能够培养师范生的跨文化交流和合作能力,在国外学习和实习期间,他们需要与不同背景的人进行沟通和合作,这将锻炼他们的敏感性、包容性和适应性,从而更好地与不同背景的学生进行协同育人。国际交流也能够促进教育资源的共享与合作,通过与国外教育机构合作,师范生可以获得更多优质的教育资源和先进的教育理念,从而丰富教育知识储备,更有信心和能力进行协同育人工作。

(七) 创新与创业教育

鼓励师范生参与教育创新与创业活动,比如开设教育技术创新课程或组织教育创业大赛,这样可以在实践中培养他们的创新思维和实际操作能力。教育创新与创业是教育的未来趋势,也是培养协同育人能力的关键途径。师范生参与教育创新,可以从教育理念、教学方法到教材设计等各个方面进行创新探索。他们将面临解决实际教育问题的挑战,从而形成创新解决问题的能力。教育创业也是培养通识协同育人能力的一种切实途径,通过参与教育创业活动,师范生将学会将自己的教育理念和创新成果转化为实际的教育产品或服务。教育创新与创业教育也能够激发师范生的热情和积极性,开设创新课程或参与创业大赛,可以使师范生充分发挥自己的创造力,实现教育理念的转化和实践。积极参与将激发他们更多地投入协同育人的工作中,从而提升自身的教育能力和影响力。

第三节 师范生专业化协同育人能力建设

教育界正逐渐认识到培养师范生的专业化协同育人能力是教育改革的关键所在。在当今教育改革实践中,教师专业化发展已成为不容忽视的趋势,受到各国高度重视,尤其对于我国教育事业的发展和提升教学质量具有重大而迫切的意义。教师专业化的内涵在于拓展教师的知识面和技能,使其在教育实践中能够更加全面地应对不同学科和教学领域的需求。师范生作为未来的教育者,应当在专业化发展的过程中注重跨学科的学习和实践,形成协同育人的能力。

一、教师专业化理论概述

（一）教师专业化的内涵

教师专业化的重要性不言而喻，它代表着教师在整个专业生涯中通过持续的专业培训和学习，不断积累教育领域的知识和技能所展现出的专业素养和道德。对于师范生来说，专业化协同育人能力的建设是他们成为合格教育工作者的关键过程。师范生作为未来的教育者，需要经历从普通人到专业教育者的转变过程。此过程涵盖了知识和技能的培养，并包括了专业素养和道德的塑造。持续参与专业培训和学习，师范生能够逐步掌握教育领域的专业知识，提高自身的教学技能，从而更好地履行育人使命。教师专业化是一个不断丰富的过程，随着教育环境的变化和教育理念的更新，师范生需要不断调整自己的专业发展路径，不断更新教育观念，了解最新的教育理论和实践，以适应不断变化的教育需求。专业化协同育人能力的建设也需要借助多种途径，除了传统的课堂学习，师范生还可以通过参与教学实践、开展教育研究、参加教育培训等方式来提升自身的专业水平。同时，与其他教育工作者进行交流合作，分享教育经验和教学方法，也能够促进专业能力的提升。

教师专业化的内涵在动态和静态两个层面中得以呈现，从动态的角度看，教师专业化强调教师在严格的专业训练和不断自我学习的基础上，逐步发展为一名专业人员。教师的成熟历程不仅限于职前培训，还涵盖了新教师的入职辅导、在职教师的职后培训，贯穿整个教师职业生涯，是一个持续、动态、终身的过程。教师专业化的实现需要教师积极主动地学习和努力，以促进和提升自身的专业能力。外部环境的创设是不可或缺的因素，积极提供职前教育和在职培训的机会，确立严格的教师选拔和任用标准，建立教师专业组织，制定教师规范等都是为教师专业化创造良好的外部环境。教师的专业成长既受到个人努力的影响，又与外部环境因素相互作用、相互促进，缺一不可。教师要持续地进行自我反思和学习，不断更新自己的教育理念和教育技能，以适应教育领域的变化和发展。教育部门和学校也应为教师提供有益的培训和发展机会，创造一个积极向上的教育环境。在教师专业化的道路上，动态和静态两方面的因素相互交织，共同推动着教师的成长。教师专业化是个体的追求，也是整个教育体系的重要支撑力量。通过持续学习、实践和与外部环境的互动，教师能够不断提升自身的专业素养，更好地服务于教育事业的发展。此种专业化发展模式将为教师个体带来成就感和满足感，并为整个社会培养出更加优秀和专业的教育人才。

从静态的视角来看，教师专业化意味着教师职业逐步成为一个独立的专业，而教师本身也获得了社会的认可与尊重。教师专业化不仅是教育领域的发展趋势，更是对教师专业水平和社会地位的一种肯定和认可。系统的专业知识和技能是教师专业化的基础，包括广泛的文化知识、专业学科知识以及娴熟的教育技能，教师需要不断深化自己的学科知识，并掌握教育教学的前沿理论与实践，以确保能够为学生提供优质的教育。坚定的专业信念也是教师专业化的重要组成部分，教师应该怀揣远大的教育理想，形成高尚的专业情操，并展现出优秀的心理人格特质，此种内在的信念与素质将推动教师持续不懈地追求卓越，不断进步。拥有一定的专业主权是教师专业化的体现之一，赋予教师一定的自主决策权，将使其能够在教学和教育管理方面有更多的发言权和影响力，共同努力促进教师队伍的发展，增强整体的专业实力。静态的视角不仅仅强调教师个体的专业素养，更关注整个教师队伍素养的提升。全面性的专业化建设将为教育事业的发展注入新的动力，培养出更多优秀的教育者，推动教育体系不断完善。

（二）教师专业化发展的阶段

考虑到教师初期任职入门阶段的特殊性，以及实际情况，可以将教师专业化划分为准教师、新手教师和专家型教师专业化三个阶段。在此过程中，师范生的专业化协同育人能力建设显得尤为重要。

1. 准教师专业化：师范生阶段专业化发展

在教育体系中，进入培养阶段的师范生被赋予了"准教师"的称号。该阶段被视为教师角色的储备期，其专业化建设扮演着关键的角色。准教师阶段教师专业化的主要任务是为未来的教育实践做好准备，以书本知识为基础，初步形成所需的职业知识与能力。在该阶段，师范生需要广泛涉猎科学文化知识，拓展自己的知识广度，同时需要深入学习自己所专攻的学科领域，储备丰富的学科专业知识。除此之外，必备的教育科学知识也是准教师所需的，这将为他们未来的教育实践提供坚实的理论支撑。准教师的专业化不仅仅止步于知识的积累，还需要培养表达能力、审美能力、教育能力以及教学能力等多方面的素质，这将有助于他们在未来的教育工作中更好地与学生互动、传递知识。准教师阶段的专业化培养是教师职业成长的基础，是师范生蜕变为优秀教育者的起点，师范生将逐渐适应教师的角色，准备好步入教育实践的舞台。准教师的专业化建设旨在确保他们在未来的教育生涯中胜任各项职责，为学生的成长和发展提供有力支持。

2. 新手教师专业化：入门阶段的教师专业化发展

新手教师阶段是教师专业化的入门阶段，此阶段通常持续数年。在这段时间里，教师面临着从课堂学习到实际应用的转变，需要将学到的理论知识与实际经验相结合，逐步熟悉并适应教学工作的各个方面。在新手教师阶段，专业化的主要任务是实现知识的转化，从纸上谈兵转向实际操作。教师需要熟悉教材内容，了解学生特点，进行备课，掌握课堂管理技巧，展开教学活动，以及扮演班主任的角色。通过亲身的实践，教师逐渐形成对所在学校、学生、教学科目以及教育常规的感性认识和具体知识。他们解决实际工作中遇到的问题，逐渐形成应对之道，适应工作的规程和学校的教育环境。此阶段的专业化发展，是教师职业成长的关键节点。在实践中，新手教师不断积累经验，培养自己的教学风格和方法。同时，他们也需要与学生、家长、同事之间相互沟通与合作，从而提高人际交往与管理的能力。新手教师逐步解决实际问题，从而逐渐建立起自信心和专业自觉，使得教育理论与实践的紧密结合成为可能。

3. 专家型教师专业化：在职阶段的教师专业化发展

专家型教师专业化是教师专业化发展的一个重要阶段，该阶段通常在教师职业生涯的中后期。经过新手教师阶段的锻炼和成长，教师逐渐进入专家型教师的阶段，拥有更加丰富的教育实践经验和专业知识。在教师职业生涯的该阶段，专家型教师已经通过试用期的考验，成为合格的正式教师。他们在入门阶段适应了教育环境，不仅具备了处理问题的能力，还积累了大量的教育实践经验，他们提高了教学技能和课堂管理能力，也更加了解学生的需求。专家型教师的成长过程并非一帆风顺，而是经历了不断的思考和调整。在教学实践中，他们逐渐认识到理论与实践之间的差距，意识到理想教师角色与现实的差异。他们开始重新评估自己在教学中的角色，思考如何更好地满足学生的需求，迎接教学的挑战。专家型教师在教育实践中逐渐形成了自己的教育理念和教学方式，他们会根据学校的状况和自身的专业知识，调整对学生的期望和要求。他们意识到一个教师不可能完全满足所有学生的需求，也不可能展现出完美无缺的教学。因此，他们更加注重与学生的互动和合作，关注每个学生的个性和需求，努力为每个学生提供有针对性的教育。在专家型教师阶段，教师已经积累了丰富的教学经验，同时能够审视自己的不足之处并进行调整。他们会参与教育研究、课程改革等活动，不断提升自己的专业水平和教学质量。在不断的反思和自我提升中，他们逐渐成为学生的榜样和引路人，在教育领域展现出专业的素养和责任感。

二、师范生专业化协同育人能力的有效建设

（一）模拟教学场景

师范生专业化协同育人能力建设的方式多种多样，其中一种有效的方式是通过模拟教学场景来培养他们的专业素养和教育能力。现代科技的快速发展为教育领域带来了全新的可能性，虚拟现实（VR）和增强现实（AR）技术成为了师范生专业化培养的有力工具。师范学校可以充分利用这些技术，构建一个仿真的教学环境，让师范生在这个虚拟的世界中体验真实的教学情境。结合模拟教学场景，师范生可以在安全、虚拟的环境中进行练习和实践，从而更好地准备他们未来的教育工作。在虚拟教学环境中，师范生可以扮演教师的角色，模拟授课、课堂管理、与学生互动等情景，面对虚拟的学生，练习如何有效地传达知识，引导学生思考，处理课堂纪律问题。师范生不断进行实践和反思，可以逐渐提升自身教育技能，形成出色的教学能力。模拟教学场景技术还能够创造多样的教育背景，师范学校可以利用这些技术，模拟乡村学校、特殊教育学校等各种教育环境，使师范生能够在毕业前就接触到多种不同类型的教育情景，提前积累丰富的教育经验。此种体验有助于拓宽师范生的视野，增强他们的适应能力，使他们更有信心地应对各种不同的教育挑战。

（二）项目制学习

师范生专业化协同育人能力建设的另一有效方式是项目制学习。项目制学习方式能够激发师范生的研究兴趣，培养他们的问题解决能力和协同合作精神。项目制学习强调师范生在真实的教育问题上进行深入研究和实践，例如，他们可以选择针对特定学生群体的教育需求，探索如何设计更切实有效的教学策略，或者思考如何与家长合作，共同促进学生的学习和成长。在此过程中，师范生需要进行全面的调研和分析，将理论知识与实际问题相结合，从而提出创新性的解决方案。在项目制学习中，师范生不仅仅是理论的学习者，更是实践者和创新者。他们需要与教育实际紧密结合，深入了解教育现场的情况，发现问题并寻找解决方法，进而形成出色的问题解决能力和创新思维，为未来的教育工作做好准备。项目制学习也注重协同合作能力和团队合作能力的培养，在解决复杂的教育问题时，师范生需要与同学、同事共同合作，汇集不同的想法和观点，形成多元化的解决方案。合作能够锻炼师范生的沟通能力和领导才能，使他们在未来的教育实践中更加游刃有余。项目制学习有利于丰富师范生的教育知识和实践经验，培养他们的自主学习能力和批判性思维。师范生通过自主选择和设计项目，能够更好地掌握学习的主动权，从而更好地适应教育领域的不断变化和发展。

(三) 互动沙龙与辅导小组

互动沙龙与辅导小组是促进师范生专业化协同育人能力形成的有效方式，为他们提供了一个非正式的交流平台，以便分享经验、讨论问题和互相支持。互动沙龙是一个自由讨论和分享的场所，在这里，师范生可以自由交流关于教育实践的见解和心得。他们可以分享自己在课堂教学中取得的成功经验，也可以坦诚地讨论在教学过程中遇到的挑战和困难。自由的交流环境能够促进师范生之间互动和交流，让他们从彼此的经验中受益，进而不断提升自己的教育专业素养。辅导小组则更加专注于针对特定问题的指导和建议，在辅导小组中，师范生可以就特定的教育问题寻求帮助和支持。例如，他们可以共同探讨如何有效地进行课堂管理，如何进行学生评估，等等。集体的讨论和思考能够激发不同的观点和思路，从而为师范生提供多样化的解决方案，帮助他们更好地应对实际的教育挑战。互动沙龙和辅导小组的方式有助于培养师范生的交流能力和合作精神，在互动沙龙中，师范生需要学会如何有效地表达自己的观点，倾听他人的意见，从而形成更加丰富的教育思考；而在辅导小组中，师范生不仅可以从他人的经验中获得帮助，还能够为其他人提供有价值的建议，增强指导能力和情感支持能力。

(四) 专业指导与导师制

专业指导与导师制是另一种有效的方式，可以促进师范生形成专业化协同育人能力。专业导师通常是那些在教育领域经验丰富的教育工作者，他们可以为师范生提供宝贵的职业建议和专业指导，助力他们在教育领域的专业成长。导师制的运作方式通常是将经验丰富的教育专家与师范生进行配对，形成一对一或小组的导师关系。此种关系使得师范生能够直接从导师的实践经验中获益，了解行业的现状和趋势。导师会与师范生定期交流，分享自己的教育经验，提供职业发展建议，并帮助他们解决在实际教学中遇到的问题。通过导师制，师范生可以更系统地了解教育行业的发展趋势和挑战。导师可以分享他们在长期从教过程中积累的教学智慧，帮助师范生更好地理解课堂教学中可能出现的情况，以及如何处理和应对这些情况。导师还可以为师范生提供关于教育政策、教育改革和教育研究的最新信息，帮助他们跟上时代的步伐。导师制可以在无形中为师范生提供职业发展的引导，导师可以根据师范生的兴趣、特长和专业发展目标，提供个性化的建议和指导，帮助师范生制定职业规划，了解不同领域的就业机会，以及如何在教育领域中实现自己的职业目标。通过专业指导与导师制，师范生不仅能够在理论上学习到丰富的知识和经验，还能够在实践中获得指导和支持。导师的经验可以为师范生指引方向，帮助他们更好地应对教育工作中的挑战。同时，导师制还能够为师范生提供一个与实际教育实践紧密结合的学习机会，让他们在实际工作中不断提升自己的专业素养。因此，专业指导与导师制是一种有益的方式，有助于培养高水平的专业教育者，推动教育领域的发展和进步。

（五）多元文化教育体验

多元文化教育体验是指通过为师范生提供在不同文化背景下的教育实践机会，帮助他们更好地理解和适应多样化的教育环境，形成跨文化沟通和协同教育的能力。在多元文化教育体验中，师范生有机会参与到不同地区、不同民族和不同国家的教育活动中。他们可以前往少数民族地区，了解当地的教育实践和文化传统，与学生、教师及家长互动交流。此种经历有助于拓宽师范生的视野，让他们能够更深入地了解不同文化下的教育需求和挑战。师范生还可以参与到国际性的教育项目中，如前往外国学校进行交流和教学实践，与不同国家的教育体系互动，比较不同教育体系的优劣，借鉴其他国家的教育经验，为自己的专业发展积累宝贵的经验。在特定群体的教育机构工作也是一种有益的多元文化教育体验，例如，为难民提供教育的机构需要师范生具备跨文化交流和教学的能力。在此种环境中，师范生需要考虑如何在不同文化背景下，创设积极的教育氛围，满足学生的学习需求，培养他们的协同合作能力。多元文化教育体验能够促使师范生更好地形成跨文化沟通和协同教育的能力，学会在不同文化环境中灵活运用教学策略，为不同学生提供个性化的教育。有关的经验还能够培养师范生的包容性思维，让他们更好地理解和尊重不同文化背景下的学生需求。

（六）专业研究团队及实验室

加入专业研究团队与实验室，师范生将能够深入参与最前沿的教育研究，拓宽自身的专业视野，提升自己的研究能力和创新能力。专业研究团队是由志同道合的师范生和教育专家组成的团队，他们共同致力于研究教育领域的热点问题和难题。团队合作模式可以促进不同背景的师范生之间进行交流和合作，帮助他们从多个角度思考问题，找到更创新的解决方案。在研究团队中，师范生将有机会与教育界的先驱者和专家交流，从而获得更丰富的教育知识和经验。实验室是一个用于教育实践和创新的空间，师范生可以在这里尝试新的教学方法和技术，开展教育实验和项目。实验室不仅可以培养师范生的实践能力，还能够激发他们的创新思维。例如，师范生可以利用虚拟教室或在线教学平台，在实验室中模拟真实的教学环境，尝试不同的教学策略和评估方法，从而提升自己的教育教学能力。而师范生在参与专业研究团队和实验室的活动时，将有机会不断了解最新的教育理念和技术，可以与其他研究者共同探讨和解决实际的教育问题，从而提升自己的研究和解决问题的能力。同时，实验室的实践活动也能够让师范生更好地理解教育理论与实际教育环境之间的联系，培养他们将理论知识应用于实际教育场景的能力。

（七）动态反馈与调整

建立动态反馈与调整的机制能不断提升教育教学质量，旨在让师范生能够实时了解自己的教学效果，根据反馈信息进行及时调整和改进，以更好地满足学生的需求和符合实际教育情境。为了实现动态反馈与调整，可以借助在线反馈平台。该平台可以为学生、家长以及其他教育从业者提供一个便捷的渠道，让他们能够对师范生的教学进行评价和反馈。学生和家长可以分享自己的学习体验，提出意见和建议，教育从业者也可以分享自己的观点和经验。师范生能从开放的沟通渠道，获得多方面的反馈，从而更全面地了解自己的教学表现。动态反馈的关键在于及时调整，师范生应当根据反馈信息，对自己的教学方法、内容和策略进行调整和改进。例如，如果学生反映某一教学内容难以理解，师范生可以采用更生动活泼的讲解方式，或者提供更多的实例来帮助学生理解。如果家长提出了课堂互动不足的问题，师范生可以尝试引入更多的互动环节，以增强学生的参与感。此外，动态反馈与调整的机制还有助于师范生实现教育教学方法的不断创新。通过与学生、家长和教育从业者的互动，师范生可以了解到不同需求和期望，从而在教学中引入新的元素和方法，有助于形成创新思维和适应能力，跟上教育领域的发展潮流。

（八）社会实践与服务学习

师范生在这种方式下将积极参与社区教育项目，为社会中的各个群体提供教育支持和帮助，以实现双赢的局面。社会实践是让师范生亲身参与到教育实践中，例如，他们可以为贫困地区的学生提供辅导，帮助他们提高学业成绩；或者为老年人开设电脑课程，帮助他们适应现代科技。结合有关实践，师范生能够将自己所学的教育知识和技能应用到实际情境中，加深对教育工作的理解和认识。社会实践还能够培养师范生的社会责任感，在与社区中不同背景的人进行互动时，师范生可以更好地了解社会的多样性和需求，从而形成关心社会、关爱他人的情感和态度。此种社会责任感将成为他们未来教育工作的重要支撑，使他们能够更好地履行教育者的职责。另外，服务学习是社会实践的一种延伸，强调通过服务社会来学习。师范生可以将所学的理论知识和教育技能应用于实际教育项目中，为社会提供教育服务。在此过程中，他们需要与其他志愿者、社区居民等进行合作，实现协同育人的目标。

第四章 校育美人：
提升师范生家庭教育指导能力

第一节 家庭教育指导的基本任务与原则

一、家庭教育指导的目的

当前，国家的综合实力逐渐体现在国民素质的高低和创新人才的数量、质量以及国家的创新能力上。学生的素质，尤其是思想政治素质，直接影响着国家和民族的前途命运。然而，教育者也必须认识到，学生的素质，包括思想政治素质，都深受家庭教育的影响。家庭教育的质量又直接受家长素质的影响。民族的竞争、综合国力的竞争、人才的竞争，最根本的依然是父母素质的竞争。因此，家庭教育指导的直接目标在于提升家长的素质，以确保学生得到更全面的发展。家庭教育指导是以学生家长为主要对象，通过家庭外的社会机构组织的指导活动。此种指导活动旨在达到以下主要目标：提升家长的教育素养，从而改变他们的教育观念，形成正确的子女教养态度，培养家长的教育子女能力；提高家庭教育的质量，创造积极的家庭环境，使家长正确对待子女的行为和表现，采取适当的主动教育方式；促进学生的健康成长，包括身体的健康发展和心理的全面进步。提高师范生的家庭教育指导能力，可以更好地满足家长在教育过程中的需求。师范生需要具备充足的教育知识和专业素养，以便为家长提供准确的教育建议和指导。通过家庭教育指导，师范生可以在教育实践中掌握更多的方法和技巧，增强协同育人的能力。此外，他们还能够更好地理解家庭教育的重要性，为创造良好的教育环境贡献力量。

二、家庭教育指导的基本任务

家庭教育作为孩子成长过程中的最基础的教育，对孩子的身心健康和价值观形成具有决定性的影响。在当代社会,随着家庭结构、文化背景和社会环境的变化,家庭教育的挑战也在增加。为此,提升师范生的家庭教育指导能力变得尤为重要。以下是在此过程中,家庭教育指导的基本任务。

(一)认识与理解家庭背景

家庭教育指导是一项综合性的工作,其核心任务在于帮助家长更好地履行教育责任,促进孩子的全面发展。在这一任务中,师范生需要具备扎实的教育理论基础和实践经验,以应对不同家庭背景下的教育需求。以下是家庭教育指导的几项关键任务。

1. 认识和理解家庭背景

每个家庭都有其独特的文化、价值观和家庭结构,在为家长提供指导之前,师范生应当深入了解家庭的背景,包括家庭的文化传统、家庭成员的角色分工、家庭的教育观念等方面。在充分了解家庭背景的基础之上,师范生可以更好地为家长制定个性化的教育建议,使其更加贴近家庭实际情况,达到更好的教育效果。

2. 提供科学的教育知识和方法

家庭教育需要有科学的指导,而师范生作为专业的教育人员,应当为家长提供基于教育理论的科学建议。他们需要具备丰富的教育知识,能够解答家长在教育过程中遇到的问题,为他们提供科学的教育方法。这不仅包括学术方面的知识,还包括培养孩子的习惯、价值观等方面的指导。

3. 培养家长的教育能力

家庭教育的目标之一是培养家长的教育能力,使他们能够更好地引导孩子成长。师范生应当帮助家长掌握适应孩子成长不同阶段的教育策略,培养他们的教育情操和智慧,从而促进孩子的全面发展。

4. 引导家长树立正确的教育观念

家长的教育观念对孩子的成长具有重要影响,师范生应当积极引导家长树立正确的教育观念,从而更好地实施家庭教育,包括帮助家长理解教育的目标是培养全面发展的人才。这样一来,师范生可以协助家长形成正确的评价体系,培养孩子的兴趣和独立性。

(二)评估家庭教育现状

家庭教育的效果与家庭教育现状密切相关,师范生需要具备评估家庭教育现状的能力,深入了解家庭的教育环境、家长的教育方法、孩子的学习习惯以及家庭内部的沟通模式等因素。只有了解了家庭教育的真实情况,师范生才能为家长提供更具针对性的建议和指导,有针对性地解决问题,促进家庭教育的有效实施。评估家庭教育现状需要多方面的信息，包括家长的教育态度、孩子的学习表现、家庭成员之间的关系等。师范生可以通过访谈、问卷调查等方式，与家长进行沟通，了解他们对家庭教育的期望和实际做法。同时，师范生还可以观察孩子在家庭中的行为表现，了解他们的兴趣、需求和问题所在，从多角度收集信息，综合分析家庭教育的现状，为家长提供更具针对性的指导方案。评估家庭教育现状有助于家长更好地了解自己在家庭教育中的角色和影响，也有助于师范生更好地了解家庭教育的实际情况，为家长提供更具体、可行的建议。在评估的基础上，师范生可以与家长共同探讨问题，寻找解决方法，制定有针对性的教育计划，提升家庭教育的效果，并有效增强与家长的合作。

（三）提供有效的沟通技巧

在家庭教育中，有效的沟通是建立家长与孩子的理解和信任的桥梁。师范生在家庭教育指导中，需要帮助家长掌握一系列有效的沟通技巧，使他们能够更好地与孩子交流，倾听和理解孩子。倾听是有效沟通的关键，师范生可以引导家长学会倾听孩子的想法和需求，而不是仅仅传递自己的意见。家长能够通过倾听更好地了解孩子的内心世界，建立起与孩子的情感联系，从而更有针对性地进行教育指导。提问是引导沟通的有效手段，师范生可以教导家长学会适时提问，引导孩子思考问题，表达想法。家长应用提问可以激发孩子的思维能力，培养他们独立思考和解决问题的能力。而反馈是沟通的重要环节，师范生可以帮助家长学会给予积极的反馈，鼓励孩子在积极方向上的努力和进步。同时，师范生还可以指导家长如何在必要时给予适当的批评和建议，以促进孩子的全面发展。有效的沟通技巧有利于家长与孩子之间建立融洽、和谐的关系，促进家庭成员之间相互理解。师范生可以通过实际案例和模拟情境，让家长在实践中掌握这些技巧。师范生自身也需要具备优秀的沟通能力，以身作则，为家长树立榜样。

（四）设计与推荐家庭教育策略

每个家庭都有其独特的特点和需求，因此，师范生在家庭教育指导中需要考虑家庭的实际情况，为家长设计和推荐合适的家庭教育策略。家庭规则的设计是家庭教育的重点，师范生可以帮助家长制定一套明确的家庭规则，涵盖学习、行为、娱乐等方面，有助于建立良好的家庭秩序，让孩子养成规范的行为习惯。激励策略的制定能引导孩子良好发展，师范生可以向家长介绍积极的激励方法，如奖励、表扬等，以激发孩子学习的兴趣和动力。同时，师范生还可以提供家长与孩子互动的建议，帮助建立良好的亲子关系，从而更好地引导孩子成长。行为问题的处理是家庭教育中不可或缺的部分，师范生可以为家长提供有效的行为管理策略，例如，如何应对孩子的情绪问题、如何解决冲突等，使家长更好地处理孩子在成长过程中可能出现的问题，促进孩子健康、和谐成长。在设计和推荐家庭教育策略时，师范生需要充分了解家庭的情况，与家长进行沟通，共同制定出适合家庭的方案。

（五）家庭教育指导中的家长培训

家长在孩子成长过程中既是指导者，又是合作伙伴。师范生需要帮助家长认识到自己在家庭教育中的多重角色，以便更好地与孩子互动和合作，为他们提供正确的引导。师范生可以通过培训帮助家长成为指导者，使家长意识到他们在孩子成长过程中的影响力，了解如何以身作则，树立良好的榜样，引导孩子形成正确的价值观和行为习惯。师范生可以为家长提供教育方法和实践经验，帮助他们更好地履行指导者的角色。家长也需要被培训成为合作伙伴，师范生应引导家长了解如何与孩子建立良好的沟通和合作关系，共同制定学习目标和计划，共同解决问题，帮助家长掌握与孩子互动的技巧，促进亲子关系发展。家长也身兼学习者的重要角色，孩子的成长伴随着不同阶段的需求和挑战，家长需要不断学会适应这些变化。师范生可以为家长提供有关家庭教育的知识和信息，让他们了解最新的教育理念和方法，从而更好地应对不同的教育情境。在家庭教育指导中加强对家长的培训，师范生能够使家长在孩子成长过程中更加自信和主动，从而更好地应对家庭教育中的挑战，为孩子的全面发展提供有力支持。

（六）推进家庭学校的合作

家庭和学校是孩子成长的两大重要环境，两者之间的合作对于孩子的发展至关重要。师范生在培训中应该着眼于成为家庭和学校之间的桥梁，通过一系列的措施促进双方紧密合作，以实现孩子的全面发展。师范生可以组织家长会和家庭访问，将家长和学校的教育者聚集在一起，分享孩子的学习情况、成绩表现以及成长中的问题。这种方式能使家长和学校之间的信息交流更加畅通，两者能够更好地共同关注孩子的需求。师范生可以鼓励家长参与到学校的活动中，如家长志愿者活动、亲子活动等，增进家长对学校的了解，为学校提供更多资源和支持，促进家校合作的深入发展。师范生还可以提供家庭作业指导和学习辅导，使家长能够更好地理解孩子的学习内容和进度，从而更好地与学校老师合作，共同制定适合孩子的学习计划和目标。结合一系列措施，师范生可以在家庭和学校之间架起沟通的桥梁，促进双方合作，这有助于孩子的学习和成长，并且能够在潜移默化之中为他们提供更加全面的支持和关爱。

(七) 鼓励家长利用社区资源

社区资源如图书馆、博物馆、社区中心等，都是丰富的教育资源，能够提供丰富多样的学习内容和活动，为孩子提供了一个广阔的学习场所和平台。师范生应该鼓励家长利用这些资源，为孩子打造一个更加多元化的学习环境。师范生可以为家长提供关于社区资源的信息和建议，告知他们可以如何利用这些资源为孩子提供丰富的学习机会。例如，鼓励家长带孩子去图书馆阅读，参观博物馆了解历史和文化等。师范生可以组织家庭参与社区活动，如社区志愿服务、亲子互动活动等。家长与孩子一同参与社区的有关活动，还能够与其他家长进行交流和互动，分享教育经验和资源。此外，师范生还可以引导家长将社区资源融入家庭教育中。例如，家长可以根据孩子的兴趣，带他们参加社区中心的兴趣班，如绘画、音乐、体育等，丰富孩子的课余生活。鼓励家长利用社区资源，能为家庭教育提供更多的支持和启发，更加有助于孩子的全面发展，还能够培养家长的教育意识和能力，使他们成为更好的家庭教育者。

(八) 提供心理健康辅导与情感支持

家庭教育的过程中，家长可能会遇到许多困难，他们可能会面对教育方法选择的困惑、孩子的情绪问题、家庭关系的挑战等，诸多问题可能会对家长的心理健康产生影响，甚至影响到他们与孩子的关系。师范生可以通过提供心理健康辅导和情感支持，帮助家长应对这些困难和挑战。师范生应积极倾听家长的心声，了解他们的疑虑和问题，在此基础之上，师范生可以为家长提供情感上的支持，让他们感到被关心和理解。师范生可以提供解决问题的方法和建议，以专业的知识和经验帮助家长找到解决问题的途径，让他们更加有信心面对困难和挑战。师范生还应适当引导家长关注自身的情感状态和心理健康，提供一些放松和调节情绪的方法，帮助家长保持积极的情绪，更好地应对家庭教育中的压力和挑战。通过提供心理健康辅导和情感支持，师范生不仅可以帮助家长解决问题，还可以培养家长的情感智慧和教育情感支持能力，促使家长与孩子建立更加良好的情感关系，促进孩子身心健康发展。

(九) 维护家庭教育的可持续性

家庭教育是一个贯穿孩子成长过程的重要环节，其影响深远且持久。师范生在家庭教育指导中，需要帮助家长建立可持续的家庭教育计划，确保孩子的教育能够持续进行，并为他们提供持续的支持和指导。师范生可以与家长共同制定孩子在不同阶段的成长目标，更好地规划孩子的教育路径，确保教育的连续性和有针对性。师范生可以为家长提供家庭教育资源和支持，介绍相关的教育书籍、课程、活动等，推动家长持续地丰富自己的教育知识，以更好地满足孩子的教育需求。师范生还可以鼓励家长参与家长会、教育讲座、亲子活动等，与学校建立紧密的联系，促进家校合作。这样，家长可以持续地了解孩子在学校的情况，从而更好地与孩子一同成长。在家庭教育指导中，师范生还可以引导家长养成良好的教育习惯，培养家长的教育意识和方法，使得家长在日常生活中融入教育元素，使教育成为家庭生活的一部分。师范生可以通过定期的家庭教育指导活动，与家长保持持续的联系。在定期的沟通和交流中，师范生可以了解家庭教育的进展和挑战，及时为家长提供支持和指导。

（十）持续更新家庭教育知识与技能

随着社会的不断进步和科学研究的不断发展，家庭教育的理念和方法也在不断演变。师范生在家庭教育指导中，需要时刻保持学习的姿态，持续更新自己的家庭教育知识和技能，以更好地为家长和孩子提供有效的指导。师范生应参加研讨会、研究班、培训课程等，了解最新的家庭教育理论和技巧，掌握前沿的教育方法，从而更好地为家长提供专业的指导建议。师范生可以建立个人的学习计划，定期进行自我提升，阅读相关的家庭教育书籍、期刊文章、学术论文等，深入了解家庭教育领域的最新动态，不断拓展自己的知识视野。在实际的家庭教育指导中，师范生可以不断尝试不同的教育方法和策略，积累实践经验，从而不断优化自己的指导技巧。另外，师范生可与心理学家、社会工作者、家庭教育专家等专业人士合作，借鉴经验和知识，提升家庭教育指导的效果。师范生还可以充分利用现代科技手段，获取家庭教育领域的最新信息，如订阅家庭教育网站，参与在线研讨会等，从而及时了解家庭教育的最新趋势和发展水平。

三、家庭教育指导的原则

家庭教育指导原则是家庭教育指导工作中的基本原则要求，体现了科学概括性和实践经验性。其中包括双向互动原则、家长主体原则、共同成长原则、因地制宜原则、整体性原则和理论联系实际原则等，这些原则在指导师范生家庭教育工作时具有重要意义。

（一）双向互动原则

双向互动原则是家庭教育指导的重要基础，该原则表明家庭教育指导是一个双方共同参与的过程，影响家长的观念和态度，也塑造着师范生的指导观念和行为。在互动的过程中，师范生和家长相互影响，共同促进孩子的成长。在家庭教育指导中，师范生扮演着引导者的角色，而家长则是实际的教育执行者。师范生需要了解家长的需求和家庭背景，以便为他们提供针对性的指导策略。

师范生的指导态度和方法也会对家长的教育观念和行为造成影响,如果师范生能够传达积极的教育理念,家长可能更愿意接受和采纳,从而形成更有效的家庭教育。双向互动并不仅限于师范生向家长传达信息,家长同样也可以对师范生的言行产生反馈,这可能影响师范生的指导观念和方法。家长的反馈可以帮助师范生更好地调整自己的指导策略,更贴近家庭实际情况。家长还可以与其他家长交流,分享彼此的经验和想法,进一步丰富家庭教育的内容。双向互动原则还强调了家长之间的交流和互动,在家庭教育指导的集体性活动中,家长们可以互相借鉴和学习,共同面对教育中的挑战。家长的经验分享和互助支持,有助于建立积极的家庭教育氛围,提升家庭教育的质量。在实践中,双向互动原则需要师范生具备良好的沟通技巧和敏感度。师范生应当倾听家长的意见和需求,理解他们的处境,同时也要坚持传递积极的教育理念,激发家长的教育动力。家长则需要积极参与,表达自己的想法和见解,共同探讨解决方案。

(二) 家长主体原则

家长主体原则是家庭教育指导的核心理念之一,强调了家长在指导过程中的重要地位和作用。在现代社会中,家长的角色已经发生了显著的变化,他们的学历、教育观念和参与度都在提升,因此,在家庭教育指导中,应该充分尊重和发挥家长的主体作用。家庭教育指导的目标是提升家长的教育素质和能力,以更好地支持孩子的成长和发展。然而,家长不应被视为被指导的对象,而是应该作为服务对象来看待。师范生和教育机构应该积极与家长合作,为他们提供合适的教育资源和支持,满足他们的需求。在家庭教育指导中,家长的积极性和主动性非常重要,他们是孩子的第一任教育者,具有最直接的影响力。因此,家庭教育指导应当注重激发家长的教育动力,鼓励他们参与孩子的教育活动,从而创造一个更富有教育意义的家庭环境。家长主体原则还强调了家庭教育指导的定位,师范生不仅仅应当传授知识和技能,更重要的是引导家长建立正确的教育观念和态度。师范生倡导积极的家庭教育理念,可以影响家长的教育行为和决策,从而促进孩子全面发展。然而,家长主体原则并不意味着师范生的作用被削弱,相反,师范生应该成为家长的合作伙伴和指导者。他们需要深入了解家庭的情况,为家长提供个性化的指导建议,帮助他们解决教育中的难题。同时,师范生可以通过丰富的教育资源和培训,提升家长的教育水平,使他们更好地履行家庭教育的责任。

(三) 共同成长原则

共同成长原则是家庭教育指导中的重要理念,强调了在指导过程中,参与者包括组织管理者、指导者、家长和未成年人,都应在共同的学习和发展中不断成长。家庭教育指导是一个相互学习和发展的过程，在此过程中，组织管理者需要不断更新指导方法和理念，以适应社会的变化和家长的需求，指导者也应该通过与家长合作，不断提升自己的指导能力，更好地满足家长的期望和孩子的成长需要。家长作为家庭教育的主要承担者，同样需要不断学习和成长，他们需要不断调整教育观念，适应孩子不同阶段的发展需求。家长在与指导者的互动和学习中，可以更好地理解孩子，提供更有针对性的教育支持。未成年人作为家庭教育的受益者，应在教育指导过程中获得成长，在家长和指导者的引导下，逐渐形成积极的价值观和行为习惯，为未来的发展奠定基础。共同成长原则突显了家庭教育指导的互惠性和合作性，指导者和家长应该相互尊重，相互学习，共同努力，实现各自的成长。此种合作关系可以创造积极的教育环境，促进孩子的全面发展。家庭教育指导也是一个社会共同体形成的过程，社会的发展需要每个成员的积极参与和贡献。

（四）因地制宜原则

因地制宜原则是家庭教育指导的重要原则之一，强调根据不同地区、不同时期和不同对象的实际情况，采取相应的措施和要求，以达到更实际的效果。我国社会的发展水平存在着差异，不同地区的文化背景、经济条件、教育资源等都有所不同。因此，在家庭教育指导中，必须考虑到这些差异性，采取因地制宜的方法。对于不同地区的家长和孩子，应该根据其特点和需求，制定适合的教育指导策略。家庭教育指导的效果取决于是否能够与实际情况相匹配，因地制宜原则要求师范生充分了解每个地区的教育环境、家庭背景以及家长和孩子的需求，从而制定针对性的指导方案。这样的指导方案更可能被家长接受和实施，取得更好的效果。由于不同地区的教育问题和需求有所不同，师范生需要根据实际情况来制定具体的目标和计划。因地制宜原则的实施需要指导者具备敏锐的洞察力和分析能力，他们需要深入了解每个地区的情况，与家长和孩子进行沟通，了解他们的期望和困惑。只有充分了解实际情况，才能制定出切实可行的教育指导方案。因地制宜原则也需要与时俱进，随着社会的发展和变化，家庭教育的需求也会发生变化，师范生应该随时关注社会的动态，不断调整和改进自己的指导方法。

（五）整体性原则

整体性原则强调将家庭教育视为一个社会系统工程，应充分考虑不同环境的影响以及多种渠道的指导方式，实现各方力量的协同合作，以促进孩子的全面发展。家庭教育不仅仅受到家庭环境的影响，还受到学校教育、社区教育以及大众传播媒介的共同影响。因此，在家庭教育指导中，必须考虑这些因素的综合作用。师范生应该鼓励家长与学校、社区、媒体等各个渠道进行合作，共同促进孩子的发展。例如，家长可以与学校老师合作，了解孩子在学校的表现，以便更好地指导孩子的学习和发展。师范生需要根据不同年龄段的特点，为家长提供有针对性的指导。然而，这些阶段之间并不是孤立的，而是一个连续的过程。家庭教育指导应该从整体上把握，确保在不同阶段的指导工作有连贯性和衔接性。家长在不同阶段可以学习到不同的育儿技巧和知识，从而更好地适应孩子的成长发展。整体性原则还强调了不同渠道之间的整合性，家庭教育指导不能孤立地看待，而是需要将学校、社区、企事业机构以及大众传播媒介的教育资源进行整合，从而形成一个更加全面的教育支持体系，让家长能够更便利地获取有关家庭教育的信息和资源。在实际操作中，师范生需要协调各个渠道的资源，建立家校社区合作平台，促进信息的共享和交流。师范生还可以举办家庭教育交流会、亲子活动等，让家长与教育专家、学校老师、社区工作者等进行互动，共同探讨家庭教育的方法和策略。

（六）理论联系实际原则

在家庭教育指导中，理论联系实际原则是指师范生必须将家庭教育指导理论与实际操作相结合，确保指导工作具有时效性和有效性。该原则强调了理论和实践之间的密切关系，旨在保证家庭教育指导能够取得实际的成果并符合实际需要。理论指导是家庭教育指导的基础，为指导工作提供了理念、方法和框架。师范生需要深入学习和研究家庭教育的理论知识，了解家庭教育的本质、原则和发展规律。只有通过理论的指导，师范生才能更好地把握家庭教育的核心要义，提供更具针对性和科学性的指导建议。然而，理论只有与实际相结合，才能发挥其真正的作用。师范生需要将理论知识应用于实际情况中，根据家庭的特点、孩子的需求以及家长的背景，提供具体的指导方案。例如，在家庭教育指导中，理论可以提供许多教育方法和沟通技巧，但具体如何在实际中应用，则需要师范生根据家庭的实际情况进行调整和操作。同时，实践也反过来影响了理论的发展。结合实际的家庭教育指导工作，师范生可以发现问题、总结经验，从而不断完善和深化家庭教育指导理论。实践中的案例和实际情况，可以为理论的构建提供更具体的支持和验证。理论联系实际的原则要求师范生在家庭教育指导工作中不断反思和调整，使指导工作更加贴近实际需求。师范生应当密切关注家庭教育领域的最新研究成果和发展趋势，将其融入自己的实践中，与时俱进。

第二节　家庭教育指导的基本理念与必要准备

一、家庭教育指导的基本理念

人一生中接受三种教育，分别是家庭教育、学校教育和社会教育。在这三者中，家庭教育对于孩子的成长起着至关重要的作用。家庭教育是孩子人生早期的基石，通过与父母的亲近相处，孩子在家庭中汲取道德观念、价值观和行为模式。因此，家长在教育孩子时应秉持一些基本理念。

（一）以家庭为基本的理念

家庭教育，作为与家庭紧密相关的教育形式，强调了家庭的重要性。在探讨家庭教育的基本理念时，首要考虑的是构建良好的家庭环境。一个和谐、温馨的家庭是培养孩子健康成长的基石，正如一座坚固的建筑需要稳定的基础一样，家庭要先被建设好，才能为优质的教育奠定基础。想象一下，如果家庭里时常充斥着吵闹和争吵，成员之间彼此不理解、不尊重，那么再好的教育方法也很难在这种不稳定的氛围中取得好的效果。就如同在学校，如果师生关系不和谐，学生间存在冲突，良好的学习氛围将无法形成。家庭的建设是家庭教育的前提，只有建设好了家庭，孩子才会拥有良好的成长环境。即使没有特别刻意的家庭教育，只要家庭建设得当，孩子也难以走偏；反之，再多的家庭教育也难以弥补一个糟糕的家庭环境。家庭是孩子成长的根本，是他们的情感港湾，从家庭中汲取的道德观念、价值观和行为模式对他们的影响是深远的。和谐家庭的构建不仅仅是父母的责任，更需要整体的努力。每个家庭成员都应积极参与，共同创造温馨的家庭氛围。家庭是源，孩子是流；家庭是本，孩子是末。这种观念提醒人们，不要把家庭教育仅仅局限于父母的教育责任，而是要家庭成员共同承担，为孩子提供一个良好的成长环境。

（二）"父母未必对"的理念

"父母未必对"的理念是家庭教育指导中一种极其重要的思想观念，人们生活在一个不断变化的社会环境中，父母的教育方式和观念也在不断演进。"父母未必对"的理念提醒人们要审慎地对待父母的教育方式，不盲目地接受，而是要理性地加以思考和评估。无论是在学校还是在社会，人们很少有机会接受关于如何成为合格父母的指导，大多数父母都是根据自己的经验和家庭传统去教育孩子，这样的方式可能并不总是最科学、最有效的。因此，需要对父母的教育观念保持警惕，不要因为传统或习惯而盲目听从。父母的言行、教育方式会直接影响到孩子的成长和发展，然而父母并非完美无缺，他们也可能犯错，产生不合理的想法。例如，一些老一辈人可能持有"棒打出孝子""不打不成长"的观念，但这并不是正确的。人们应该对这些观念进行反思，根据现代的科学研究和教育理念来重新评估。父母的语言、行为和教育方式会在孩子身上留下烙印，因此，父母需要审慎对待自己的言行，尤其是在孩子的成长中。同时，师范生也有责任传递正确的育儿观念，帮助家长意识到不合理的教育方式可能带来的负面影响。

父母"望子成龙、望女成凤"的心理在家庭教育中十分常见，父母出于深厚的情感，希望孩子能取得更好的成就，但过高的期望也可能导致家庭教育偏离正确的方向。家长对孩子有期望是可以理解的，但过高的期望往往会给孩子带来巨大的压力和负担。家长将自己的人生愿望和目标强加给孩子，往往忽视了孩子个体的兴趣和特长。孩子感到自己的价值仅仅在于是否能达到父母的期望，而不是真正追求自己的兴趣和梦想。家庭教育指导中，师范生应该引导家长树立现实的期望。每个孩子都是独特的，有着自己的兴趣、天赋和发展方向，应使家长了解孩子的个性，鼓励他们关注孩子的成长过程而不仅仅是结果。父母的期望应该建立在孩子的实际情况和兴趣基础上，让孩子能够根据自己的喜好选择适合自己的道路。在家庭教育指导中，师范生还要教育父母关注孩子的情感和心理健康。过高的期望可能会给孩子带来焦虑、自卑等负面情绪，影响其健康成长，师范生应及时鼓励父母与孩子保持沟通，理解孩子的内心感受，适当给予他们情感支持和鼓励。

在家庭教育中，存在着一些家长忽视自身教育职责的情况。社会常常关注学校教育，导致许多父母更多地关注学校教育，却忽略了自己才是真正的教育基础，对孩子命运具有关键性影响。正如俗话所说"三岁看老"，孩童时期接受的教育影响着整个人的一生，最初的认知和观念来源于父母，家庭教育对于个体产生深远影响。然而，对教育职责的忽视以及教育理念的偏颇，往往会使家庭教育产生问题。家庭教育作为孩子成长的重要组成部分，必须得到足够的重视。学校教育只是教育的一部分，而家庭教育是更为基础和根本的。父母是孩子的第一位老师，他们的言行举止、价值观念将直接影响孩子的成长和发展。然而，由于社会的焦点常常集中在学校教育上，一些父母可能会忽视自己在孩子教育中的角色。此种情况下，家庭教育的重要性被削弱，容易导致教育出现偏差。

（三）以孩子为本的理念

"以孩子为本"的理念要求人们真正将孩子的全面健康成长作为根本目标，

从孩子的角度出发思考问题，而不是从成人或其他角度看待。在家庭教育中，有些家长往往以自我为中心，忽略了孩子的特点和兴趣，倾向于将自己的意志强加给孩子，甚至与他人家的孩子进行比较。有些家长则"好为人师"，总是对孩子施加指令，充当"指挥官"的角色。在实际家庭教育中，应当坚持"以孩子为本"的理念，以满足孩子的成长需求为出发点，不断为孩子创造积极的成长环境。家长应该尊重孩子的个性和兴趣，鼓励他们自主探索、学习和发展。每个孩子都是独特的，他们的天赋、兴趣和发展路径都不尽相同。家长应当倾听孩子的意见，理解他们的需求，为他们提供有益的指导和支持。家长应该关注孩子的情感需求，给予他们充分的关爱和陪伴。在家庭中，父母的关心和关爱能有效促进孩子的健康成长，家庭应该是孩子情感的港湾，为他们提供情感支持和安全感。关爱不仅要体现在言语上，更要在行动中表现出来，让孩子感受到家庭的温暖和关怀。

（四）无条件接纳的理念

父母需要充分理解并接纳自己的孩子，无论他们面临何种问题，犯了什么错误，甚至是带着天生的缺陷，父母都应该给予他们无条件的接纳。在孩子的成长过程中，父母的无条件接纳会让他们感受到温暖和安全，从而获得信心和力量来应对生活中的种种挑战。父母要坚持无条件接纳的理念，不应该因为外界的比较或是自身期望而向孩子施加压力。当孩子进入学校阶段时，有些家长会开始关注他们的表现和成绩，甚至开始对他们施加条件和要求。这样的做法可能会让孩子感到束缚和压力，影响他们的自由发展。家庭教育的问题往往在于这种有条件的期望，使得孩子在追求外部认可的过程中忽略了内心的需求。无条件接纳的基本理念要求家长在孩子犯错时不轻易发火或责备，而是用耐心和理解的态度去与他们交流。家长应该关注孩子的情感需求，倾听他们的声音，为他们提供心理支持和情感寄托。只有在这样的氛围下，孩子才会愿意分享他们的快乐和烦恼。无条件接纳并不等同于放任孩子犯错和发展不良行为，相反，它意味着父母在教育孩子时，应该注重培养他们的责任感和自我意识，帮助他们认识到错误的后果，从而引导他们朝着正确的方向发展。

（五）有分寸关爱的理念

父母的爱对孩子的成长有着深远的影响，但在表达爱的过程中，父母也需要有分寸，避免过度溺爱或过于严厉。有分寸关爱的理念强调父母应在爱的基础上找到适当的平衡，让孩子在爱和规矩之间健康成长。父母的爱是孩子成长的源泉，能够滋养孩子的心灵。然而，过度溺爱会让孩子缺乏自理能力和应对挑战的能力。相反，适当的规矩和限制可以帮助孩子更加自律，学会承担责任。

因此，在家庭教育中，父母应该关注爱和规矩的平衡，让孩子感受到爱的温暖的同时，也能够明白规矩的重要性。"有分寸关爱"的理念也强调在教育中注重沟通和理解，当孩子遇到困难时，父母应该以耐心和关心的态度与他们交流，帮助他们分析问题的原因和解决方法。"有分寸关爱"的方式让孩子感受到家长的支持和理解，并且有效促进了孩子的思维发展，有助于他们提高解决问题的能力。然而，虽然关爱是重要的，但父母也需要在关爱中保持适当的冷静。对孩子的过度要求和过于情绪化的反应反而可能影响他们的情绪，伤害他们的自尊心。因此，父母需要在爱的基础上运用理性思考，找到适合的方法来教育和引导孩子。

（六）日常生活化的理念

"日常生活化"的理念强调了将教育融入日常生活中，让孩子在日常的点滴中得到启发和培养，从而实现预期的教育成效。家庭教育并不需要刻意制造教育场景，而是在日常的家庭生活中，通过身边的事物和情境，引导孩子思考、学习和成长。如同食盐融入食物中一般，教育可以自然而然地融入孩子的成长过程中。家长可以在孩子遇到问题时或者好奇心被激发时，抓住教育契机，与他们分享知识和经验。以生活为基础的家庭教育，强调的是培养孩子的实践能力和解决问题的能力。在日常的生活场景中，孩子们可以学会如何与人相处、如何处理日常难题、如何管理时间等。父母不需要刻意进行"教育"，而是在生活中引导孩子去思考和行动，从而培养他们的独立性和创造力。"日常生活化"理念还强调了家庭教育的渗透性和长期性，家庭是孩子成长的第一课堂，家庭教育不是短暂的、片段的，而是贯穿于孩子的整个成长过程。通过日常生活化的教育，孩子可以在不断的实践中积累经验，逐渐形成自己的价值观和行为准则。

（七）系统和谐的理念

家长不仅要将教育视野拓展至更广阔的范畴，还要将教育成长视为一个全面的、协调的系统。家庭教育并不局限于言传身教或者学业辅导，而是涵盖了与家庭息息相关的各个方面。从父母的沟通方式、夫妻关系，到家庭环境的安排，再到社交互动、文化传承等，均在不断地影响着孩子的成长。因此，将家庭教育看作一个系统，强调家庭内部的和谐、协调是至关重要的。"系统和谐"理念要求家长以全局的眼光审视家庭教育，确保家庭内外的各个方面都能为孩子的成长提供积极的影响。家庭成员之间的关系是否融洽，孩子是否得到足够的关注和支持，家庭环境是否有益于学习和发展，都需要被认真思考和调整。只有家庭的各个要素发挥正向作用，孩子才能在一个健康的环境中茁壮成长。

在实践中,家长可以从多个方面贯彻"系统和谐"的理念,如保持家庭成员间的积极互动,营造和谐的家庭氛围,使孩子处于一个充满爱与支持的环境中。此外,家长要注意家庭中的文化传承,将有益的家庭价值观、传统和习惯传递给下一代。

(八)孩子是父母的影子的理念

父母作为孩子的第一任老师,不仅仅传递知识,更重要的是传递价值观、行为习惯和生活态度。父母的影响并非简单的言传,更是日常行为、言语、情感的渗透,优秀的孩子背后往往有一个温馨和谐的家庭。在这样的家庭中,父母以身作则,展现出诚实、宽容、助人为乐等良好品质。良好的价值观在孩子心中扎下深深的根,影响他们的思想和行为。然而,孩子不健全的人格也可以从家庭中找到原因。冲突和矛盾的家庭环境可能使孩子形成消极的情绪和行为模式。父母间的争吵、不和谐的关系、不良的行为示范,都可能在孩子心中留下阴影,影响他们的发展。因此,家庭的和谐与稳定对孩子的成长至关重要。孩子是父母的影子,家长要时刻注意自己的行为和言辞,因为这些都可能对孩子产生深远的影响。要成为孩子的优秀榜样,父母应该注重自身的情绪管理,用积极的情感态度以及表达方式影响孩子。

二、家庭教育指导的必要准备

家庭教育指导在当今社会变得越来越重要,因为家庭是孩子学习和成长的第一个环境。对于师范生来说,提供家庭教育指导不仅是他们职责的一部分,还是他们与家长合作的一个重要环节。以下是师范生在提供家庭教育指导时的必要准备。

(一)深入研究家庭教育理论及实践

家庭教育并非随意的教育行为,而是基于科学的原则和方法来进行的。师范生需要了解家庭教育的基本原则,如双向互动、家长主体、共同成长等原则,有关原则是指导家庭教育实践的基石。深入研究家庭教育理论,师范生可以更好地理解家庭教育的内涵和目标,从而为家长提供更有针对性的指导建议。实践是理论的验证和应用,师范生不仅需要理论支持,还需要将理论运用到实际的家庭教育指导中。师范生通过实际的指导活动,可以将理论知识转化为实践技能,更好地与家长互动并解决问题。实践中的经验和反思可以进一步丰富和完善家庭教育的理论体系,帮助师范生形成更加有效的指导方法。

(二)设计多种家庭教育对策

在提升家庭教育指导能力的过程中,设计多种家庭教育策略显得尤为重要,它旨在为师范生提供灵活、适应性强的指导方法，以满足各式各样家庭的需求。由于每个家庭的情况和需求都各不相同，师范生需要准备多种策略，以便根据具体情况为家长提供合适的指导建议。一些家庭可能需要关注孩子的学业问题，而另一些则可能更关心孩子的情绪管理和社交能力。师范生应当灵活地根据家庭的特点，调整和应用适当的教育策略，使其更具针对性和实用性。在设计家庭教育策略时，师范生应强调家长的主导地位。家长在孩子成长过程中更了解其个性、需求和基本情况，因此，在提供指导建议时，师范生应鼓励家长积极参与，并充分尊重他们的决策权。家长作为家庭教育的主导者，应该根据自己的判断和孩子的实际情况，选择适合的方法和策略，而师范生的主要职责是在这一过程中提供专业的支持和建议。

（三）利用技术与多媒体资源

现代科技的迅速发展为家庭教育的有效实施提供了新的可能性，师范生应当了解并灵活运用最新的教育技术，以更好地支持家庭教育的开展。在数字化时代，在线学习平台、学习应用等工具日益普及，为家庭教育提供了有力支持。师范生应该熟悉这些技术的特点和优势，以便在指导家长时能够提供相关的信息和建议。例如，他们可以推荐一些优质的在线学习资源，帮助家长为孩子选择适合的学习内容，从而促进孩子全面发展。随着信息的爆炸式增长，家长在选择教育资源时可能会感到困惑。作为专业人士，师范生可以根据孩子的年龄、兴趣和需求，为家长推荐适合的书籍、视频和其他学习材料。此类资源可以涵盖多个领域，从学科知识到素质教育，从认知发展到情感成长，都能够帮助家长提供有益的教育内容。

（四）创建反馈与调整机制

为了有效提升家庭教育指导能力，师范生需要创造性地建立反馈和调整机制，以确保他们的指导不仅符合家长和孩子的需求，还能持续地适应不断变化的教育环境。一方面，师范生在指导家长的过程中，应积极主动地与家长沟通，询问他们在实践中的体验和感受。家长的反馈可以帮助师范生了解他们所提供建议的实际效果，了解家长是否从中获益，是否能够实际应用到家庭教育中。通过收集和分析反馈，师范生可以更加准确地把握家庭教育的需求，发现问题并及时进行调整。另一方面，教育环境和教育理念都在不断发展变化，师范生应时刻保持对最新教育研究的关注，以确保自己的指导策略与时俱进。根据家长的反馈以及新的教育趋势，师范生应不断地对自己的指导方法和内容进行更新和调整，确保其所提供的建议始终具有实用性和针对性。

(五) 持续自我发展

为了在家庭教育指导方面做好充分准备，师范生需要不断保持自身的发展和成长，以更好地满足家庭教育的需求，提供更有价值的指导。教育领域不断发展变化，新的教育理念和方法不断涌现，师范生需要不断更新自己的知识和技能，以适应家庭教育的变化。通过参加培训，师范生可以了解最新的教育趋势，掌握创新的指导方法，提升自己的专业水平，从而更好地为家长和孩子提供指导。师范生应定期对自己的家庭教育指导方法和效果进行反思，审视自己在实践中的表现，找出可改进之处。通过反思，师范生可以不断优化自己的指导策略，更好地适应家长和孩子的需要。反思还有助于师范生发现自身的成长特点和不足之处，从而不断提升自己的能力和素质。

第三节 构建专家型家庭教育指导教师素质结构体系

一、素质的内涵与要求

（一）专业知识储备

在专家型家庭教育指导教师素质结构体系的构建过程中，培养师范生的专业素质，使其增加知识储备是至关重要的一环。专业知识储备涵盖广泛的领域，如师范生应该对学生的心理发展过程有深入的了解。了解学生的认知、情感、社会发展等方面的特点，有助于师范生更好地分析学生的行为和需求，从而为家长提供针对性的教育建议。师范生需要了解学生的学习方式、兴趣特点，以及如何在家庭环境中促进他们的学习和发展。深入理解学生的发展过程是为了更好地指导家长，家庭教育的目标是促使学生健康成长，因此，师范生需要了解不同年龄阶段孩子的发展特点。从婴幼儿期到青少年期，每个阶段孩子都有不同的成长需求和问题，师范生应具备识别和解决这些问题的能力，为家长提供针对性的建议。深入了解相关理论有助于师范生更好地指导家长，帮助家长创造良好的学习环境，培养孩子积极的学习态度和良好的习惯。

（二）实践经验

在构建专家型家庭教育指导教师素质结构体系过程中，实践经验是不可或缺的一环。虽然理论知识对于家庭教育的指导至关重要，但实际操作中往往会出现理论与实践之间的差距。因此，师范生需要通过积累丰富的教育实践经验来完善其家庭教育指导技能。实践经验可以帮助师范生更好地理解家庭教育的现实挑战和情境,在实际操作中,师范生可能会面临各种不同的家庭情况和问题,这些情况往往是多样的,无法简单地用理论知识来解决。结合实践经验,师范生可以更好地理解家庭教育的多样性和复杂性,从而更有针对性地为家长提供指导建议。实践经验有助于师范生培养敏锐的观察力和分析能力,在与家长和孩子互动的过程中,师范生可以观察他们的行为、情绪和互动方式,从中获得更多信息。师范生在实际操作中不断尝试不同的教育方法和策略,根据实际效果进行调整和改进,而反复的实践和反思过程,有助于师范生不断积累经验,逐渐发展出更加高效和有效的家庭教育指导技能。

(三)人际沟通能力

良好的人际沟通能力有助于师范生与家长建立起有效的沟通渠道,家庭教育涉及家长和孩子的关系,因此师范生需要能够与家长建立起信任和亲近的关系,以便在教育指导过程中更好地进行沟通。师范生积极倾听家长的关切和问题,从而更好地了解他们的需求,为他们提供更有针对性的建议。优秀的人际沟通能力有助于师范生解决家庭教育中出现的问题和矛盾,家庭教育指导可能涉及家庭内部的冲突和矛盾,这时候师范生需要具备冷静和理性的解决问题的能力。通过有效的沟通和协调,师范生可以帮助家长化解矛盾,寻找合适的解决方案。良好的人际沟通能力可以帮助师范生更好地传递教育信息和知识,家庭教育指导不仅仅是提供建议,还涉及知识的传递和启发。师范生以清晰而生动的沟通方式,将复杂的教育理论和知识转化为家长可以理解和接受的形式,从而更好地帮助广大家长实施有效的家庭教育。

二、专业化培训体系

(一)定期专业研讨

定期专业研讨是提升师范生家庭教育指导能力的有效手段之一,通过组织定期的家庭教育指导研讨会,师范生可以不断更新自己的专业知识和技能,从而更好地胜任家庭教育指导的工作。定期专业研讨可以帮助师范生了解最新的家庭教育理论和方法,家庭教育领域不断涌现出新的理论和方法,师范生需要及时了解这些最新的发展,以保持在家庭教育领域的专业素养。在参与研讨会的过程中,师范生可以与同行交流分享经验,互相启发,不断拓展自己的视野。定期专业研讨能够帮助师范生提升问题解决能力,家庭教育指导中可能会遇到各种各样的问题和挑战,师范生需要具备解决问题的能力。师范生在参与研讨会时,可以与其他教育专业人士一起探讨解决问题的方法和策略,从而在实际工作中更加得心应手。定期专业研讨有助于师范生保持持续学习的意识，教育是一个不断发展的领域，师范生需要保持学习的态度，不断更新自己的知识和技能，并在此过程中获得新的启发和灵感，激发学习的兴趣，从而不断提升自己的教育水平。

（二）实地观摩与学习

在专家型家庭教育指导教师素质结构体系中，专业化培训体系起着关键作用，实地观摩与学习是其中的一项重要内容。定期参观优秀的家庭教育实践案例能使师范生获得宝贵的经验和启示，从而提升自身的专业素养和教育指导能力。实地观摩可以让师范生深入了解家庭教育的实际运作，在理论知识的基础上，结合亲身参与和观察，师范生可以更加全面地了解家庭教育的各个方面，包括家长与孩子的互动、教育环境的营造等，从而更好地理解家庭教育的现实情况。实地观摩能够帮助师范生汲取优秀实践的经验和方法，优秀的家庭教育实践案例往往蕴含着丰富的经验和方法，师范生通过观摩这些案例可以学习到成功的指导策略、沟通技巧等，为其家庭教育指导工作提供有益借鉴。实地观摩还可以激发师范生的创新思维，在观摩优秀案例的过程中，师范生可以思考如何将这些成功的经验应用到不同的情境中，从而提出新的创新性指导方法和策略，这有助于他们更加灵活地应对不同的家庭教育挑战。

第四节 现代技术推动师范生家庭教育指导

一、技术在家庭教育指导中的角色

随着科技的飞速发展，家庭教育的面貌也经历了巨大的变革，技术使得信息获取变得更为便捷，家长、孩子以及教育者都能够轻易地接触到各种教育资源和资讯。各类教育应用、在线课程以及数字化内容为家庭教育提供了更加丰富和多样的教学手段，这些工具和资源使得家庭教育不再受限于传统的书本和课堂，而是转向了更为开放和多元的教育模式。

对于师范生而言，技术提供了强大的支持和引导，例如，通过数据分析工具，师范生可以对学习情况进行实时追踪和分析，有利于更加精准地为家庭提供教育指导。此外，各种教育技术论坛和研讨会也为师范生提供了一个交流和学习的平台，使得他们能够跟上教育技术的最新发展趋势。

二、数字化教育资源的利用与应用

（一）互动式学习体验

传统的家庭教育资源，如书籍、教辅材料和手工教具，虽然在内容传递上具有一定的效果，但在实际的教学过程中，它们往往缺乏互动性和参与性。学生可能只是被动地接受信息，而不是主动地与教学内容互动，学生的学习兴趣和好奇心无法被充分激发，导致学习过程变得枯燥和机械。数字化教育资源的出现改变了这一格局，这些资源具有高度的互动性，使学习过程变得更加生动和有趣。学生不再是被动的信息接收者，而是主动的学习者，他们可以通过各种数字化工具与学习内容进行互动，更深入地理解和掌握知识。数字化资源如在线测验、模拟实验、虚拟现实等，为学生提供了沉浸式的学习体验，将学生带入一个仿真的环境中，让他们亲自体验和操作，从而加深对知识的理解。这种方式既可以满足学生的好奇心，还可以提供一个安全的环境，让他们进行实验和探索。

在线测验、模拟实验和虚拟现实等数字化资源为互动式学习提供了多种可能性，例如，通过在线测验，学生可以立即获得反馈，了解自己的学习情况；模拟实验则允许学生在虚拟的实验室环境中进行实验，避免了实际实验的风险和成本；虚拟现实技术则为学生提供了一个真实感十足的三维环境，让他们可以身临其境地体验学习内容。这些数字化资源为学生提供了多种学习方式，扩展了学习的边界，使学生可以在任何时间、任何地点进行学习，更好地满足了家庭教育的需求。

随着时间的推移，互动式学习的效果将逐渐显现。学生通过这种方式学习的知识和技能将更加深刻和持久。更重要的是，这种学习方式培养了学生的主动学习能力、创新思维和问题解决能力，当他们在未来面对更复杂的问题和挑战时，这些能力将成为他们的宝贵财富。

（二）家庭与学校的紧密连接

在过去，家庭教育与学校教育往往被视为两个独立的领域，学生在学校学习的内容、进度和表现常常不为家长所知，导致家庭教育的方向和内容可能与学校教育存在偏差。这种隔离使得家庭教育失去了指导性，并且可能造成家长和教师对学生教育的认知差异，进而影响学生的全面发展。

随着科技的进步，数字化教育资源如在线作业平台、家长通讯录等工具开始广泛应用于学校和家庭之间，为家庭与学校建立了一个紧密的连接。家长通过这些平台可以实时了解学生在学校的学习进度、作业完成情况，获取教师对学生的评价和建议。这种透明的信息共享模式，使得家庭教育可以更加有针对性地进行，有利于确保家长和教师对学生的教育和成长持有一致的认知和期望。

除了能够实时查看学生的学习情况，数字化教育资源还为家长与教师提供了一个便捷的沟通渠道。在传统的教育模式中，家长与教师的沟通大多依赖于学校举办的家长会或偶然的见面机会，而现在，通过在线平台，家长可以随时与教师交流，及时反馈学生在家的表现，询问学习建议，甚至与教师共同制定教育计划。即时、方便的沟通方式拉近了家长与教师的距离，使双方能够更高效地合作，为学生的成长提供更全面、更有针对性的支持。

(三) 数据驱动的教育评估与反馈

通过对数字化教育资源所产生的数据进行深度解析，家长和教育者可以对孩子的学习效果进行更为精确的评估。例如，如果一个孩子在某个知识点上连续做错多次相同类型的题目，那么这可能意味着他对这一知识点存在认知上的误区或理解上的困惑，这种数据驱动的评估方式相比传统的家长会或教师的主观评价，更为客观和准确，能够为后续的教育干预提供更为明确的方向。

除了对学生的学习效果进行评估，数据还可以帮助家长和教育者发掘学生的兴趣和需求，例如，通过分析一个学生在各个学科上的学习时间和活跃度，可以推测出他可能对某个学科有着特别的兴趣，这为家长提供了机会，可以进一步鼓励和培养孩子在这个领域的才能和兴趣。通过数据分析，也可以及时发现学生在某些学科上的学习困难，为他提供针对性的辅导和支持。

数据反馈还可以帮助教育者以及家长制定更为合理和有效的家庭教育计划，例如，根据数据分析的结果，家长可以为孩子制定更为个性化的学习计划，确保学习内容与孩子的实际需求和兴趣相匹配。此外，数据反馈还可以帮助家长和教育者及时调整教育策略，确保家庭教育的效果最大化。

(四) 数字化教育资源的无时无刻可达性

1. 打破传统教育的时空限制

在纸质书籍和传统教育模式的约束下，学习活动往往受到明确的时间和地点的限制，例如，特定的图书可能仅在图书馆或书店中可用，学习课程可能仅在特定的时间和地点开展。然而，随着数字化教育资源的出现，这些固有的限制正在被打破，学生不再受制于特定的学习时间和地点，他们可以在任何时间、任何地点访问数字资源，进行自主学习。

2. 碎片化时间的优化利用

在现代社会，人们的生活节奏加快，碎片化时间变得越来越多，这些短暂的时段，如等车、排队或休息时间，以往可能被视为难以有效利用的时间，但在数字化教育资源的加持下，这些时段被转化为有价值的学习机会。学生可以在这些时间段里访问在线课程、参与互动式学习游戏或查阅电子图书，使每一刻都成为充实和有意义的学习时光。

3. 提高学习的自主性和动机

数字化教育资源的无时无刻可达性赋予了学生更高的学习自主权，他们可以根据自己的学习节奏和兴趣选择合适的资源，决定学习的时间和地点。自主选择有助于培养学生的自我管理和自律能力，增强他们的学习动机。当学习变得更加灵活和自主时，学生往往会更加投入，学习效果也更为显著。

4. 家庭教育的多元化与拓展

随着数字化资源的普及，家庭教育的形式和内容也发生了变革，除了传统的阅读和做作业，学生现在还可以通过视频课程、在线实验、电子图书等多种方式进行学习，多样化的学习方式使得家庭教育变得更加丰富和多元。父母也可以利用这些资源，与孩子一同学习，分享学习体验，从而进一步加强家庭的教育功能，强化家长与孩子之间的亲子关系。

三、虚拟现实（VR）与增强现实（AR）在家庭教育中的应用

（一）虚拟现实（VR）技术在家庭教育中的应用

1. 虚拟现实（VR）技术概述

（1）虚拟现实技术的内涵

虚拟现实是由计算机软件和硬件共同构建的技术，能够创建并使人体验到虚拟的世界，这种虚拟世界，也叫作虚拟环境，是一种由计算机生成的仿真景观。这些景观通过与用户的视觉、听觉、触觉和其他感官互动，达到使用户仿佛身处其中的效果。简而言之，虚拟现实是一个模拟的、由多种感官体验组成的环境，由计算机产生，并与人进行交互。

核心要点在于，虚拟现实不仅仅是视觉体验，为了实现真正的虚拟现实，必须结合多种感官刺激，如听觉、触觉、嗅觉和味觉等。目前，考虑到技术的发展程度，虚拟现实大多是结合视觉、听觉和触觉来构建的体验，混合的、多感官的刺激使得虚拟现实能够更真实地模拟现实世界，让体验者身临其境。

虚拟现实实质上是其与人的交互，这是一种高度复杂的交互方式，因为它涉及多通道的信息交换。对于沉浸式虚拟现实系统，交互操作需要尽可能地模拟现实中的自然交互；而对于非沉浸式虚拟现实系统，虽然可以使用常规的交互设备，但其目的仍然是提供尽可能真实的体验。这种人与计算机之间的高度

交互性是虚拟现实的独特之处,它确保了用户可以在虚拟环境中进行各种操作,并由此获得真实感觉。

(2)虚拟现实技术的特征

虚拟现实技术具有三角形基本特征,即3I特征:Immersion—Interaction—Imagination(沉浸—交互—构想)如图 4-1 所示。

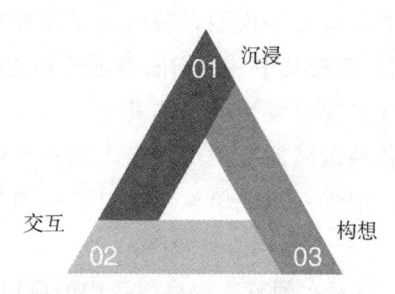

图 4-1 虚拟现实技术的 3I 特征

沉浸涉及用户在虚拟环境中的真实感受,好像他们真的是那个环境的一部分。为了实现完美的虚拟现实,环境应该保证其逼真性,让用户难以区分它与真实世界之间的差异。这种全面的感知交互使得用户对虚拟物体产生一种仿佛它们真实存在的感觉,好像他们正在与真实的物体互动。

交互关注用户如何与虚拟环境中的物体互动,以及他们如何从该环境中获得反馈。这种互动是高度自然的,打个比方,用户在虚拟环境中可能会用手去抓取一个物体,当他们这样做时,他们的手会感到物体的触感,可能甚至感觉到其重量,当他们移动手时,场景中的物体也会相应地移动。直观的体验是虚拟现实的核心,它通过模拟真实的环境,如驾驶舱或工作场所,使用户能够与其直接和自然地互动。

构想指的是用户在虚拟空间中,通过个人的知觉和认知能力,全面地吸纳信息,主动地思考,追求答案,并塑造新的理念。构想使得虚拟现实技术超越了简单的展示工具,转化为一种能够呈现设计者思维的视觉手段。例如,在建造一座现代化建筑之前,详细的构思对于大厦的外观和结构是不可或缺的。为了这种构思的明确化,多种图纸会被制作出来,这些图纸往往只有专业人员能够理解,而虚拟现实技术则能将这种抽象的构想转化为可视化的虚拟物体和空间,让传统沙盘设计提高到数字化的直观境界,极大地优化了设计和规划过程的准确性和效率。

虚拟现实与常规的计算机辅助设计(CAD)所构建的模型,以及标准的三维动画有所不同,它呈现的不是一个固定不变的场景,而是一个充满动态、可互动的虚拟世界。在这个世界里，用户的行为能够影响虚拟环境，反之亦然。比如，借助鼠标、游戏杆或其他追踪工具，用户可以自如地"漫游"在设定好的住宅小区或购物中心内，自由地进入任一建筑，或"乘坐"电梯到达二楼，亲自查看店铺的外观设计，或体验购物中心大厅如何在阳光下展现。

虚拟现实的核心魅力在于它由计算机生成一个人造的虚拟场景，此场景是基于计算机图形学创建的三维数字模型，编码后在计算机内部形成一个近乎真实的"虚拟世界"。当用户沉浸其中，他们的视觉感知会产生一种深度的沉浸体验，有时也称之为虚拟现实的沉浸性或身临其境的感受。正是因为虚拟现实技术具备上述特点，它在各种领域的应用可以极大地提高设计的品质，缩减费用和风险，加速项目进度，增强各相关单位对项目的认知和管理能力，为用户创造巨大的经济价值。

2. 虚拟现实（VR）技术在师范生家庭教育中的应用

对于师范生的家庭教育来说，虚拟现实技术为家长和教师提供了个性化的教育工具。通过VR，家长和教师可以根据学生的进度和需求定制特定的学习内容，如调整难度或变换教学场景。学生的反馈和学习轨迹也可以被实时记录，方便教师进行后续的教学调整。在家庭环境中，父母也可以利用VR设备辅助孩子学习，观察其学习习惯和进度，从而提供更有效的家庭教育指导。简言之，虚拟现实技术在家庭教育中的应用，为师范生提供了前所未有的实践和创新机会。

（二）增强现实（AR）技术在家庭教育中的应用

1. 增强现实技术概述

（1）增强现实技术的内涵

增强现实技术是虚拟现实的进阶形态，为用户创造了一种与真实世界交融的虚拟体验。不同于VR完全沉浸在虚拟的世界中，AR将计算机生成的虚拟物体置入现实场景之中，使这些物体与真实环境无缝结合，为用户展现一个既真实又超乎寻常的新颖环境。这种技术扩展了现实，加深了人们对周围世界的认知和互动。

AR综合了多个领域的先进技术，包括计算机图形学、计算机视觉、三维显示技术和人机交互等。除此之外，AR还利用各种传感器确保虚拟物体能够精确地与实际环境对齐和交互。自从VR技术取得重大突破之后，AR随即成为科技界的另一个焦点，为实际应用和创新提供了广阔的空间。AR技术的工作原理如图4-2所示。

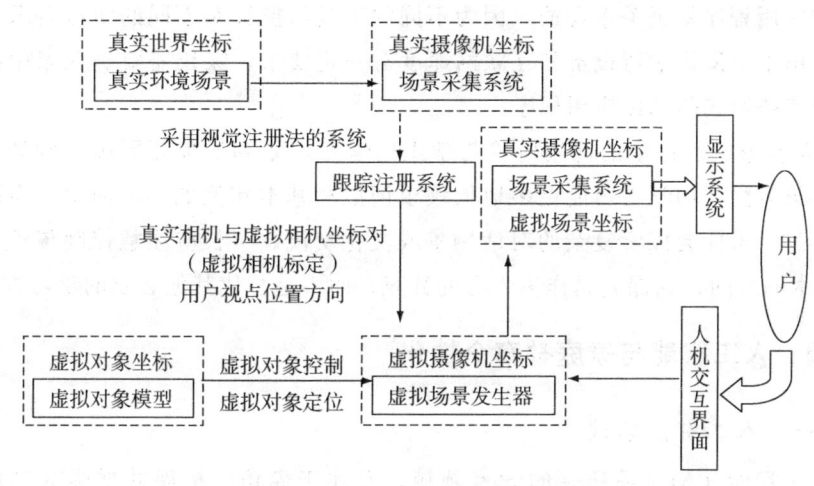

图 4-2 增强现实技术工作原理图

(2) 增强现实技术的特征

增强现实技术具有三大特征，即虚实结合、实时交互和三维注册。

虚实结合，从名字上便可解读，这是一个将虚拟元素与真实环境融合在一起的技术，它让用户既能观察真实的世界，又能看到覆盖在现实之上的虚拟内容。计算机产生的图像与真实环境中的信息完美匹配，用户能够体验到全新的感觉，这种感觉能够增强他们对物体和物理现象的理解。与完全沉浸于虚拟环境的虚拟现实不同，虚实融合并不旨在取代真实的世界，它与现实世界是紧密联系的，被视为真实世界的一个拓展和增强，其核心目标是服务于现实。

实时交互表明当真实世界的信息发生变化时，用户能够迅速地收到反馈，在识别真实环境的信息变动后，AR 会在设备中迅速地混合这些信息，并通过传感技术将结合后的数据传递给用户，这确保了真实物体与虚拟元素之间的无缝交互，实现了虚实融合的真正意义。而在虚拟现实中，交互性是用户与完全虚拟的环境之间的互动，这与真实世界是完全隔绝的。因此，增强现实中的即时互动可以被视为虚拟现实中交互性的一个升级版，这也是增强现实中最具挑战性的部分。

三维注册涉及将计算机所生成的虚拟环境与真实世界中的物体相匹配。为了达到这一目标，增强现实实时跟踪相机的位置和方向，以确定相机视角的具体位置以及虚拟图像在真实场景中的准确位置，这样，虚拟场景与真实场景就能够无缝地、完美地结合在一起，创造出一种沉浸式的体验。

2. 增强现实技术在家庭教育中的应用

家长和教育者需要对增强现实技术有一定的了解和掌握，选择适当的 AR

工具和应用程序是至关重要的，因为不同的工具可能针对不同的学习需求和年龄段。由于 AR 技术对设备和互联网速度有一定要求，家长需要确保家中的设备可以支持所选的 AR 应用程序。

AR 在家庭教育中的使用应该与学生的学习计划和目标相匹配，例如，在学习英语方面，初学者可能更多地依赖于词汇和基本句型的 AR 演示，而高级阶段的学生可能会探索复杂的对话场景或文化交流。家长应注意控制孩子使用 AR 技术的时间，确保它是作为学习的补充，而不是替代其他必要的学习方法。

四、人工智能与家庭教育个性化

（一）人工智能概述

人工智能（AI）是新兴的学术领域，专注于模仿、扩展并增强人类的智慧。这门学科的核心在于探索和制定能够模拟人类智慧的理论、方法、技术及应用。

作为计算机科学的一个子领域，AI 的核心宗旨是洞察智慧的本质，然后创造能够以人类智慧类似方式行动和反应的智能实体，这个广泛的领域涵盖了机器人技术、语音和图像识别、自然语言处理和专家系统等众多子领域，自 AI 问世以来，其理论和技术日趋完善，应用范围也持续扩大。可以预见，将来基于 AI 的技术产物可能会成为载体，承载和展现人类的智慧。AI 的目标是模仿人的思维流程和意识，尽管 AI 并不等同于人类的智慧，但它的设计目的是能够模拟人类的思考方式，甚至有潜力超越人的智慧。

研究 AI 是一项充满挑战的任务，需要研究者具有计算机技术、心理学知识和哲学思维。AI 由多个子领域组成，如机器学习和计算机视觉。简而言之，AI 研究的核心目标是开发出能够处理通常需要人类智慧的复杂任务的机器，但值得注意的是，随着时代的变迁，不同的人对于"复杂任务"的定义和理解都在不断演变。

近年来，人工智能在各种应用领域中扮演了重要角色，特别是在那些长时间持续劳动或需要精细视觉识别的任务中。除此之外，其在多个高智能领域中也有所作为，通过人工智能的加持，众多设备和机械的性能得到了显著提升。如今，"AI+"这一标识已经广为人知，体现了其深入各个行业的影响力。到目前为止，从制造业、家居生活、金融领域、零售业，到交通、安全防护、医疗保健、物流配送和教育，人工智能已经实现了全面覆盖，且应用颇为广泛，如图 4-3 所示。

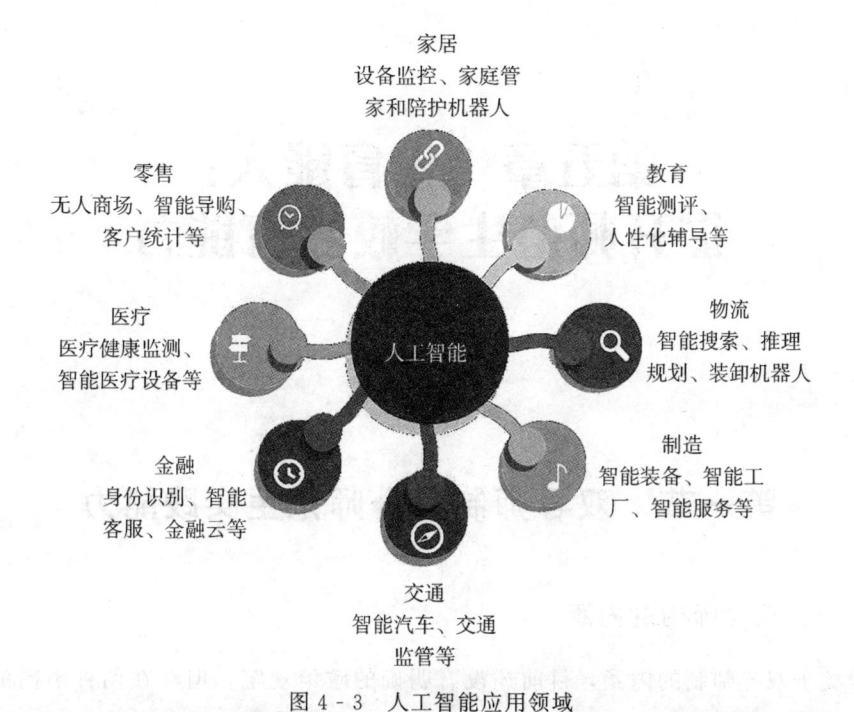

第四章 校育美人：提升师范生家庭教育指导能力

图4-3 人工智能应用领域

（二）人工智能促进家庭教育个性化

AI为家庭教育带来了一系列的转变，它能够为学生提供及时、准确的反馈，例如，智能教育软件可以即时指出学生的错误，并为他们提供正确答案和解释，这样学生可以立即了解并修正他们的错误。每个学生的学习方式和进度都是独特的，AI可以分析学生的学习模式、兴趣和能力，然后根据这些信息为他们定制学习计划。当教学方法与学生的学习风格和兴趣相匹配时，学生通常更容易保持注意力，提高学习效率。AI可以确保每个学生都得到他们需要的关注和资源，使他们达到最佳的学习效果。

由于AI技术的不断进步，师范生应始终处于学习状态，以确保他们始终处于教育技术的前沿，由此一来，他们可以为未来的学生提供最好的学习资源，还可以确保他们在职业生涯中始终保持竞争力。

第五章 校育能人：
提升师范生学校教育能力

第一节 双导师制提升师范生实践能力

一、双导师制的内涵

关于双导师制的内涵，目前还没有明确的政策规定，但存在两种不同的定义。其中一种是指明确的两位导师模式，包括一名来自校内的学业导师和一名来自校外的实践导师。另外一种定义则更为宽泛，不局限于两位导师的设定，还可以根据实际需求和特定环境，延伸为由多位导师组成的导师团队。虽然这两种定义存在差异，但它们的核心思想相同——导师既要有学术背景又要有实践经验，以确保学生在理论与实践两方面都得到充分的指导和培养。

从作用来看，双导师制有助于培养学生的实践技能与创新能力，可以推动学生全面素质的进步，有助于实现真正的教育目标，即教学与培养相结合。更重要的是，双导师制整合了校内的教学资源和校外的实践资源，从而确保学生在学术研究和实际应用两方面都能获得发展，避免学术研究与产业实践之间的断裂。

二、师范生双导师制的理论基础

（一）缄默知识理论

英国思想家和物理化学家波兰尼 1958 年在《人的研究》一书中给出了缄默知识（也叫默会知识）的概念："人类存在两种知识。通常所说的知识是通过书面文字或数学公式以及地图来表述的，这只是知识的一种显性形式。还有一种知识是不能系统表述的，例如我们有关自己行为的某种知识。可以将后一种知识称为缄默知识。"

缄默知识展现出三大显著特征：①不可言说性。这种知识深度植根于内在，难以简单模仿或依赖明确的规则进行传递，试图通过文字、语言或符号描述它都显得相对困难。②个人化属性。这种知识是通过个体长时间的实践和经验累积而成的。③重要性。缄默知识在本质上代表了一种深层次的领悟和认识，为个体提供了获取知识、理解知识以及创造知识的基础，因此与外在或明确的知识相比，它更加基础和核心。

"双导师+"的教学模式是推动学生无声地学习和接受缄默知识的关键，在该模式下，双导师、导师助理与学生都在一个平等、信赖和开放的环境中交流和学习，学生在此过程中，既能学习知识，又能从导师和助理那里吸取他们对生命、知识和日常生活的独特观点和态度，这种无声的传递，让学生在不知不觉中充实和提升自己。

（二）建构主义学习理论

建构主义，作为 20 世纪 80 年代末在美国兴起的认知学习新潮流，推翻了传统的学习观念。不同于其他单一理论，建构主义更像是一个大家族，其中包括合作学习、情境学习、经验学习等多种理论。建构主义主张，知识的生成是建构的结果，这是一个动态过程，涉及学习者在特定环境中有效地利用资源，基于已有的知识经验，进行新知识的吸收和再构造。建构主义主要包含以下几个观点：

1. 建构主义知识观

从建构主义的角度看，知识并非静态或确定的，它强调知识的流动性，即知识不是绝对或确定的答案，而是在不断变化的情境中由人们修正、创新的假设和解读。这种观念鼓励在特定环境中对知识进行重新塑造和理解，对于培训师范生来说，这意味着他们不是在固定环境中获取知识，而是在实际的教学实践中进行知识的探索与建构。

学习并不是对知识的记忆或者对规则的机械式应用，相反，学习是一个动态过程，需要学生深入各种不同的情境中，用自己的理解与现有的知识相互作用，形成全新的知识体系。这种新知识是需要在实际应用中进行灵活运用，在实际操作中得到验证和修正的。

在培养师范生的过程中，强调他们的教学实践能力显得尤为关键，因为在真实的教学环境中，学生能够真正体验到知识的建构过程，这是他们学习新知识的场所，也是他们验证、修正知识的场地。真实的、互动的学习环境能够使学生更好地理解并掌握知识，也能帮助他们更加自信地面对未来的教育工作。

2. 建构主义学习观

建构主义所揭示的学习观强调了学习的主动性、互动性以及与特定情境的紧密关联，在这一框架下，学生不再是知识的被动接收者，他们能够有意识地拆解和融合已掌握的知识，使新的信息和已有知识紧密连接，并在此过程中为自己塑造独特的知识内涵。这种知识的建构并非孤立进行的，而是深受其所处社会文化背景的影响，工具、资料和环境等学习要素，都反映了社会的集体经验和智慧，这使得知识显得更加富有情境感。换句话说，知识不仅仅存在于书本或理论中，更多地植根于实践和真实的生活场景中，与情境化的社会实践活动密不可分。

教育的真谛不局限于书本和理论的掌握，更为重要的是如何将这些理论知识运用到实践中，使其与实际情境紧密结合。当学生将理论知识应用于实际的教育环境时，他们的知识才能够得到真正的加深和升华。在真实环境中的应用和实践，能够更好地调动学生的认知动机，满足他们的学习需求，从而达到更高层次的知识融合和应用。

3. 建构主义学生观及教师观

建构主义在教育过程中赋予学生一个核心的地位，以他们既有的知识和经验为学习的出发点。学生常常依赖他们之前的经验，探索和吸收新知识，以便形成对新挑战的理解并采取行动。

再来看教师的角色，在建构主义的视角下，教师不再是简单的知识传递者，而是学生的指导者、伙伴，他们的任务是传递信息，通过与学生的互动，引导学生深度探索知识，培养他们的思考和问题解决能力，并鼓励学生自我反思，培养他们的自主学习和责任意识。双导师模式旨在提供持续的支持和引导，以促进学生的持续发展和自我驱动的学习，实现个人的成长和自我管理。

延伸到高等教育领域，基于建构主义的理念，学校在培养学生的实践能力时，需要充分动员各种可用的资源。在这种模式下，学生可以在校内导师的引导下，顺利达到校内实训的目标，通过与教师的互动打下坚实的教育学和学科理论基石。他们还可以在校内的日常实训和实践活动中，与导师助理进行密切的沟通和交流，以便及时解决遇到的问题。当学生步入校外实习的场景，他们还能与校外指导教师深度互动，接受他们的具体建议和引导。这一系列的实践机会，使学生得以检验和应用所学知识，吸收新的教学方法，逐步形成自己的教育哲学，提高实践能力和教育素养。

三、师范生双导师制实行的必要性

（一）提高高师院校人才培养质量的需要

高等师范教育机构肩负着培育未来教育者的使命，它们是培训教育者成为教育行业专家的关键场所，教师职业技能的培训核心涉及教学设计、授课、教学反思及班级管理，但是这些技能只能在真实的教育环境中达到升华。高校教师主要关注学术研究，他们在基础教育的日常教学方面往往不如前线的教师经验丰富，而在师范生的培训过程中，常规的方式多为理论教学与模拟微格教室实践，这使得教育理论和实际操作的融合变得更有挑战性。教学的反思和班级管理技巧也难以通过这种方式得到加强。

为了更有效地培养师范生，实习期间应让他们直接受益于基础教育的一线教师指导，从中真实体验并吸取教育者的智慧，通过这种沉浸式体验，师范生在知识、行为习惯、思维方式以及个人魅力等方面都能得到不知不觉的增强。这种做法能培养师范生的研究能力，全方位地强化他们的职业准备。

为了实现这一目标，高等教育机构的导师与实习学校的教育者应在真实的教学环境中共同指导师范生。每个师范生都有其独特之处，因此需要根据其特质制订个性化的培训计划并因材施教。综合指导方式能创新高等师范教育的传统培养模式，为师范生解答实际的教育困惑，全面提升师范生的能力，为基础教育培育更多高素质的教育者。

（二）提高实习学校教学质量的需要

由于高等师范学院的教育教学往往与中小学的实际需求不完全吻合，师范生在教学目标明确性、教材布局、教材中的核心与难点以及对学生身心发展的认知上可能存在短板，这直接关系实习学校教学的效果。为了确保师范生能迅速融入教师角色，了解并适应实习学校的具体教学情况，基地指导教师的引入显得尤为关键，他们能协助师范生更好地掌握教材结构和学生的特色，避免师范生在教学中走入误区。

师范生与高等师范学院的导师能够产生创新的教育思想和教学策略，为教育教学带来活力和变革。

（三）提高师范生实践能力的需要

实践能力是师范生成为合格教师的关键，它涉及教育活动的设计、实施和评价。在真实的教学场景中，教师需要根据学生的特点和需求，灵活运用教育理念和策略，实现教育目标。这种能力不是纯粹依赖理论知识就能培养的，它需要在实践中不断摸索和完善。通过双导师制，师范生可以得到更为系统和综合的指导，确保在实习期间不是简单地复制理论知识，而是真正地进行实践、思考和创新。与经验丰富的实践导师紧密合作，也使师范生能够更快地适应教学环境，培养出实践能力和应对复杂教学情境的能力。

四、师范生双导师制的实施步骤

（一）遴选导师

校内导师主要由导师领导小组进行筛选，要重视候选人的专业理论积累和实践能力，确保这些导师持有硕士或更高的学位，或已获得副教授的职称。他们应熟知项目的培养目标，了解全科的实际培训任务、培训计划，以及各个培训环节的相互联系，并且具有协助师范生学习专业理论的能力。与此相对，校外导师的筛选则由实践基地主任负责，同时结合导师领导小组的建议进行考虑，优先选择那些具备丰富实践经验、责任感强，并愿意深入参与师范生培训的优秀教师。为保障合作顺畅，高等教育机构应与实习基地学校签署合作协议，明确各方的权益和职责。而导师助理一职主要是由那些参与项目的研究生来担任。

（二）建立导师队伍

在导师领导小组的统筹下，对于已经选拔的导师和导师助理，要提供必要的培训，使他们对项目的培养目标和方式有深入的了解，并确保他们对该项目有强烈的认同感。培训的目的是培养团队之间的统一意识，形成一个稳定、团结且高效的项目团队。

（三）明确职责义务

对于校内导师、校外导师和导师助理，职责的明确与交流至关重要，这确保了在双导师模式下，所有参与者都清楚自己的角色，并在培训过程中努力提升自己的能力。

校内导师在早期阶段的主要职责是对师范生进行专业理论指导，他们要引导师范生理解教师的职业本质，帮助师范生加深对教学实践能力培养模式的认知，增强对项目培养目标的理解。随着师范生专业学习的深入，校内导师会进一步指导师范生明确各学科间的联系，监督师范生的校内实习进度，并确保师范生能够将所学的理论与实践结合起来。在导师指导的后期，他们还会对师范生的毕业论文选题进行指导，并在师范生的撰写过程中提供必要的建议和支持。

而校外导师则更加关注师范生的实际操作技能，他们需要清楚师范生每个学期的实习任务，并在师范生实习期间提供实践计划。针对每个师范生的独特性，校外导师会进行细致的指导，目的是提高师范生的教学实践能力，培育他们的专业精神和职业道德。

(四) 分配导师

在全科专业新生入学前，导师领导小组将基于师范生的综合资料和班级的规模进行导师的分配，每个班级都将配备一名校内导师和一名导师助理。通常情况下，这些导师和导师助理会伴随师范生四年，这样可以与师范生建立深厚的联系与信任，使得导师更加全方位地了解师范生，为他们提供针对性的指导。至于校外导师，其分配是在师范生实习前由导师领导小组与实习基地学校进行沟通确定，并由导师及导师助理确保交接工作顺畅。

(五) 组织指导师范生

1. 两个依托

(1) 成立学习共同体

一旦师范生被分到班级，导师及导师助理会依据观察到的情况交流，并决定形成一个学习共同体。共同体通常由 6 名师范生组成，确保成员间的差异性，如学业能力、性格、性别以及宿舍的不同，这种多样性有助于充分发挥共同体的效益，激发师范生间的交流和共同进步。应鼓励共同体设立自己的交流平台，并为其命名，如"雪域藏星组"或"曙光小组"。在校内的实训中，各种活动如普通话点评、粉笔字展示、说课竞赛、朗诵比赛以及英语话剧比赛等都是以学习共同体为单位进行的。同样，校外的实习导师分配、学习交流和总结反思也采取这种模式。共同体模式为师范生创造了互相学习的机会，增强了他们之间的合作和协助能力。

(2) 建立网络沟通平台

项目培训深入融合现代技术手段，班级学生创建班级 QQ 和微信交流群，搭建随时交流探讨的平台。这种交流方式对项目的实施起到了关键作用，例如，校内实训中师范生可每天在微信群内分享粉笔字板书的照片，并通过语音练习普通话后进行交流。在校外实习中，师范生可每日分享他们的感受，并对所观察到的内容或遇到的问题在微信群中进行讨论。

2. 两大板块

(1) 校内实训内容及过程

校内实训的核心是加强师范生的基本技能，并通过深入研究教育和教学理论以及学科专业知识，丰富师范生的实践性知识。在校内实训期间，每日都为师范生设定具体的实践任务，导师和导师助理进行评价，同时也鼓励团队之间进行相互评价。

(2) 校外实训内容及过程

从大一的下半学期开始，全科师范生每学期都会进行为期一周的校外观摩活动。这个实践过程分为几个阶段：第一学期，焦点放在教育概况上，如学校的组织结构、教师团队和办学条件；第二学期，重点关注班主任的任务，如组织晨会、班会和家长会，并与家长沟通；第三和第四学期，任务转向教学，师范生融入真实的课堂环境中；第五六学期，学习学校的管理，如教学管理、行政管理及学生管理。大四上学期，师范生将参与由学校安排的实习活动。在这个过程中，导师和导师助理将带领师范生走进实践基地，师范生应严格遵循实践要求，与学校老师一同工作，并按照校外导师的指示完成任务，针对自己的缺点及时进行调整。

（六）定期交流讨论

在项目执行期间，项目负责人定期组织导师团队和导师助理每两周进行一次"碰头会"。在会议中，所有参与者都针对最近出现的问题和成果进行深入的交流，进一步讨论如何改进和确定下一步的行动计划，确保项目在一个有序且效果良好的状态下运行。

五、双导师制培养模式的完善

（一）双导师制构建的原则

1. 全面性原则

全面性原则强调在制定和实施双导师制时应确保涵盖所有相关的教学、研究和实践方面，导师不仅要关注师范生的学术成长，还要关心他们在实践、心理和社交层面的发展。此原则能够确保师范生在学术研究和教学实践中获得均衡和全方位的指导，为他们在未来的教育事业中取得成功奠定坚实的基础。

全面性原则还强调双导师制应适应师范生的个体差异，因为每个师范生的学习需求、经验背景和未来目标都是独特的，所以在选择导师、设计培养计划或评估师范生进展时，都应综合考虑这些因素，确保教学方法和内容与师范生的真实需求相匹配，提高教学效果，使师范生能够充分利用他们在双导师制下获得的资源和机会。

2. 系统性原则

系统性原则在双导师制的构建中起着核心的作用，这一原则要求双导师制要确保在教学、研究和实践中形成一个有机、连贯的整体。双导师之间应该有明确的角色定位和责任划分，确保能够协同工作，为师范生提供无缝的指导和支持。双导师制应从宏观到微观、从策略到实践各个层面进行整合，这种整合确保了教学活动、实践经验和研究机会之间的互动和互补，为师范生提供了一个丰富而均衡的学习环境。双导师制在系统性原则的指导下，也需要定期进行反思和调整，确保其始终能够满足师范生不断变化的教学和实践需求，进而达到提高其教学实践能力的目标。

3. 可操作性原则

可操作性原则主张双导师制应具备明确、切实可行的执行策略和步骤，即为师范生设计的双导师制模式应当简明易行，既方便教育管理者执行，又易于师范生理解和遵循。每一个步骤和每一个环节都应具有清晰的指导意义，避免模糊地带的出现，使得整个制度的执行更加流畅。

可操作性原则还强调资源的合理分配与利用。在实施双导师制时，要确保双方导师均能获得必要的资源和支持，以更好地履行他们的指导职责。例如，提供充足的培训机会、合适的研究环境和必要的实践平台。此外，还要为师范生创造条件，确保他们能够在这一模式下顺利地获得理论知识和实践经验，提升教学实践能力。

（二）双导师制培养模式的完善对策

1. 明确培养目标，增强项目认同感

明确的培养目标是任何教育模式成功的关键，对于双导师制，确立清晰、具体的培养目标有助于为导师和师范生提供明确的指导方向，确保所有参与者都对其期望持有共同的理解。当师范生清楚地知道他们在这一制度中的学术和职业目标时，他们的学习过程会变得更加有目的性。目标明确还有助于评估双导师制的效果和输出水平，使持续改进和完善成为可能。

项目的认同感对于双导师制的成功至关重要，当所有参与者，无论是导师还是师范生，都对该制度持有深厚的信任和认同时，其推进会更为顺畅。要想增强认同感，必须确保制度的设计与执行都是在公正、透明且富有吸引力的环境中进行的。

2. 增加实践比重，完善实施过程

（1）开展"入学教育周"，从头抓起

通过交流我们发现，很多大一新生对于专业项目的认知较为模糊，且感觉大一相对轻松，但当进入大二、大三，任务和压力骤然增加，使得一些已经适应了大一轻松生活的师范生感到不适应。为了避免这种不适应感觉的出现，新生入学的初期，特别是前两周，学校可以开展"入学教育周"活动。在这一周内，学校可以邀请校内、校外导师给新生开设相关的讲座，高年级的同学也可以与新生分享经验，进行交流。这样，新生可以对未来四年的学习内容和要求有明确、全面的认知，从而为后续的学习打下坚实基础。

在完成"入学教育周"的活动之后，学校应当及时安排实际的学习任务和实践活动，确保一开始就严格要求，促使新生迅速进入状态，使他们在整个大学四年里，获得全面而实质的学习和成长。

（2）严格进出管理，注重培养细节

为确保培养出的师范生达到优良的水平，需要对校内实训和校外实训的主要内容进行有条不紊的规划，还需对校内实训的各个环节进行细致的部署，包括具体实施流程、注意的事宜，以及相关活动的设计与推进。在执行各个步骤时，强化学生管理是关键，只有如此，方可确保整体活动的高效进行。

为了提高校外实训的效果，在师范生实际外出见习前，校内导师应对其进行系统培训，明确各项任务要求，指导师范生在实践中关注细节、观察方法。可以邀请校外导师根据实际见习内容为师范生解答疑惑，引导师范生带着具体问题和目标去见习。在见习期间，师范生应加强观察、总结，并积极与导师交流。完成见习后，可再次邀请之前的校外导师对师范生的见习表现进行评价，确保每一个环节都没有遗漏，使师范生的学习更为全面。

在校外实训中，除了告知师范生具体的观察内容，更要传授给他们一套观察的方法和技巧，对于日常教学中不容易觉察到的细节和内容，导师应以身作则，保持自己的专业态度和教育热情。师范生在与导师互动时，能从他们身上学到知识和技能，并受到他们正面的价值观和教育理念的深刻影响。

（3）增强双导师的责任意识和指导能力

双导师制旨在为师范生提供更为全面和深入的指导，确保他们在学术和实践领域都得到充分的支持，因此，双导师的责任意识和指导能力成为这一模式成功与否的关键因素。首要任务是加强双导师的责任意识，每位导师都应认识到自己对师范生的学术发展和实践能力培养承担着重要职责。导师应具备高度的敬业精神和投入度，确保每一个师范生都得到应有的关注与指导，确保教学质量和学生满意度。

不同于传统的单一导师制，双导师制要求导师具备更加全面的知识体系和实践经验。高等教育机构应该为导师提供持续的专业发展和培训机会，确保他们能够跟上学科发展的脚步，为师范生提供最新、最准确的知识和技能。导师应掌握先进的教学方法和策略，能够针对师范生的不同需求，制定出切实有效的指导方案。师范生在双导师的指导下，能够更好地融合理论与实践，实现真正的知识和技能提升。

3. 建立基于导师发展共同体的沟通机制

(1) 建立一个持续性的沟通交流机制

导师在培训中有两种显著的成长机会：一是在指导师范生时，随着师范生的进步，导师也不断地反思与提高；二是导师之间互动时，无论是校内导师之间的交流，还是校内与校外导师的交流，都为导师的专业发展带来了新的视角与启示。为了更系统地促进这些有益的交流，建立持续性的沟通与交流机制变得尤为重要。对于这种交流机制，明确会议的时间和地点是关键，如每周特定的时间在固定的场所组织会议，并确保所有相关的导师和助理导师都能参与，有经验的专家进行引导。

这种会议确保了项目的持续进行，提供了一个共同讨论与反思的平台，当校内和校外导师为同一批次的师范生提供指导时，他们可以形成稳定的工作伙伴关系。通过定期的沟通与交流，双导师可以分享他们对师范生的见解和建议，共同制定针对师范生的培养策略，并明确师范生培养的关键点、具体内容和阶段进度，该协同工作方式将极大地提高师范生的培养效果和质量。值得注意的是，导师助理在这个过程中也起到了重要的作用，由于他们与师范生有更多的日常接触，他们对师范生的状况和需求有着深入的了解，可以在会议中分享这些观察，为制定教学策略提供宝贵的建议。通过该机制，导师助理可以明确自己的工作方向和方法，更有效地支持和协助师范生。

(2) 提倡沟通方式多样化

随着信息科技的飞速发展，现代社会已经步入了数字化时代，导师间以及师范生与导师间的交流策略也应当紧跟时代步伐，不断创新与适应。例如，可以利用各种网络沟通工具，例如微信群、QQ群等，使得导师之间可以实现实时、高效的信息交流。虽然面对面的沟通有其不可替代的优势，但考虑到导师工作繁忙，线上通信变得尤为重要。师范生与导师都应充分利用现代通信技术的便利，如电话、在线聊天或视频通话等，这些方式能为他们提供高效且便捷的沟通渠道，确保信息畅通无阻。

4. 采取双导师激励政策

激励作为一种深植于人心的驱动方式，体现了个体的追求、愿景、动力以及各种内在期望，它能挖掘人的内在潜力，增强工作热情并刺激创新意识。在双导师的模式下，运用恰当的激励策略能激发各方的热情，使培养模式的执行更为高效。多元化的奖励策略如增加薪资、发放奖金、颁发荣誉称号、晋升职位以及提供进修机会等都能有效地达到这一目的。

对于不同的群体，应当根据他们的具体需求和期望进行差异化的奖励。例如，拥有丰富教学背景的中年导师通常追求的是同行与领导的认可，他们更看重的可能是职称晋升或职位上升的机会；资历更为深厚的老年导师可能更关心荣誉和健康保障。而对于师范生，颁发荣誉证书并在奖学金评选时加分等措施，能够有效地激发他们的积极性。

具体到实际操作，每个学期可以选出一至两名表现出色的导师和导师助理，并根据他们的实际需求提供物质或精神的奖励。无疑，这样的奖励策略会促使双导师工作更有激情、更具活力。对于那些表现不佳的导师和导师助理，可以考虑予以替换，确保培养模式始终保持高效和活跃。

5. 完善评价体系

高师院校应建立一个定性和定量评价相结合的评估体系，体系需重视"教书育人"的核心理念。可以设计专门的问卷，深入探究双导师与师范生之间的师生关系，包括他们的交流频次，交流模式，指导主题，指导的实际效益、质量，师范生当前的教学实践能力以及师范生对此的满意度，从而进行深入的定性评估。基于双导师指导下师范生的各类表现数据，如课程通过率、出席情况、违规行为、考试不正当行为、团队活动参与程度、实训奖励和科研成果等，可以进行精准的定量评估。

这种混合式的评估方式确保了评估的全面性和准确性，也为高师院校提供了关于双导师工作效果的明确和具体的反馈，有利于管理团队能够针对性地进行优化和调整，确保双导师制度的持续和有效实施。

6. 对师范生采取分层次、多样化的评价

评估师范生的表现需要一个综合性、分层次的多角度评价机制。对于理论课程，考核方式可以变得更为丰富多彩，除了常规的闭卷考试外，某些课程或专业技能可引入考核。例如，组织一个活动并以小组为单位来评价，在给定的时间内，小组成员共同努力准备，而当时间到时，随机选择一个成员代表整个小组参与评估。再者，根据不同的课程特性，评价可以更加新颖，对于一些高度实践性的课程，考核内容可以直接从教学现场提取，将实际问题提供给师范生进行解答。个人面试、学习报告或其他组织的活动也都是评估师范生的有益方法。

值得注意的是，评价除了关注最终的结果外，师范生的学习过程同样重要，过程性评价能为导师提供更多关于师范生学习方法和策略的信息，有助于了解其长期发展水平。在对师范生的终极评价中，校内导师、校外导师及导师助理都应具备评价的权利，保证评价的全面性和客观性。

7. 充分发挥互联网的作用

科技进步已逐渐渗透到教育领域，尤其是互联网的兴起，它重塑了教育的规模和教学策略，当代高等教育机构已深度融合互联网来培育人才。现如今，各教学班级都运用互联网平台来加强沟通和讨论。例如，在实习时段，师范生可以通过这些平台分享他们每日在实习基地的所见所得；当遇到问题时，可以在线上与同学探寻解决之道。事实上，互联网对师范生的学习体验持续产生影响，并值得进一步加以推广。然而，互联网是一把双刃剑，它既可以加速有益信息的传播，又可能导致师范生接触到不实的网络信息，受到误导。因此，使用互联网时应具备辨识能力，确保网络环境中传递的是正面、积极的学习信息。

第二节　顶岗实习拓展师范生的实践能力

一、顶岗实习概述

（一）顶岗实习的内涵

顶岗实习为高年级学生提供了一种特殊的实践教学模式，让他们深入与专业相关的部门、单位或实际操作现场进行专业实习，该教学方式是非基础教育学校实习教学中的核心环节，它倡导将所学的理论知识应用到实际场景中，并着重通过实践来培养学生。

在实习期间，学生往往像正式的员工那样直接参与到特定职位的生产或服务流程中，他们需要整合所学的专业知识和技能，去完成具体的生产或服务任务。这样，学生能对所学有更深入的体验和了解，掌握相关的专业操作技巧，培养管理能力，并形成适当的职业技能和职业素养。实际上，当这段实习结束后，学生在多个方面，如专业理论、技能和职业素质上，基本能达到一个正式员工的标准。顶岗实习的特色在于其对学生的全面挑战，让他们承担实习岗位的全部职责，面对各种实际问题，这无疑对他们的能力有着深远的锻炼作用。

对于师范类院校，这一实习模式则具有其特定的定义，顶岗实习是师范生被安排到基础教育学校，如中小学，进行一段时间的教育教学实习，这是对他们教育知识和技能的检验，更是培养他们教育实践能力和教师综合素质的关键环节。

（二）顶岗实习的特点

顶岗实习主要有五大特点，如图5-1所示。

特点
01 较强的临床性
02 明显的职业性
03 独特的教学性
04 强调协作性
05 强调创新性

图 5-1 顶岗实习的特点

1. 较强的临床性

顶岗实习，作为专业教育的核心部分，可以被视为一种"临床性"的教学体验。词汇"临床"起初用于医学领域，意指医生直接与病患交互，诊断和治疗各种疾病。这种直接接触使医生获得宝贵的诊断和治疗经验。目前，"临床"的定义已经拓展，包括获取基础理论、知识、技能和经验的整体过程。

顶岗实习作为专业教育的尾声，被赋予了一种"现场性"的特质，它让学生有机会在真实的工作环境中运用他们的专业知识和技能，从而获得宝贵的实际工作经验。特别是对于师范生来说，这种实习为他们提供了一个宝贵的机会，使他们能够将书本知识与实际教育经验相结合。它还能使师范生累积许多课堂之外的实践经验，增强他们对不可预测教育情境的反应能力，打破单纯的课堂教学所带来的局限性。作为实习期间的教育工作者，师范生将与实习学校的师生紧密互动，所以，顶岗实习对师范生的专业知识和技能提出了要求，这有助于激发他们的创造性和主观能动性，为他们未来的教育职业打下坚实的基础。

2. 明显的职业性

顶岗实习的另一个显著特点是其具有职业化属性，学生在此期间需要以一个正式员工的角色来体验各种工作任务，这意味着实习单位将根据特定的职业特点和岗位职责来对学生进行指导和管理，而学生则需要在这些框架内开展他们的实习。自然地，实习生应当享有与正式员工相似的待遇和权利，当实习结束时，他们应当具备或基本具备该职业所需的基本特质和能力，以确保他们能够胜任并承担相应的工作职责。

3. 独特的教学性

这种实习形式的独特性在于，虽然实习生扮演了正式或准员工的角色，但他们的身份仍然是学生，他们在实习过程中仍然需要来自培养单位和实习单位的教师、管理者等的指导和帮助。所有与顶岗实习相关的工作都应当严格遵循教育教学的法则，并必须符合教学管理的标准和准则。

4. 强调协作性

顶岗实习作为专业教育的关键环节，它的成功取决于多方的合作努力，包括培养学校、地方政府的教育部门、实习学校、学生以及其家长。这一实践过程必须基于完善的教学管理体系和合作机制，否则其结果将无法衡量，会变成一种随意且无序的行为。只有当地方政府、实习学校和学生充分认识到顶岗实习的价值，积极参与和支持，顶岗实习的目标才能实现。同时，多方的共同合作和努力也是实现共赢的关键。

5. 强调创新性

人才培养绝非一成不变的，因此专业实践教学可以具有多种形式。各学校可以根据自己的特点和需要选择不同的实践形式，还可以在教育实习或专业实习中勇于探索和创新，寻求独特的人才培养方法。顶岗实习，作为实践教学的一种形式，其形态不应当被固定，学校应根据自己的实际状况积极地寻找并尝试新的方法，使顶岗实习真正成为达到人才培养目标的有效方式。

（三）师范生顶岗实习的目标

1. 为人师表，涵养师德

师德既是教师职业道德的体现，又是教育事业成功的关键因素。在实习的过程中，师范生面对真实的学生，接触不同的教育情境，这为他们提供了宝贵的机会去理解和体验师德的重要性。当师范生站在讲台上，他们不仅仅是在传授知识，更是在无声地教导学生如何做人、如何对待他人和世界。良好的师德意味着教师具备高尚的人格、无私奉献的精神和对教育事业的热爱，这种尊重学生、关心学生的态度，是培养学生健全人格的基石。在顶岗实习过程中，师范生需要不断自我反思，摒弃任何不利于学生成长的思想和行为，努力提升自己的职业素养。

言传不如身教，教师的行为和言论，无疑会对学生产生深远的影响。师范生在顶岗实习期间，应当意识到自己是学生的榜样，自己每一个举动，都可能成为学生模仿和学习的对象。正因为如此，师范生在实习过程中必须确保自己的行为和言辞都能正面影响学生。对教育工作的真诚和热情，也是良好师德的核心部分。一个真正热爱教育、关心学生的教师，自然能够给予学生更多的关心和帮助，在学生心中留下深刻的印象。

2. 全面提高从教技能

站在教育第一线，教师需要掌握并运用多种教育方法和策略，确保教育内容的有效传递和学生的全面发展。顶岗实习为师范生提供了一个珍贵的实践平台，让他们可以直接与学生互动，亲身体验教学的全过程。在这一过程中，师范生有机会运用所学的教育理论，也能够在实践中发现和完善自己的不足，逐渐提高自己的教学技能。

教育工作还涉及与学生的心理交往、课堂管理、与家长和其他教职员工的沟通等多方面的技能。顶岗实习期间，师范生需要深入体验这些工作，了解各种技能在实际工作中的应用和重要性。经过这样的实践锻炼，师范生可以更加全面地掌握教学技能，为未来的教育工作打下坚实的基础。

3. 实现向"合格教师"的转变

顶岗实习的一个核心目的是协助师范生从学术环境转向真实的教育环境，从而完成从学生到"合格教师"的角色转变。这种转变包括学术、心态、技能和教育哲学等多方面的全面成长。在校园中，师范生主要关注理论知识的学习和研究，而顶岗实习为他们提供了一个与学生直接互动、运用所学知识的宝贵机会，这种实践经验能够帮助师范生理解教育理论与现实之间的联系，增强他们的教育信心和教学技巧，从而成为一名"合格教师"。

4. 提高教育教学管理能力

作为未来的教育者，师范生需要了解如何在真实的教育环境中管理学生、完成教学任务，这是顶岗实习的关键所在。在顶岗实习中，师范生有机会亲身参与到教育管理的全过程中，从学生的日常管理到课堂的组织与控制，再到与家长和同事的沟通与协作，这都是他们需要掌握的重要技能。师范生需要综合运用所学的教育理论和管理技巧，进行实际操作和实践。通过这种亲身体验，他们可以更深入地理解教育管理的本质，更有信心地在未来的教育工作中发挥自己的能力。

5. 提高教研能力

师范生应积极参与教研，并掌握其中的核心方法，不断反思和总结，并将日常的感性经验转化为教育和教学的宝贵理念。师范生应当积极发挥自己所学，投身于各类教研项目中，从而更好地为教育事业做出贡献。

二、提升师范生实践能力的对策

（一）协调组织，统一部署

为确保顶岗实习的效果，各相关部门需进行统一部署。协调组织意味着学校、实习单位、师范生和其他相关组织需达成共识,确保每一个环节都能够为师范生提供最佳的学习和实践机会。

(二)加强交流,提升合作水平

加强交流并不是单方面的任务,而是需要多方的共同努力。学校和实习单位应鼓励师范生与其指导教师、同事和学生进行建设性的互动。这些交流互动可以是定期的反馈会议、工作坊或小组讨论,旨在分享经验、解决问题和探索更好的教学方法。实习单位也应提供相关的培训和资源,帮助师范生提高与他人交流的技巧,如倾听、提问、表达和解决冲突等。通过这些建设性的互动,师范生可以了解自己在实习中的表现,还可以得到其他人的支持和建议,更好地完成实习任务。

实际上,加强交流和提升合作水平的目的是确保师范生在实习中得到全面发展。学校、培训机构和实习单位都有自己的资源和优势,它们应该综合利用这些资源,为师范生提供一个多元化、开放性和互动性的学习环境。例如,学校可以提供理论知识和教育方法的培训,培训机构可以提供沟通和合作的技能培训,而实习单位可以提供实际的教学环境和案例。通过这些资源的综合利用,师范生可以掌握教育的理论和方法,提高自己的交流和合作能力,为未来的教育事业打下坚实的基础。

(三)强化培训,政策激励

1. 强化培训:构建系统化的学习路径

在顶岗实习期间,师范生所面对的教学环境与学术环境有很大的差异,为了使师范生能够更快地适应这种环境,有效地发挥潜能,强化培训显得尤为重要。构建一个系统化的学习路径,涵盖基础教育理论和实际教学技巧的各个方面,可以为师范生提供一个明确和连贯的学习方向。培训应当结合师范生的实际需求和实习单位的具体情境,确保其内容既有深度又有广度。

2. 政策激励:为师范生提供积极的支持与保障

政策在推动顶岗实习的过程中起到了关键的作用。为了更好地支持师范生实习,应当注重为他们提供各种形式的激励。这些激励可以是物质的,如奖学金、津贴或其他补助,也可以是精神的,如提供更多的学习和发展机会,给予公开的表彰和赞誉。无论是哪种形式的激励,其目的都是鼓励师范生更加积极地参与实习,更好地发挥能力和潜力。

3. 双向互动:实现培训与激励的有效结合

实习单位和学校应当共同努力,确保培训内容与政策激励相辅相成,互为补充。例如，培训中所学的知识和技能可以作为评价师范生实习表现的标准，而那些在实习中表现优异的师范生则可以得到相应的奖励。这种双向互动可以提高培训的效果，确保政策发挥出最大的作用，为师范生的全面发展提供有力的支持。

（四）认真总结，深入研究

1. 认真总结：汲取实践经验的精华

顶岗实习期间，师范生面对真实的教学环境，与学生互动、处理课堂问题、设计教学计划，这些都为其提供了宝贵的第一手经验。为了确保这些经验能够转化为长期的教育智慧，师范生需要系统地对实习经验进行认真的总结。这种总结是对过去的回顾，更是对经验的筛选和提炼，挖掘出其中的教育价值，使师范生在未来的教育生涯中能够更有针对性地应对各种教学挑战。

每次课后，师范生都应花时间回想课堂的每一个环节，找出成功的要点和需要改进的地方，此方法可以帮助师范生更好地理解自己的教学风格，明确自己在教育过程中的优势和不足，做到有的放矢，提升自我。

2. 深入研究：构建个人的教育理论

实习的经验为师范生提供了丰富的实践材料，但单纯的经验并不等同于知识，要将这些经验转化为可复制、可推广的教育策略，就需要师范生进行深入的研究。他们需要回顾自己的实践，将其与教育理论相结合，思考如何在理论与实践之间建立桥梁。

通过深入研究，师范生可以对自己的教育实践进行反思，思考其中的规律，构建更加稳固的教育基础，从而在面对未来的教育挑战时更加从容和自信。

3. 打造完整的教育成长路径

认真总结与深入研究是互为补充的两个方面，前者让师范生明确自己的经验和实践，后者则帮助他们构建自己的教育理论，只有将两者结合起来，师范生才能真正完成从实习生到教育者的转变，打造出一条完整的教育成长路径。

（五）突出特点，凝练特色

为了确保师范生能够有效地进行顶岗实习，学校在整个培训过程中都应采取注重特点的培训策略。在岗前，学校可利用虚拟教师教育实验室为师范生提供观摩教育教学和虚拟实验项目的机会。通过这种方式，师范生可以更好地理解教育工作的实际需求和挑战。学校还可以邀请教学系学科教学论教师、骨干教师、校内专家为师范生进行教学设计、试讲、说课等多方面的指导，确保他们能够掌握教育教学的关键技能和方法。通过强化过程管理，学校确保驻点指导教师有效地协调与学校、教育局等相关部门的合作,为师范生提供良好的实习条件。现场指导和双导师制的实施也能确保师范生在实习过程中得到有效的指导和支持。学校还应注重引导师范生反思和总结自己的实习经验,帮助他们理解自己的长处和不足,并为他们提供改进的建议。

为了保证顶岗实习工作的顺利进行,学校还可以采用一种创新的合作模式——轮派各专业学科教学论教师到联盟学校任教,这种模式可以为师范生提供高质量的实习机会,促进高校与一线学校之间深度合作。通过参与和指导教研教改,学校的教师能够了解一线学校的实际需求和挑战,为学校的教育实践指导提供宝贵的经验。这种深度合作也为一线学校带来了新的教育思想和方法,能帮助它们提高教育质量和效果。双赢的互动模式有助于提高师范生的实习效果,也有助于高校与一线学校之间建立长期稳定的合作关系。

第三节 信息化教学助推师范生能力培养

一、信息化教学概述

(一)信息化教学的基本认识

信息化教学涉及多种信息技术的综合运用,它的核心在于现代的教育理念、方法与学科知识,这是确保教师与学生同步成长的关键。信息化教学的目标不是将整个教学过程纳入技术的框架内,而是利用这些技术来改变传统的教师与学生的互动方式,促进教学质量的持续提升。在这种模式下,教学的关系不再是单向的从教师到学生的传递,而是双向的交互和协同。借助多媒体和其他工具,教师可以更有效地引发学生的兴趣,激发他们的主观能动性,提高学生的合作探索和问题解决能力,学生也能够使用各种信息技术资源来自主查找、交流和探索信息,为他们的学习提供更多的资源和机会。

实质上,教学本身既是信息化教学研究的中心,又是其重要组成部分,信息化教学主要是利用各种信息技术手段来达到其既定目标。对于教育者来讲,信息化教学要求他们在这个数字化的时代中,熟练地运用技术手段来设计和执行教学活动。社会进步的角度也反映出,信息化教学已经成为现代教育体系不可或缺的一部分,它不只是传统意义上的多媒体教学,它涵盖了教学的各个阶段和各个方面。

网络教学作为信息化教学的重要组成部分，得到了广大学者和实践者的关注，并且，将这种教学方式与教育改革融为一体的立体信息化教学模式，被视为我国教育现代化的关键路径。

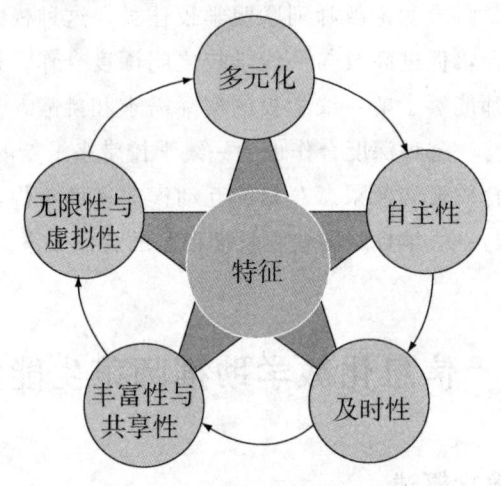

（二）信息化教学的特征

信息化教学的特征主要表现为以下几个方面，如图5-2所示。

图5-2 信息化教学的特征

1. 多元化

从多元智能的视角出发，每个学生都独具多重、不同的智能，这些智能的组合和分布在每个学生中都是有所不同的，例如，某些学生在音乐方面具有显著的优势，而其他学生可能在读写方面更为出色。因此，在评估学生达到课堂教学目标的过程中，我们不能单纯依赖一个固定的标准。考虑到学生各自的智能和发展，应当有多种评估方式，以英语口语为例，学生在学期初进行一次基本水平测试，到学期末再次进行，教师可以通过比较这两次测试来评估学生在口语上的进步，也可结合学生日常的表现来给予最终评价。

信息化教学也强调根据学生的学习基础、特点等多个方面来制订合适的学习目标，更为重要的是，这种方式鼓励学生积极地参与制订和讨论自己的学习目标。随着学习进程的深入，学生可以根据自己的具体学习情境适时地调整这些目标，完成一个学习段落后，一旦学生达到了他们设定的目标，他们就可以进入下一个学习阶段，逐步前进的方式可以不断激励学生在某一目标领域中实现最大的成长和进步。从这一点来看，信息化教学下的学生学习目标既是多元的，又是持续变化的，完全是为了满足学生不断变化的学习需求和特质而定制的。

2. 自主性

在信息化教学模式下,学生被视为学习和教学活动的中心,他们参与的方式以及其在教学活动中的实际表现,都对他们的学习效果产生了深远的影响。与此相反,在传统的教学模式中,教师常常是课堂的焦点,掌控并驱动整个教学过程,而学生往往是被动的知识接收者。但随着信息化时代的到来,这一教学模式发生了根本性的转变,在信息化教学环境中,学生得以自主选择他们感兴趣的学习内容,并能够独立地完成学习任务。教师的角色也转化为辅助和指导者,协助学生进行各种学习活动。该教学方法赋予了学生更大的学习自主权,使他们能够深度参与教学过程的设计,有助于提升学生的信息技术素养,增强他们的团队合作能力。

学生在信息化教学环境中采用的学习方法也更具自主性,与传统教学中单一的学习方式不同,现代学生可以选择多种渠道获取知识,他们不再单纯依赖教师和课本,而是可以利用电子资源、数字平台等工具自主学习。值得注意的是,这种学习方式不受时间和地点的束缚,学生可以在任何时间、任何地方进行学习。学生还可以选择与不同地域、学校、专业和年龄段的其他学生共同学习,交互式的学习方式打破了仅在学校按学科或专业划分的固定小组中进行学习的局限性。

3. 及时性

传统教学模式下,学生学习成果的反馈和评价通常会出现延迟,信息化教学则提供了更为即时和精准的学习结果评估。依托信息技术,这种教学模式能够对学生的学习进行实时的评价。

从教师的角度来看,他们可以整理和分析收集到的学生学习数据,更深入地了解学生的学习状况,并及时为学生提供相应的评价和反馈。而对于学生来说,他们可以实时获知自己在学习中的短板和不足,并据此反思、调整学习策略,从而提高学习效率。

在评价机制上,信息化教学与传统教学的差异体现在两个核心方面:一方面,评价的焦点已经从纯粹的学习成果转向了包括其他教学环节在内的更为综合的评价体系;另一方面,评价的参与者不再局限于教师,学生也加入了评价过程,他们可以对教师、同伴甚至自己进行评价。因此,信息化教学的评价方式更强调过程性,采用了多样化的评价手段,如自我评价、团队评价等。学生在课堂中的参与度、课堂活跃度、课后作业的完成情况等,也都成为评价的重要依据,为进行更为全面合理的评价提供了坚实的基础。

4. 丰富性与共享性

在这个时代,教学资源已经超越了物理的限制,呈现出无与伦比的多样性。

互联网，作为这个时代的重要载体，囊括了几乎无尽的信息和知识，教师和学生可以轻松进入线上图书馆，通过简单的搜索获取大量所需的资料和信息。这种资源，不局限于数量，更是涵盖了各种形式和类型，如文字、多媒体、专业教学软件、精选数据库以及众多顶尖教育者的教学内容。

教学资源的多样化与丰富性为学习者创造了一个宝藏般的学术环境，每一个教学元素都是经过深思熟虑和精心设计的，旨在为学生提供最好的学习体验。但丰富性并不足以描述信息化教学的魅力，它的共享性同样令人震撼，在这个开放的平台上，每一个人都可以是知识的贡献者，也可以是受益者，教师与学生之间的界限变得越来越模糊，他们都能够在这个网络空间中分享和获取知识。

借助于互联网的力量，教学资源得以广泛传播和分享，让更多的人能够接触到优质的教育资源，信息的自由流通确保了知识的公平和普及，打破了地域、时间和空间的限制。与传统的教学相比，信息化教学的优势显而易见，它为每一个渴望学习的人开辟了一个无限广阔的知识海洋。

5. 无限性与虚拟性

信息技术，如网络技术、计算机技术和通信技术，为教育领域开启了新的纪元，它们扩展了教育的范围，使教师和学生可以在虚拟的世界中传达、互动和分享教学信息。这样的教学环境使得学习活动不再受到实体界限的限制，为学生提供了更大的自由度，学生可以选择在家、计算机实验室或图书馆中学习，而教师则可以使用网络工具来组织和指导学生的学习进程。

信息化教学方式的兴起导致了诸如虚拟教室、虚拟图书馆和虚拟阅览室等新型学习环境的出现，它们充分展示了信息化教学中无限和虚拟的特点。这种学习环境不受时间、地理、年龄或文化背景的制约，使学习变得更加便捷和多元。更重要的是，这种数字化的学习模式为全人类的教育乃至终身学习的普及和持续发展提供了坚实的技术支撑。

（三）信息化教学的模式

1. 整合的信息化教学模式

整合信息化教学模式基于学科教学发展而来，主要包括两个核心方面：一是信息技术与课程内容的结合；二是多样化的学习组织形态的融合。

第一，将信息技术与课程内容相结合。这种整合的明显特点是网络化的课堂环境，例如，教师与学生可以共同利用课堂所学知识来创建合作性的网络空间。合作网络实质是特定的文件类型，由学生在线沟通与交流后共同创建。在一个指定的学习主题下，学生进行相关的探究，并据此创建一个网络站点，站点可以在学生之间共享，从而构建了真实的线上课堂环境。高级的网络课堂可能会应用多种技术工具，如基于计算机的在线学习社区知识论坛，学生可以围绕特定主题创建一个"共享知识库"，可以添加自己的见解和观点，或在综合各种意见后形成更为深入的见解和评论。另一种形式是小组讨论，这也是信息技术和课程结合的一个标志，基于教学内容，教师可以组织学生进行团队讨论。为了支持这种讨论，学生可以使用各种在线工具，如电子邮件、电子公告板、实时在线服务和聊天室等。各种在线工具为学生的交流和讨论提供了丰富的资源，也为他们的讨论提供了广泛的平台。

第二，多样化的学习组织形态的融合。在学习过程中，学生可以采用多种方式获取知识和技能，假设在课堂上，由于时间的限制，学生可能无法完全掌握某一项目的内容，此时，教师可为学生设置团队学习环节，确保学生有足够的机会理解并掌握项目内容。学校也是非常有益的学习场所，一方面，由于学校配备了大量的信息化设备，学生能够快速而方便地获取所需信息，另一方面，学校鼓励学生参与信息技术的应用和发展，例如，在校园网站的建设和维护过程中，学生可以投稿电子作品，这能够提高学生的参与度和信息技术能力、创造力，并有利于校园网的活跃和创新。

多样化学习组织方式的融合为学生提供了多样化的学习机会，使得学生的学习生活更加丰富和有趣，有效激发了学生的学习热情和主动性。通过接触和体验各种学习方式，学生能够深入了解不同学科的核心知识，利用各种信息工具进行知识和技能的综合应用。这种方式有助于提高学生解决问题的能力，进而促进其全方位的成长和发展。

2. 开放的信息化教学模式

整合的信息化教学模式大多集中于传统的学校与学科学习，而开放的信息化教学模式则倾向于鼓励学生自驱学习。开放的信息化教学模式意味着学生的学习行为超越了课堂、学科，甚至学校的边界。此模式可以被分解为个人学习和社会学习两大类别，而在实际的教学过程中，这两者是紧密相连的。

个人学习是开放的信息化教学模式中的标志性组织形态，其核心是学生基于自己的框架进行独立的学习探索。在这个数字化的时代，学生有机会利用计算机网络、多媒体技术等工具搜索和访问各种学习资料。不止如此，教育者、家长以及社区都变成了学生自主学习的支持力量，学生可以结合手头的资源、环境、学习策略、目标和教学指标来制定他们的学习路径。这一设计过程实际上也是学生的学习过程，因为他们在这期间不断地探索和寻找解决方案，从而为后续学习打下坚实的基础。教师在这个过程中应助力学生明晰学习的责任和边界，并协助他们构建合适的学习策略。个人学习的核心不只是对内容的吸收，更在于对自己学习过程的态度和反思，学生时刻调整学习策略，意识到新的问题,并增强探究能力。它还为学生提供了一个与其他同伴比较、竞争的平台,激发自主学习的潜力。

评估学生的自主设计学习过程也是一个核心议题,为了实现这一评估,可以考虑采用"目标外显"和"过程协商"两个关键指标。"目标外显"即学生在策划他们的学习路径之初,根据教师的反馈和自己的学习状态来确定实际和合适的学习目标,并为这些目标设置明确的完成时限。"过程协商"则关注教师与学生的互动,当教师深入了解学生的学习内容、方法和媒体使用后,他们提供有益的建议,确保学生能进行高效的自主学习。教师需实时地监控和评估学生的进度,并及时地与学生分享这些评估结果,以激励学生根据这些建议优化他们的学习策略,寻求更高效的学习方法。

关于社会学习,该模式高度重视各种交互形式,尤其是教师与学生之间、学生与学生之间的交互。从上文中,我们可以清楚地看到,尽管学生有能力独立规划自己的学习,教师在这个过程中仍然是不可或缺的。信息化教学鼓励学生发展自主设计的技巧,但由于学生的经验相对有限,他们可能并不总是具有对自己的清晰认知,也可能不总是出色的自主学习者,对于自律性较差的学生,他们在策划学习内容和选择学习资源时可能会遭遇难题,这时,教师需要积极地介入,提供指导。

开放的信息化教学模式呈现了一系列的特质:它是由意图推动的,强调设计文化,突出学习的个性化,展现学习的开放性,并在设计上强调合作性。这些明确的特征使开放的信息化教学模式在信息化时代得到广泛的认可和采纳。

二、师范生信息化教学的影响因素

(一) 师范生个体层面

1. 师范生个体信息化观念与信息化态度

信息化观念涉及师范生对教育技术在教学中应用的看法和理解,如果一个师范生坚信信息化手段可以有效提升教学效果、增强参与度,那么他或她更有可能在未来的教学实践中应用这些技术。相反,如果一个师范生对信息化手段持怀疑态度,觉得传统方法更为有效,那么他或她可能会犹豫是否将这些新技术融入教学之中。

与信息化观念紧密相连的是信息化态度,它更多地涉及师范生的情感和情绪。一个对信息化持积极态度的师范生可能会更加乐观地面对与技术相关的挑战,更愿意探索和尝试,他们通常更容易适应新技术的变化,对于使用新工具和平台有更高的接受度。而对信息化持消极态度的师范生可能会对技术产生抵触,觉得它增加了工作负担或对传统教学产生干扰。

2. 师范生的信息技术需求

深入理解师范生的信息技术需求是关键,因为这些需求直接影响他们如何、何时以及为何使用技术来增强教学效果。师范生的信息技术需求可以从多个方面来探讨:

第一,技术工具的掌握。对于师范生来说,拥有基础的技术工具使用能力是基本的,包括计算机操作、教育软件的使用、在线资源的获取和利用等能力。这些基础能力能够帮助他们有效地处理日常教育任务,还为深入探索更高级的技术应用奠定了基础。

第二,教学策略的融合。师范生需要将技术与现代教学策略相结合。例如,他们想知道如何使用技术来实现项目制学习、合作学习或翻转课堂等。

第三,内容呈现和交互。信息技术为师范生提供了丰富的手段来展示教学内容,例如多媒体、虚拟现实或增强现实。此外,技术也可以增强与学生之间的交互,如在线问答、实时反馈等。

第四,持续的专业发展。师范生可能需要技术来支持他们的持续学习,包括访问在线课程、与其他教育工作者在线合作或利用在线资源进行研究。

第五,评估和反馈。通过技术,师范生可以更有效地评估学生的学习成果,如使用在线测验或学生学习管理系统来跟踪学生的进度。技术还可以帮助他们更快速、更系统地提供反馈。

为了满足这些需求,师范教育机构应提供相关的培训和支持,理解师范生的信息技术需求并对其给予有效的响应,确保他们在将来的职业生涯中能够充分利用技术,更好地服务学生和社区。

3. 师范生自身的职业发展需求

师范生的职业发展需求可以分为两个主要的维度:技能研磨与知识拓展。技能研磨主要关注实际的教育实践,如课程设计、教学方法的运用以及与学生的互动。而知识拓展则更多地关注对教育理论、策略和创新的探索与理解。

对于技能研磨而言,师范生追求能够有效地传授知识、管理课堂以及与学生建立积极的互动,他们希望在教学实践中,可以灵活地应用各种教育工具和策略,以满足不同学生的需求,这需要他们不断地进行实践,接受反馈,然后根据反馈进行调整。为了实现这一目标,师范生可能会参与各种教育培训和研讨会,以获取新的教学策略和教学工具。

在知识拓展方面,师范生渴望对教育的深层次理论和策略有更深入的了解,他们想要探索如何将现代技术与教育理论相结合,以及如何在不同的教育环境中实施创新策略。随着教育领域的不断进步,师范生也需要了解最新的研究成果,以确保他们的教学方法和策略与时俱进。为了满足这些知识需求,师范生可能会选择进一步的深造,如攻读硕士或博士,或参与各种专业发展活动。

(二)客观情境层面

1. 师范院校的软硬件建设是否能够提供支持

硬件建设是信息化教学的基石。优越的硬件环境,如现代化的计算机实验室、多功能的数字教室、高速的网络连接和丰富的教学设备,为师范生提供了必要的物质条件,使他们能够轻松地获取、处理和分享信息。硬件设备还可以支持各种交互式、模拟式或虚拟现实的教学应用,增强师范生的实践操作能力和教学设计能力。师范院校如果投入足够的资源,确保硬件设备的先进性和时效性,师范生就能在一个接近实际教育场景的环境中进行学习和实践。

软件建设则关乎教学内容的质量、丰富性和适应性。高质量的教育软件和在线资源不仅提供了丰富的知识内容,还结合了现代教育理念和技术,如互动、协作、探索等,为师范生创造了真实、有深度的学习体验。更重要的是,软件建设需要与教育目标、课程设置和教学方法紧密结合,确保信息技术与教育实践相融合,帮助师范生培养出真正适应现代教育的技能和素养。只有师范院校认识到软件建设的重要性,并愿意持续投入和更新,才能确保师范生在学习和实践中获得最佳的支持。

2. 师范院校领导是否重视

师范院校领导对信息化教学的重视程度,在很大程度上,决定了学校在这方面的投入、发展和成果。领导的态度和策略对于学校文化、资源配置以及教师和学生的行为都有深远的影响,领导层对信息化教学的积极态度,可以为整个学校营造一个鼓励创新、鼓励尝试、鼓励学习的环境,从而推动信息化教学的深度融合和发展。

在当今的教育环境中,信息技术的应用已经成为教育创新和质量提升的关键,如果师范院校的领导明确表示出对信息化教学的支持和鼓励,那么这将为学校带来一系列积极的变化。例如,领导的重视可能导致更多的资金和资源投入,用于更新硬件、购买高质量的教育软件和培训教师。这种重视也会鼓励教师积极参与信息化教学的研究和实践,分享他们的经验和成果,以及寻找合作的机会。相反,如果师范院校的领导不够重视信息化教学,那么即使学校有了先进的设备和软件,信息化教学也可能难以获得实质性的进展,教师可能会感到缺乏动力和支持而不愿意尝试新的教学方法和工具,学生也可能因为缺乏清晰的方向和目标而难以充分利用信息技术进行学习。更严重的是,这种缺乏重视可能导致学校在教育技术领域的滞后和竞争力下降。

3. 教师是否具备信息化教学的能力

信息技术为教育带来了前所未有的变革，因此教师的技术熟练度和应用能力在一定程度上代表了他们的教学质量和效果。师范生作为未来教育工作者的代表，接受高效、现代的信息化教学尤为关键，这直接影响到他们对教育技术的理解和应用。

教师的信息化教学能力不局限于对技术工具的运用，更深入地说，它包括技术与教育内容的结合、教学策略优化、增强学生参与度等多方面的理解和实践。如果教师能够熟练运用信息技术，那么他们将有更多的机会创造参与性强且富有创意的教学环境。这种教学环境对于师范生来说，能够帮助他们更加深入地理解和掌握知识，培养他们的批判性思维、创造性思维以及协作能力。

然而，如果教师缺乏必要的信息化教学能力，那么即使最先进的教育技术也无法发挥其应有的效用。在这种情况下，教育技术可能会被误用，成为干扰教学的障碍，而不是提高教学效果的工具。例如，如果教师不了解如何有效地运用数字资源，那么他们可能会浪费大量的时间在搜索和筛选资料上。此外，教师的技术不熟练还可能导致技术故障或操作错误，进一步影响教学的流畅性和效果。总的来说，教师的信息化教学能力在师范生教育中占据着举足轻重的地位，只有当教师真正理解并掌握如何将技术与教学相结合，才能够为师范生提供高质量的教育，帮助他们做好未来成为教育工作者的准备。

三、师范生信息化教学实践的原则

师范生信息化教学实践应遵循以下几个原则，如图 5-3 所示。

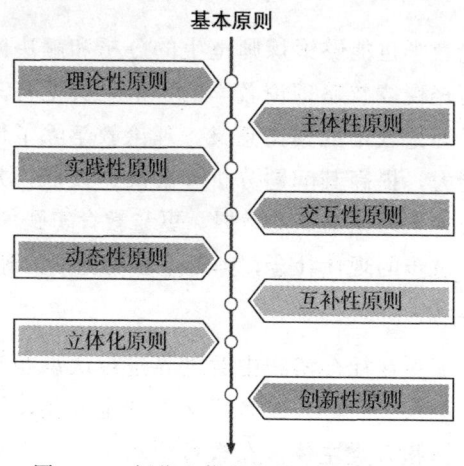

图 5-3 师范生信息化教学实践的原则

（一）理论性原则

理论知识指向与特定专业或行业紧密相关的职位所需的系统性、普遍性的知识，包括基本概念、相关的专业知识等。对于师范生来说，他们既需要掌握自身专业的知识，又需要深入了解教育学、心理学及教学方法等相关领域的理论，完备的理论教育对于师范生的成长和发展具有决定性的影响。

第一，加强理论教学可以显著提升师范生的专业水平和素质。具备系统、深入的理论知识是师范生转化为教育领域专家的基石，面对未来信息技术的飞速进步和教育观念的持续刷新，师范生将遭遇前所未有的挑战。现代社会对他们的期望更高，如果他们缺乏良好的专业背景和理论知识，可能限制他们个人的职业成长，还可能对整体教育领域的进步产生不利影响。因此，对师范生进行信息化教学时，应具备远见，避免只追求短期成果而忽视理论知识的核心价值。只有确保师范生在学校期间获得全面、深入的理论培训，他们才能更好地适应社会的需求。

第二，加强理论教学是确保师范生能够在教育实践中高效解决问题的关键。缺乏连贯、系统的理论知识会导致师范生在将来的教学中遇到种种挑战，如学生的学习效果不佳，产生厌学的情况等。面对教育中的各种问题，师范生需回归理论，从中寻求答案，进而形成自身独特的教学方法。以物理专业为例，教师在电路实验教学中需要足够的专业知识，而这些知识源于物理和电学的基础理论。若师范生对这些基础知识掌握不足，电路实验教学效果势必会受到影响。因此，理论与实践相互依存，两者之间的交互作用使教育变得复杂。只有当师范生深化自己的理论学习并明确其专业方向时，他们才能在实践中更有效地应对各种问题。

第三，强化理论教学也能够锻炼师范生的分析和解决问题的能力，若过分强调信息化教学，而轻视或忽略理论教学的价值，甚至将其看作信息化教学服务的手段，就歪曲了理论教学的真正意义。理论教学除了传授知识外，更能够锻炼师范生的思维能力，提高其问题分析和解决的技能，并进一步提高其学习能力。这种学习能力关乎理论知识的掌握，更与教育实践的学习能力紧密相关。因此，为了适应不断进步的现代社会，师范生需要更多的理论知识储备。

（二）主体性原则

主体，描述的是那些在社会实践中对世界进行认识和改革的个体，这种认识的行为可以出自一个人、一群人或者广义上的全人类，因此可以将主体划分为个人主体、群体主体和人类主体。在教育活动中，学生是核心的参与者，不论是作为个体还是集体，都在其中扮演主体角色。而教师的领导力在于引导和协助学生,特别是当学生期望达到更高的认知水平时,教师要发掘并加强学生的主体性和他们的积极主动性,更为出色地进行信息化教学,更为深入地理解主体性教育的核心价值,并有效地实现教育目标。

为确保教学效果,强化师范生的主体意识是基石,只有真正将学生置于教学的核心,重视他们的主体性,师范生才能在教学过程中担任真正的领导者。教育机构应当特别注重培育师范生的进取精神和创新能力,鼓励他们成为自主发展的领导者,对自我有深入的理解,主动地塑造个人形象,渴望成长,并有明确的发展方向,这也会成为他们持续学习的激情和动力。主体性教育要依赖学生的独立性和主动性,它旨在培养学生的自主学习和思考能力,促使他们在教育活动中更为主动,提升教学效果。在培训师范生时,强化他们的主体地位和自主意识,对于信息化教育的推进可以起到至关重要的作用,也成了高效教学的关键。

主体性原则还强调主体发展的内部机制,教育过程本质上是一个转换过程,即将外部信息转化为学生内部的知识和能力,这也可以被看作一个内化的过程。培养学生的主体性是教育的核心目标,而为了实现这个核心目标,需要投入巨大的努力和时间,了解学生的主体性及其发展机制为教育者提供了行动的基础和指导。主体性的进展不是固定不变的,它随着个体的生理和心理成长以及外部环境的变动而发生变化,以应试教育为例,学生可能更加关注考试成绩,而对于自身的主体性发挥关注较少,虽然外部环境确实对人的主体性有所影响,但这并不意味着学生应该被动地接受这些变化。在师范生的信息化教学中,要正确引导师范生,结合外部环境因素,有针对性地培养他们,使其根据自身的发展阶段,在最自然的状态下进步,这样才能真正实现教育的目标。

(三)实践性原则

实践性原则要求教育者为师范生提供足够的实践机会和环境,例如,可以组织师范生参与真实的教育项目,进行教学设计和实施,或者为他们提供模拟的教学环境,让他们在其中进行实验和尝试。通过参与实践活动,师范生可以不断反思、调整和完善自己的教学方法和策略,更好地适应信息化教育的需求。实践性原则也强调了教育者和师范生之间的互动和合作,在实践中,教育者是知识的传授者,更是师范生的合作伙伴和指导者,他们需要与师范生共同探索、解决问题,共同体验成功和失败,共同成长和进步。

(四)交互性原则

交互性原则是一种旨在培养学生理解教学内容的特定具体策略的一种原则。"交互"包括四个方面:

第一，教师和教材之间的交互作用。在教学的准备阶段，教师基于教材和其他教学资源进行筛选和整合，确保向学生呈现高质量和专业的教学内容，所有的教学设计，其核心都应紧密围绕教材内容。

第二，学生与教材之间的交互作用。教材是学生获取知识的主要途径，学生会根据自己的需求和兴趣，从不同的教材中选取、重组信息，使新的知识与现有知识产生连接。

第三，教师与学生之间的交互。在这一过程中，教师负责组织教学流程并提供指导，而学生则主动参与并反馈自己的学习体验和问题，寻求教师的帮助和答疑。

第四，学生与学生之间的交互。这样的互动鼓励学生们共同探索知识，讨论观点，相互鼓励和监督，以及合作完成任务。

（五）动态性原则

在信息化的背景下，知识更新的速度超出了传统教学方法的跟进能力，师范生的教学实践需要具备敏感性和适应性，以便迅速捕捉新的信息技术和教育策略，将其整合到教学中。例如，新的数字工具和应用的出现可能会改变学生的学习习惯和方法，教育者应灵活地调整教学策略，确保教学效果的最优化。

动态性原则也强调了对学生学习需求的持续关注。随着时间的推移，师范生对知识和技能的需求可能会发生变化，而教育者应时刻准备好对教学内容和方法进行调整，以应对这些变化。调整应当考虑学生的认知发展、背景知识和兴趣等方面的变化。

（六）互补性原则

互补性原则强调在信息化教学实践中，不同的教学资源、方法和策略应相互支持和增强，而不是相互替代或冲突，这是因为在教育过程中，每种资源和策略都有其独特的优势和局限性，只有通过综合使用，才能达到最佳的教学效果。在信息化教学中，技术手段如多媒体、虚拟现实、云计算等提供了丰富和多样的学习资源和工具，但是，这些技术手段并不意味着可以完全替代传统的教学方法。相反，传统的教学方法，如面对面的讨论、实地考察、案例分析等，依然在某些情境下具有不可替代的优势。因此，互补性原则要求教育者充分认识到每种方法和资源的独特之处，并将它们巧妙地结合在一起。例如，虽然在线视频可以帮助学生理解复杂的教育理论，但是真实的课堂观察和实践经验却能让他们更加深入地理解和应用这些理论。同样，数字化教学资源可以为学生提供大量的信息和数据，但是教师的专业指导和解读是帮助学生筛选、分析和应用这些信息的关键。

（七）立体化原则

立体化原则强调适应学生的独特成长轨迹，按照学生的能力和水平进行教学，使用各种教学方法激发他们的思维，最大化学生的参与度，并全方位地培养他们的能力。该教学模式是现代教育改革的产物，为教育观念的更新和教育方法的转型带来了动力，同时也对整个教育体系的革新产生了深远的影响。立体化原则以学生为出发点，根据学生的实际情况为其设计教学内容，旨在通过教学实践促进学生的整体成长。与传统教学相比，这种模式的教学方法和工具经历了深刻的变革，它融合了多种教学方法和工具，使教师从单纯的传授者转变为引导者，更好地激发学生的学习热情，并提高教学效果。

在师范生的信息技术教学中，根据教学内容和目标的不同，教师应选择合适的教学策略。学习是目标明确的过程，而学习的热情是学生深入探讨、实践和参与的驱动力，学习并不是孤立发生的，而是一项集体活动。没有一个良好的学习环境，学习效果难以达到，学生的学习热情也会受到影响。在信息技术教学中，将教学内容设计得更具直观性和趣味性，有助于节省学生的思考时间，使他们能够探索更深入的知识，并提高学习效率。

（八）创新性原则

在信息时代，技术和知识更新速度极快，传统的教学方法和内容已经很难满足现代社会的需求。因此，教学实践中，创新性原则不仅仅要求教师在教学技术和内容上进行创新，更要求教师能够培养自己和学生的创新思维和能力。教师要敢于挑战现有的教学模式和传统观念，勇于尝试新的教学策略和工具，应具备开放的思维，愿意接受新事物，并能够根据实际情况进行适应和调整。教师应关注学生的反馈，听取他们的建议和意见，以确保教学内容和方法与学生的实际需求相匹配。为了真正实现创新，教育机构和师范学校需要为教师提供充足的资源和支持，包括但不限于持续的专业发展、先进的教学技术和设备，以及与其他教育者和专家的交流机会，这样，教师才能在日常教学实践中真正体现创新性原则，为学生提供高质量的信息化教育。

四、信息化教学助推师范生能力培养的策略

（一）微课的应用

微课，作为一种新兴的教学方式，是信息时代下的产物，它通常包含一个完整的教学单元，时间短，内容精炼，通常不超过15分钟。微课的主要特点是短小、精炼、自主和灵活，其形式短小，方便师范生随时随地进行学习，更符

合现代人快节奏的生活方式。微课能够针对性地解决学生在学习过程中的具体问题，而不是过多地讲解冗长的理论，这可以帮助师范生快速掌握关键知识。此外，微课还培养了师范生的自主学习能力，他们可以根据自己的需求，自主选择和学习微课，提高学习效率。

为确保微课的质量和效果，微课的设计与制作是关键，好的微课既要有清晰的教学目标，还需要有吸引学生注意力的内容，包括使用生动的实例、引人入胜的故事和合适的视听材料。为了满足不同学生的学习需求，微课应当具备一定的互动性，如加入小测试、互动问答等元素。

需要注意的是，微课不应被视为传统教学的替代，而应该是与其相辅相成的。它可以与传统的课堂教学、实地考察、小组讨论等形式结合起来，形成混合式学习模式，这种模式可以充分利用微课的优势，还可以给予学生更加丰富和多元的学习体验。

（二）翻转课堂的应用

翻转课堂是一种转变传统教学模式的新型教学方法，其核心是将学生的预习和课后自主学习置于教学的中心位置，在这种模式中，课前学生通过网络等工具对新知识进行自主学习和了解，而课堂时间则更多地用于深入探讨、实践应用和解决疑惑。翻转课堂的出现，强调了学生的主体地位，使学生从被动接受知识转变为主动探索知识。翻转课堂可以为师范生提供一个更加自主、主动的学习环境，有利于培养其自主学习和批判性思维能力。在课前，师范生需要自行筛选、分析和整合网络上的信息和资源，这有助于提高其信息筛选和处理能力。在课堂上，由于学生已经对新知识有了初步的了解，教师可以组织更加深入的讨论、实践和应用，有助于培养学生的实践和应用能力。

要想保证翻转课堂的有效性，教师首先需要为学生提供高质量的学习资源，如视频、阅读材料或互动教学软件。其次，课堂活动的设计也至关重要，教师需要设计具有挑战性、能够激发学生思考和讨论的活动。此外，翻转课堂模式要求教师具备良好的组织和引导能力，确保课堂讨论的深入和有序。

翻转课堂虽然带来了许多好处，但在实践中也面临着一些挑战，例如，不同学生的自主学习能力和学习风格差异可能导致他们不能很好地适应这种教学模式。为解决这一问题，教师可以采取差异化教学策略，提供不同层次、形式的学习资源和任务，以满足不同学生的需求。技术设备和网络的限制也可能影响翻转课堂的实施，教师和学校需要为学生提供稳定、高效的技术支持。

（三）推进资源开发

目标明确的信息化课堂教学以培养学生自主学习的能力为核心。为实现真正的自主学习，学生在探究过程中应当积极搜寻与课程内容相印证的知识，努力达到由此及彼，将所获得的知识扩展到更广阔的知识空间。教师在这一过程中为学生设计的"资源开发"环节，旨在引导学生进一步扩展所学知识，鼓励他们利用网络寻找更丰富的学习资料，这些资料可以是各种教学素材库，也可以是在线课程。现如今，师范生信息化教学资源的构建涵盖了教学资源的策划、开发、评估和应用等诸多方面，资源的开发和利用，可以更精准地推进师范生信息化教学的智能化与当代化步伐，为教学的高效推进提供有力的支撑。

1. 信息化教学资源的顶层设计

顶层设计是从宏观视角，基于国家教学标准、现有的信息化教学资源及学校的实际需求，来策划和开发信息化教学资源的策略和标准，能够确保资源的开发不重复，保证开发出的资源质量上乘，实用性强。具体来看，信息化教学资源的构建可以大致分为素材类和网络课程类两大部分，其中，素材类包括案例、试题库、试卷、媒体素材、文献、课件等；而网络课程类则涵盖了课程标准、教学进度、电子教案、电子课件、实训任务、考核方案和标准、教学视频、微课、在线课程平台等众多内容。为确保师范生信息化教学资源的顶层设计贴近实际，应把教学过程作为主导，挑选代表性的教学主题，确保这些主题能够完整地贯穿整个教学流程，并以此为基础，进一步开发和利用课程资源。在师范生信息化教学资源的顶层设计中，无论是哪一种资源，其开发过程通常都包括了设计、编写和开发三个关键阶段，设计阶段确定了资源的形式和数量；编写阶段则制定了资源的编写标准和制作规范；最后的开发阶段则按照既定规范，利用合适的工具完成资源的构建。

2. 信息化教学资源开发

信息化教学资源的开发需要有章可循，因此，明确开发标准和体例显得尤为重要。开发标准为每种资源的格式、尺寸和文本风格等设定具体的技术要求，而开发体例则为这些技术要求提供具体操作的指南，相当于每种资源的开发模板。这样的模板确保了各类资源开发的一致性，也确保了课程信息化教学资源开发的流程顺畅。

在此背景下，学校的作用不可忽视，它在师范生信息化教学资源的开发中起到组织和推动的作用，助力提升资源开发的总体质量。为此，学校需确立以学生为核心的资源开发理念，并倡导教师运用信息化工具进行高效的教学活动。更重要的是，学校需要重视教师的信息化教学培训，为师范生信息化教学提供强大的师资队伍。为了鼓励更多的人参与到教学资源的开发中，学校还应建立奖励机制，激励教师、技术员和管理人员创造出适合师范生需求的教学资源，如专业电子教材、课件和学术文献库等,从而为师范生信息化教学提供广泛的信息来源。

　　对于师范生信息化教学资源的开发,教师的作用也非常关键,他们是资源开发的执行者,更是信息化教学实践的主要力量。伴随信息技术的飞速进步,教室里的教学方式也在逐渐演变,教师应持续地更新教学理念和技能。面对信息化教学的挑战,教师不仅仅需要具备深厚的专业知识,更应有能力高效地获取、处理和使用各种信息资源,提高自己的创新能力。为了更好地适应信息化教学的发展,教师还应积极参与相关的培训活动,不断提高自己在信息技术方面的实践能力,并努力整合技术与教学内容,实现真正的信息化教学。

第六章　校育强人：提升师范生社会教育能力

在教育的广阔领域中，学校教育无疑是核心部分，而培养出合格、有能力的教育者，便是师范生教育的重要使命。随着科技进步和社会发展，现代社会正经历着前所未有的变革。教育也必须随之适应这些变革，从而培养出更能适应未来社会的学生。师范生若具备一定的社会教育能力，就可以更加敏感地捕捉社会的发展动态，并及时调整教学策略，确保学生的学习内容与社会需求相匹配。社会教育不仅仅局限于传统的学科知识，它还涉及跨学科的整合。因此，注重培养师范生的社会教育能力可以使他们在教学中融合多种学科知识，为学生提供更为丰富的学习体验。因此，本章主要研究社会教育的特点与作用，学校组织社会教育的原则与途径以及培养师范生社会教育能力的主要策略，以期更好地连接家庭、学校与社会，帮助未来的教育者更好地应对各种教育挑战。

第一节　社会教育概述

社会教育是指在正规教育体系以外，针对不同年龄、不同需求的群体提供的终身学习的教育活动。这种教育形式强调在全生命周期内的学习，不仅限于学校教育，还包括生活中的各种非正式和半正式的学习经验。社会教育的内容很广泛，可以包括文化、艺术、健康、家庭、公民权利等方面的知识和技能。这种教育可以帮助人们适应社会的变化，提高生活质量，强化社会的凝聚力和社区的参与感。社会教育的形式多种多样，可以是工作坊、研讨会、讲座、展览、互动体验、在线课程等。这种教育可以在各种场所进行，如社区中心、图书馆、博物馆、公园、文化中心等。社会教育在许多国家都得到了重视和支持，因为它被视为一种提高公民素质、促进社会和谐、推动经济和文化发展的重要手段。

一、社会教育的概念

社会教育是人类教育活动的重要组成部分,它在历史中不断演变和发展。社会教育不仅体现着教育活动的基本特征,而且遵循教育活动的通用规律,同时也具有自身的特征与规律。学术界通常将教育分为广义的教育和狭义的教育。广义的教育泛指一切增进人们知识、技能、身体健康以及形成或改变人们思想意识的活动,包括学校教育、家庭教育、社会教育,而狭义的教育通常是指学校教育。

广义的教育在人的生活及发展中占有举足轻重的地位。然而,如何充分发挥广义教育的作用,社会应如何组织和规范广义教育,是我们需要充分考虑的问题。如同学校教育有明确的组织结构、设备设施、学年安排,以及由教师主导的教学,广义的教育也应该具备相应的教育设施和组织结构,制定学年计划,并由专业人员进行指导,以确保获得良好的教育效果。当社会成员选择自我学习时,他们可以组成学习小组或通过参加组织的活动来互相交流、分享,从中获得更为广阔的视角,深化知识、智慧和道德层面的成长,从而为社会发展带来积极影响。有组织、有目标、有计划地实施广义的教育,不仅可以提升教育质量,还能更好地对其进行控制和管理。这样的方式可以确保人们都有学习的机会。例如,那些已经毕业并进入职场的人士,若希望学习新知识或技能,但发现重新进入学校存在困难,他们可以选择在夜晚或休假期间参与各种有组织的讲座或课程,满足其学习需求。总之,在广义的教育中,那些被社会化的教育,称为"社会教育"。也就是说,除学校和家庭之外,由社会主导的、有组织的教育便是社会教育的主要内涵。

然而,对于组织化的教育达到何种程度才能称之为社会教育,以及合适的组织化程度是多少,是备受争议的问题,这也是不同学者对社会教育的概念有着不同理解的主要原因之一。侯怀银认为,广义的社会教育,是指有意识地培养人,并使人身心和谐发展的各种社会活动。狭义的社会教育是指由政府、公共团体或私人所设立的社会文化教育机构对社会全体成员所进行的有目的、有系统、有组织、独立的教育活动[1]。韩敬波认为,社会教育是在广泛的社会生活和生产过程中所进行的教育[2]。龚超认为,社会教育是指社会为促进人的全面发展和社会进步,而采取的有目的、有计划、有组织的种种教育实践活动[3]。

---

[1] 侯怀银,张宏波."社会教育"解读[J]. 教育学报,2007(4):3-8.
[2] 韩敬波. 教育学基础[M]. 北京:教育科学出版社,2002:8.
[3] 龚超,尚鹤睿. 社会教育概念探微[J]. 浙江社会科学,2010(3):80-85,71.

此外，学术界常常会将社会教育的组织化程度与学校教育的组织化程度进行对比。但事实上，社会教育的组织化难以达到学校教育的那种高度。以学校教育为例，其课程结构、时间分配和各科目标内容都经过明确的规则和指导来设定。而对于社会教育，即便是相应的管理部门共同推动执行，但也难以实现同样的组织化。组织化的社会教育更多的是为民众提供利于自我学习的环境，这也意味着社会教育在很大程度上取决于公民的主动学习意愿。

二、社会教育的特点

与传统的家庭教育和学校教育相比，社会教育的特点在于其广泛性、多样性和补偿性，以及与社会生活的深度融合。在快速变化的现代社会中，社会教育已经成为人们终身学习和自我完善的重要途径，不仅仅使学习与生活紧密相连，更能够为每个人的成长和发展提供无尽的可能。

一般来看，社会教育的特点主要包括以下几点（见图6-1）：

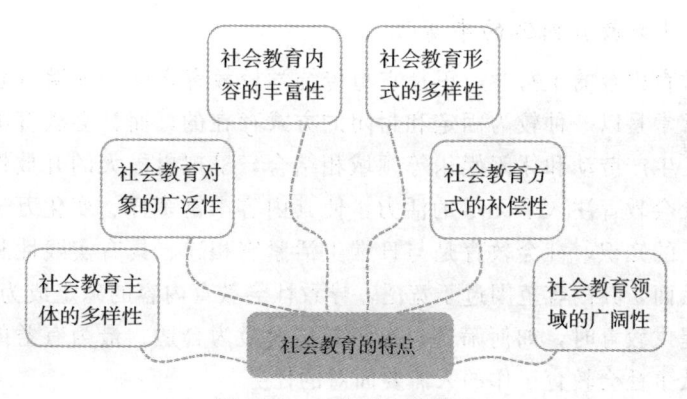

图6-1 社会教育的特点

（一）社会教育主体的多样性

社会教育以社会全体成员为对象，并不受制于单一的教育主体或渠道。无论是政府、团体还是私人，只要他们通过各自的文化教育机构对社会全体成员产生了积极的教育影响，都可以被视为社会教育的实施主体。这种多元的参与者构成，带给社会教育更为丰富的资源和更为宽广的视野。但多元化的社会教育主体同样意味着，在社会教育的实施过程中，组织者必须注意协调各个主体的关系，以确保教育活动的效果。各个实施主体可能拥有不同的教育理念、方法和资源，因此如何确保这些多样性在整体上形成合力，而不是互相制约或冲突，成为社会教育实施的一大挑战。

(二) 社会教育对象的广泛性

社会教育不仅涵盖了特定的群体，如青少年或儿童，还涉及社会的每一个角落、每一个年龄层和每一个职业领域。这意味着，不论是社会的每一个普通成员，还是特定的职业群体、年龄群体，都在社会教育的范围内。因此，当我们谈及社会教育的对象时，其实指的是社会上的每一个人。这种广泛性不仅仅是数量上的扩张，更在于其深厚的教育理念：发展全民教育及终身教育。它旨在确保每个人都能够在不同的人生阶段、不同的职业和生活背景中，得到适合自己的、与时俱进的教育机会。而这种全方位、持续的教育模式，正是现代社会发展的必然需求。

在现代社会中，随着科技的进步、职业的多样化和社会结构的变革，人们对于知识和技能的需求也在不断变化。因此，单一、固定的教育模式已经不能满足社会的需求。而社会教育，正能响应这种变化，为每一个社会成员提供持续学习和自我发展的机会。

(三) 社会教育内容的丰富性

社会教育内容的丰富性，正是它与传统学校教育之间的显著区别。传统的学校教育常常是以一种较为固定和封闭的方式存在的，而社会教育则深度地与社会生活、生产劳动和休闲娱乐等领域相结合，呈现出极大的开放性。这样的开放性为社会教育注入了无尽的活力，使其内容丰富多样、变化万千。不再仅限于书本上的知识，社会教育是与日常生活紧密相连、具有实践性和现实意义的教育。然而，其内容范围过于宽泛，导致社会教育内容的确定成为一个问题。在为受众提供教育时，如何筛选、组织并传递最为合适、最为有益的内容，便是每一位从事社会教育工作的人需要面对的任务。

(四) 社会教育形式的多样性

社会教育旨在为广大的社会成员提供全面的、生活化的教育，所以，它不能只依赖单一的教育方式。从历史的角度看，社会教育的形式从识字社到影剧院，再到博物馆、图书馆和公园，一直都在不断地发展和创新，以适应不断变化的社会需求。不同的形式可以吸引不同的群体，满足不同的学习需求，从而真正实现教育的普及和民主化。例如，讲座和培训班可能吸引到那些想要深入学习某个专题的人，而媒体传播则可以覆盖更广泛的受众。值得注意的是，社会教育的形式并不是孤立存在的，而是与时俱进，随着科技和文化的进步而不断创新的。尤其是在网络技术高速发展的今天，网络社会教育已经成为教育形式的新选择。网络不仅打破了时间和空间的限制，使得更多的人可以在任何时间、任何地点接受教育，而且还为社会教育带来了更多的创新可能，如线上研讨会、网络课程、直播讲座等。总的来说，社会教育形式的多样性使得它能够更加贴近人们的生活，满足不同群体的需求，真正实现全民教育的目标。而这种多样性和灵活性，也是社会教育在现代社会中越来越受到重视的原因之一。

（五）社会教育方式的补偿性

在现代社会中，个人的成长和发展已经超越了传统的学校教育界限，更加强调终身学习和持续的知识更新。尤其是在 20 世纪后半期，随着终身教育、终身学习、继续教育等观念的普及和深入，人们逐渐认识到学习并非仅仅局限于学校时代，而是伴随着一个人的整个生命周期。在此背景下，社会教育显得尤为重要。它不仅仅面向青少年，更多的是为已离开学校、步入社会的成年人提供学习的机会。这种教育方式对于许多人来说，是对学校教育的有力补充。学校教育由于种种原因，无法全面涵盖所有知识领域，或满足每个人的个性化学习需求。而社会教育，恰恰可以弥补这一不足，使得那些错过、遗漏或需要进一步深化学习的内容得以实现。更重要的是，对于许多已经走出学校的成年人来说，社会的变革、职业的需要以及个人兴趣等，都可能驱使他们寻求新的学习机会。而社会教育，便为他们提供了这样的平台，让他们能够继续进一步深化和扩展自己的知识和技能。因此，社会教育在现代教育体系中的位置越来越重要，得到了人们的普遍重视和认可。

（六）社会教育领域的广阔性

社会教育在现代教育结构中，与家庭教育和学校教育具有同等重要的地位。作为一种独特的教育形态，它早已超越了传统的教育边界，逐渐成为日常生活的一部分，与人们的生活环境、工作、政治和娱乐等多个方面相结合，显示出了广泛的适应性。在过去，教育可能仅仅被视为学校里的课堂知识传授，但如今，社会教育确实展现出其与社会生活的无缝衔接。例如，参与社会公益活动、观看政策解读的节目或者在休闲娱乐中了解新的文化知识，这些都是社会教育在为我们提供学习和成长的机会。

随着社会发展和技术进步，社会教育的领域不断拓展。它不仅仅可以满足学生个体在学校外的学习需求，也为社会的各个层面注入新的活力，使得知识与技能的传播和分享变得更加多元和普及。这种广阔的领域意味着，无论我们身处何方，都可以在与他人的交往中、在面对各种社会现象时，感受到社会教育所带来的深刻影响。

三、社会教育的基本要素

社会教育作为一种特殊的教育形式，必然包含教育主体、教育客体、教育内容和教育方法等基本要素。这些核心要素不仅是社会教育体系的支柱,还为其存在和发展提供了理论依据,是实施社会教育必须要明确的基本元素。

(一)社会教育主体

社会教育主体是指开展教育活动的组织或个体,可以是非政府组织、文化和艺术团体、社区中心、图书馆、博物馆以及其他非正式教育场所。这些机构和组织拥有专业的资源和设施,能够提供一系列教育服务,并针对不同人群制定专门的课程与培训。

社会教育的主体,也可以是参与教育活动的教育者和工作者。他们可能是专业的培训师、志愿者、社工或其他拥有特定技能和知识的人士。他们用自己的经验和技能,为学习者提供指导,帮助他们达到既定的学习目标。此外,随着社交媒体和网络技术的发展,线上平台和应用也逐渐成为社会教育的主体。诸如在线课程、webinar以及数字化学习平台,都为公众提供了方便的学习途径,使得知识的获取不再受限于地点和时间。总之,社会教育的主体是多元化的,它们在不同的场景和背景下,通过各种手段和资源,共同推动社会教育的发展,满足不同群体的学习需求,并为社会的整体进步做出贡献。

(二)社会教育客体

社会教育的客体是指那些受教育或受培训的个体和群体。在社会教育的背景下,客体的界定相较于传统的学校教育更为宽泛和多样。社会教育着眼于广大的社会成员,无论其年龄、性别、职业或社会地位。这意味着从孩童到老人,从学生到在职员工,乃至退休人员,都可以是社会教育的客体。与此不同的是,传统的学校教育往往只关注特定年龄段的学生,而社会教育则拥有更为开放和包容的视野。此外,社会教育更关注那些在传统教育体系中可能被忽视的群体。这些群体在社会教育中可以得到特殊的关照,以确保他们也能够获得平等的学习机会。社会教育的客体不仅局限于个人,还包括各种社群和团体,如社区组织、企业团队等。这些团体在社会教育中旨在加强团队协作、提高群体的综合素质或解决特定的社区问题。总之,社会教育的客体既包括广大的社会成员,又包括那些在传统教育环境中可能被忽视的特定群体。这种多元化和包容性的特点使得社会教育成为一种更为广泛且具有深远意义的教育形式。

(三)社会教育内容

社会教育的内容是其核心所在,决定了教育的方向与质量。与传统的学校教育不同,社会教育的内容更加丰富、多元与灵活,能够反映出社会的真实需求与趋势。在日常生活中,社会教育关注各类实用技能和知识的传授,如家庭经济管理、健康饮食、环境保护、交通安全等,这些内容直接关系到人们的日常生活和福祉。这也意味着社会教育能够帮助公众更好地适应并参与社会生活，解决实际问题。同时，随着社会的进步与变迁，新的技术和知识不断涌现，而社会教育可以为公众提供学习这些新知的渠道。例如，随着信息技术的发展，数字素养、网络安全等可以成为社会教育的重要内容。此外，社会教育还包括公民教育，强调法律意识、公民权利和责任等，从而可以培养出有社会责任感的公民。这些内容不仅能够提高公众的法律素养，还有助于增强他们对社会公共事务的参与度。文化、艺术、历史等也是社会教育的重要组成部分，它们可以为人们提供了解自己和他人、扩展视野的机会。这种文化交流与认知，有助于增进人与人之间的理解与和谐。总之，社会教育的内容广泛涵盖实用技能、新知识、公民教育以及文化艺术等领域，旨在满足社会和个体的多样化需求，推动公众的全面发展与进步。根据不同的受教育者，社会教育的内容也应做出相应调整。这些内容受教育对象、时代背景、教育阶段等因素的影响。然而，不论服务于哪种类型的教育对象，社会教育的内容都应保持其科学性，并凸显其在实际应用中的价值。

一般来看，社会教育的内容主要包括以下几点（见图 6-2）：

图 6-2 社会教育的内容

1. 社会德育

社会德育，也称为公民道德教育，是在社会教育背景下，针对社会受众有目标、有策略地进行的关于政治思想与道德规范的教育。这种教育活动的内容往往与当下的社会政治、经济和文化环境息息相关，反映了特定时期的特点和要求。社会德育的核心宗旨在于推动社会及人的和谐发展。它引导个体走向社会化，从而促进其全方位成长。相较于学校德育聚焦于德育知识的系统传授和提升道德认识，社会德育更注重实际的德育活动，旨在让受教育者获得深刻的道德体验，并在真实的道德实践中培养道德行为、意识和情感。为此，社会德育的内容选取要助力受教育者塑造社会认知、培养社会观念、形成鲜明的社会人格、掌握各种社会技能，并真正融入社会生活。

社会德育的主要内容包括社会公德、职业道德和家庭美德等。社会公德涉及个体与社会的互动，是指在公共场合和社会生活中应遵循的道德规范和行为准则。社会公德不仅关乎对他人的尊重和关心，还关乎公共资源的合理使用和保护。例如，遵守公共交通规则、维护公共环境卫生、在公共场所保持安静和排队等待等都是社会公德的表现。这种道德有助于维持社会秩序，促进社会成员之间和谐相处。职业道德是与特定职业或行业相关的道德标准和行为规范。这些规范不仅为专业行为提供指导，还确保了服务的质量和公众的利益。例如，医生有义务为病人提供最佳的医疗建议而不是基于经济利益推荐过多的检查，记者则需要为报道的真实性和公正性负责。职业道德强调的是责任、公正和诚信，旨在建立公众对各个职业的信任和尊重。家庭美德是指在家庭关系中应当践行的道德价值和行为规范。家庭作为社会的基本单位，对个体的成长和社会的稳定都有着至关重要的影响。家庭美德包括但不限于，对家庭成员的关心和支持、承担家庭责任、尊重长辈、照顾晚辈以及家庭之间的和睦共处。这些美德不仅为家庭成员之间建立了和谐的关系，还为子女提供了正面的道德模范，帮助他们在更广阔的社会中建立正确的人际关系和价值观。

社会德育与学校的道德教育在内容、策略和形式上都存在一定差异。教师必须紧密结合社会建设的目标，依据社会公平与效率的原则以及社会管理与道德教育建设的相互关联，为大众提供贴近实际、内容丰富的教育活动，确保道德教育与社会发展并驾齐驱。

2. 社会智育

社会智育是一种旨在通过有序、目标明确和组织化的方式，为社会成员传递科学和文化知识的教育模式。社会智育强调对受教育者的专业技能和技术的培训，进而充分发挥其智力潜力并增强其专业竞争力。

虽然社会智育与学校智育都属于教育的范畴，二者在教育原则、方法和部分内容上存在相似之处，但二者也存在明显的差异。学校智育以特定的学生群体为对象，主要通过专业课程和教学活动来实现其教育目的。相对之下，社会智育的受众范围更广，包括各种年龄、职业和教育背景的人群。社会智育的内容与学校智育也有所不同。社会智育更加强调技能训练、特长培养和个性化发展，不仅基于学校的学科知识，还需要在此基础上加强受教育者的应用、实践、实际操作和创新能力的培训。

社会智育主要包括基本文化知识教育、基本科学知识教育、基本技术技能教育、基本智力素质教育等内容。基本文化知识教育主要为受教育者提供坚实的文化背景知识。它不仅包括历史、地理、文学、艺术等传统的学科领域,还包括当代的社会文化现象和趋势。通过这种教育,受教育者可以更好地理解和评价自己所处的文化环境,增强文化认同感,并培养批判性思维和创造性思维的能力。基本科学知识教育强调科学原理、理论和方法的学习。通过对基本的自然科学和社会科学的了解,受教育者可以培养出一种科学的思维方式,从而更加理性地分析问题、解决问题。此外,科学知识也为受教育者提供与日常生活中的科技进步和变革相适应的能力。基本技术技能教育是为受教育者提供必要的职业和生活技能,包括计算机技能、通信技术、基本的手工技能或其他具体的专业技能。其目的是确保每个人都能够在技术日益发展的社会中找到自己的位置,并具备与之相应的技术能力。基本智力素质教育主要涉及认知发展、思维训练和智力激励等领域。其核心是培养受教育者的思维敏锐性、逻辑分析能力、创造力和解决问题的能力。这种教育形式往往使用各种脑力挑战、游戏和活动来刺激受教育者的思维,从而提高他们的智力素质和综合能力。

3. 社会体育

社会体育,是广义体育的重要组成部分,致力于通过组织结构化的体育活动,促进公众的身心健康和体质提高。相较于学校体育,社会体育具有更加广泛和实际的意义。它不是仅局限于教育机构内部,而是深入社会各个角落,为不同年龄、职业和背景的人们提供服务。这些体育活动旨在满足公众的具体需求和特点,从而达到更高的参与度。社会体育的核心理念是让更多的人参与到健身活动中,不仅是为了竞技,而且是为了身体素质和生活质量的提高。因此,社会体育更强调与健康、卫生、保健以及文明生活的融合。这也意味着,在社会体育的推动下,我们可以看到更多的体育设施的建设和不同体育项目的发展,使得公众有更多的机会和选择来维持和提高他们的身体健康水平。

社会体育的内容主要包括体育运动项目、全面健身运动、社会卫生保健活动等。体育运动项目是社会体育的基石,包括各种传统和现代的体育项目。这些项目可以为公众提供一个锻炼身体、提高竞技水平和享受团队合作乐趣的平台。例如,羽毛球、篮球、足球等团队运动以及跑步、瑜伽、太极等个人项目,都能够为人们提供多种方式来增强身体素质和技能。全面健身运动与竞技体育稍有不同,更侧重于健康和身体维护。它强调的是锻炼的持续性和全面性,旨在帮助人们建立长期、健康的生活习惯。例如,有氧运动、力量训练、核心锻炼、柔韧性训练等都是此类活动的重要组成部分,它们可以帮助人们改善心肺功能、增强肌肉和骨骼、提高柔韧性和平衡感。社会卫生保健活动则更侧重于健康的维护和增进,包括健康讲座、营养指导、按摩、针灸、冥想、呼吸练习等,旨在提高人们对健康的认知,传授科学的生活方式和习惯,以及提供一系列方法来让人们应对日常生活中的压力和挑战。

4. 社会美育

美育，又称为审美教育或美学教育，主要是向受教育者传授美学知识，引导其树立正确的审美观，并培养其感受、鉴赏和创造美的能力。在社会范畴内，此教育形式被称作"社会美育"。

社会美育与学校美育存在明显的区别。一方面，受教育者的范围不同，社会美育针对的是社会上的广大公众，因此，其教育对象的年龄、背景和需求都有很大的差异性，这也意味着在美育的内容和形式上需要具有更大的灵活性和多样性。另一方面，社会美育的内容更为广泛和多元，它不仅要考虑各个社区所特有的审美环境和条件，还要探讨如何融合自然之美、艺术之美和社会文化之美，这种整合的过程无疑比学校美育更为复杂。此外，社会本身蕴藏着丰富的美育素材，无论是自然景观、文化遗产，还是人们的日常生活，都为审美教育提供了无尽的资源。

社会美育主要包括自然美的教育、生活美的教育、艺术美的教育。自然美的教育着重培养个体对大自然之美的感知和欣赏。这包括对山川、湖海、动植物以及四时更替的敏锐观察和体验。通过对自然环境的深度体验，受教育者学会在日常生活中发现自然之美，进而培养对环境的尊重和保护意识。生活美的教育强调在日常生活中寻找和创造美，可能是一个精心布置的居家环境、一种和谐的家庭氛围，或者是一顿色香味俱佳的饭菜。它关注如何在日常琐碎中找到意义，如何在细节中追求完美，并教会个体在生活中持续实践审美。艺术美的教育则更加注重艺术形式和表达。它不仅包括对传统艺术如绘画、雕塑、音乐、舞蹈等的学习和鉴赏，还涵盖了现代艺术形式如摄影、电影、设计等。艺术教育旨在培养个体的艺术修养，教导其如何欣赏不同艺术形式中的美，并鼓励其进行艺术创作。

在实施社会美育时，教育者需要确保思想性与艺术性相统一，保证教育的目的性与科学的方法相结合，并始终以教育为核心，同时积极为社会提供服务。这样的教育方式不仅有助于学校美育的深化和拓展，还能推动整个社会在美育领域持续发展。

5. 社会生活教育

社会生活教育的主要目的是在社会各环节中，帮助受教育者提高生活品质，掌握生活中的基本知识和技能。这种教育形式不是仅局限于学校环境，而是延伸到社会的每一个角落。对于青少年而言，社会生活教育特别重视生活知识和技能的培训。社会生活教育包括各种安全教育，从交通安全、防火、防盗到自然灾害的预防。除此之外，日常生活中的吃、穿、住、行等方面的知识和技能也是关键内容,让受教育者能够更好地独立生活和应对各种生活挑战。此外,家庭实用知识和商贸技能教育也被纳入教育范畴,旨在培养受教育者的家庭管理和商业敏感性。选择社会教育内容时,教育者应特别重视社会生活教育的领域,因为它直接关系到人们的日常生活和社会适应能力,对于培养现代公民的综合素质有着至关重要的作用。

社会生活教育主要有生活知识技能教育、亲子教育、环境教育三个方面的内容。生活知识技能教育是社会生活教育的基础部分,旨在培养受教育者的基本生活技能和常识。其中包括日常生活中的基础技能,如做饭、洗衣、个人卫生管理等,也包括一些特定的生活安全知识,如交通安全、防火、防盗和自然灾害的应对方法等。通过这些知识和技能的学习,受教育者能够更好地照顾自己,避免潜在的风险。亲子教育不仅教授父母如何更好地教育和指导子女,还涉及与子女的沟通、情感联系、教育方法等。通过亲子教育,父母可以更好地理解子女的需求,为他们提供适当的支持和引导,确保子女健康、快乐地成长。环境教育旨在培养受教育者的环境意识,教授他们如何保护环境、节约资源和维护地球的可持续发展。此外,它也涉及生活中的实际操作,如垃圾分类、节能减排等,强调将环境意识转化为实际行动,真正实现与自然的和谐共生。

(四)社会教育方法

社会教育方法,是实现社会教育目标和效果的核心手段与方式,其选择和应用都与教育的对象、内容和机构有着紧密联系。基于不同的教育背景和需求,选择的教育方法也会有所差异。

根据社会教育存在的形式和实施的方式,社会教育方法主要包括公共式教育法、专题式教育法、活动式教育法。

1. 公共式教育法

公共式教育法以社会公共资源为基础,结合地区性、文化性和实际需求,致力于为公众提供丰富和多样的教育体验。公共式教育法主张利用社会公共场所、机构或团体作为教育的平台,它强调教育活动不能局限于传统的学校环境。无论是社区中心、公园、广场,还是各种社会组织和团体,都可以成为教育的载体,为公众提供各种教育实践活动的机会。这些教育活动,根据实际情况和需求,可以呈现出丰富的形式。例如,集会教育方法涵盖了演讲、讨论、辩论、音乐和体育等多种形式,旨在根据不同的主题和目标受众,为大众提供互动、交流和学习的机会。其中,公共文化教育资源扮演了重要的角色。图书馆、博物馆和文化馆等文化教育组织,成了连接社会教育和公众的桥梁。它们不仅提供了丰富的知识资源,更为公众提供了体验、探索和互动的空间。在这些机构中，公众可以自由地选择感兴趣的内容，享受自主学习的乐趣，同时也能在与他人的互动中，扩展视野、增进理解。

2. 专题式教育法

专题式教育法主要指社会教育机构采取专题式的方式开展社会教育。一般来看，常用的专题式教育法主要包括公开讲座、咨询展览、研讨座谈等（见图6-3）。

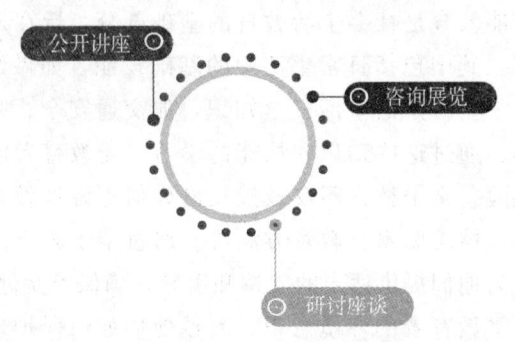

图6-3 专题式教育法的主要方式

（1）公开讲座。公开讲座是一种传统且广泛应用的方法，能为大众提供系统的知识和信息。通过专家或学者的授课，听众可以直接获得权威的见解和深入的解析，有助于增强对某一主题或领域的理解。公开讲座的主题丰富多样，可以是时事、教育心理或者家长教育等。

公开讲座具有明显的社会教育功能，它不仅有助于加强学校与社会之间的联系，还能够为普通民众提供与专家学者近距离接触的机会，使先进的知识观念更加深入民心，助力民众提升文化素养。此外，公开讲座还具有答疑解惑的作用，能够帮助解决民众普遍关心的社会或生活问题，引导大众接受科学正确的思想，纠正误区。

与其他社会教育方式相比，公开讲座的形式多样，较少受到物质设施的限制，因此，组织者可以根据实际需求灵活安排，而讲座内容具有一定的时代性、针对性和灵活性，容易受到广大民众的欢迎和支持。此外，公开讲座的主讲人，既可以是大学教授，又可以是社会上有影响力的公众人物，这能够在一定程度上确保讲座内容具有通俗易懂、生动有趣的特点，富有吸引力。

（2）咨询展览。咨询展览主要是指提供直观的平台，使学习者能够近距离接触到各种资料、作品或创新成果。

咨询展览结合了商品展览和展销的方式，既具有传统的教育功能，又能够满足现代社会的需要。咨询展览的内容既可以灵活调整以满足时代需求，又可以长期、系统地提供服务。咨询展览注重直观性、人际交往，组织者需要充分利用各种物品、道具，使教育更为形象、直观。然而，要使咨询展览真正发挥效果，还需要注意多方面的因素。制订翔实的计划，明确主题、内容和方式，以及确定时间、地点和对象都是成功的关键。同时，为确保内容的质量和专业性，咨询展览所需的材料和展品的准备也不容忽视。为吸引更多的人参与并体验，有效的宣传手段和策略也至关重要。此外，有经验的专业人员对于现场的解说和指导是不可或缺的。

咨询展览作为一种社会教育方式，旨在传递最新的知识和技能，提高民众的素质，促进社会的和谐发展。其独特的教育方式和效果，已使其在现代社会中占据着不可替代的位置。

（3）研讨座谈。研讨座谈是一种组织形式，通常由一组人员围绕某一特定主题或议题聚集在一起，进行深入的探讨和交流。它的目的是集思广益，鼓励不同的观点和经验的分享，以深化理解、寻找解决方案或推动某一领域的发展。

研讨座谈的核心价值在于交流。与传统的单向教育方式不同，这种方式鼓励参与者提问、发言，使得教育过程不再是单纯的传授，而是多方共同探讨和解决问题。通过这种方式，知识的传递不再局限于专家或教育者，每个人都可能成为知识的源泉，使得整个教育过程更加丰富和多元。此外，研讨座谈还具有较高的实用性。由于它往往围绕特定的主题或问题进行，参与者可以根据自己的实际需求选择参与，这也意味着他们在研讨座谈中所获得的知识和信息往往更加贴近实际，更有利于日后的应用。同时，研讨座谈也有助于培养参与者的批判性思维。在这种环境中，人们不仅要听取他人的观点，还需要对其进行评估和反思，这种深度的思考和分析能力对于每个人的成长都是十分有益的。

然而，研讨座谈作为教育方法也面临着一些挑战。例如，如何确保每个参与者都能在有限的时间内得到充分的发言机会，如何处理不同的观点和看法，如何在保证深度的同时确保讨论的广度等。这都需要组织者具备一定的专业知识和组织能力。

3. 活动式教育法

活动式教育法由各种组织机构发起和实施，旨在通过有组织的群众活动来实现教育目标。这类活动鼓励体验、实践和参与互动，使得参与者能够在实践中学习和成长。举办活动的核心理念是公益性质的，而那些以追求利润为主要目的的活动并不属于社会教育的范畴。

在社会教育中，活动类型可以是学习活动、文体活动、道德教育活动、社会公益活动、竞赛活动等。其中学习活动主要关注知识和技能的传授。例如，研讨会、讲座、工作坊和培训课程等，都可以为参与者提供专业知识、新技能或者帮助他们更新现有知识。文体活动主要通过文化和体育来促进参与者的学习和交流。例如，音乐会、舞蹈演出、电影放映、体育比赛等，都可以为参与者提供放松的环境，同时也能够在一定程度上促进他们文化素养和身体素质的发展。道德教育活动的核心在于传递和弘扬正面的价值观和行为准则，它可以是关于公民责任、诚信、尊重等主题的讨论或活动。社会公益活动鼓励人们参与公共事业，例如，环境保护、慈善募捐、志愿服务等都是为了服务社区和提升公共福祉。竞赛活动，通常涉及技能或知识比赛。例如，数学竞赛、辩论比赛、艺术创作比赛等，不仅可以激发参与者的积极性，还能发掘参与者的优秀才能。每种活动都可以为社会教育带来独特的价值，通过各种形式和方法满足民众不同的学习需求。

四、社会教育的基本作用

社会教育的基本作用不仅仅体现在知识和技能的传授上，更重要的是它可以为社会和个体的持续发展创造条件，为构建更加和谐、进步的社会提供支持。

（一）促进社会发展

社会教育为社会公众提供了一个持续学习的机会，这种教育不是仅局限于传统的课堂，而是渗透到日常生活的每一个方面。通过社会教育，人们可以更好地了解自己的权利和责任，学习新的技能和知识，以适应不断变化的环境和需求。此外，社会教育还鼓励文化的交流与共鸣，从而增进社区内部和不同社区之间的理解和合作，为社会的和谐与进步创造有利条件。

社会教育可以为人们提供必要的知识和技能，使他们能够有效地应对日益复杂的社会环境和挑战。当人们具备了足够的知识和技能，他们就能更好地参与到经济、政治和文化活动中，从而助推社会朝着更加繁荣和和谐的方向发展。此外，社会教育也强调公民的权利和责任，从而有助于人们形成积极参与和贡献的社会态度。如果公民深知自己的权利并为之努力，明白并履行自己的社会责任，社会的治理就会变得更加高效，社区关系会变得更加和谐。

社会教育还鼓励不同背景、文化和信仰的人之间进行交流和合作。这种交流能够为社会注入新的活力，增强社区的凝聚力，推动文化的互相融合与发展，使社会更加包容、多元。此外，新的教育理念和方法的探索和实践不仅可以为教育者和学习者提供新的视角，还能够为社会带来新的思维方式和解决问题的策略。

（二）促进教育发展

社会教育与传统教育系统相辅相成，它突破了传统教育的框架，强调实践、体验和互动，使得教育更加贴近实际，更具应用性。此外，社会教育还为教育者提供了广阔的实验场地，使他们能够探索和实践新的教育理念和方法，从而不断地完善和丰富教育内容和形式。

社会教育是践行终身学习理念的重要途径之一。人们可以通过社会教育意识到学习并不仅仅是在学校时期的事情，而且伴随着整个人生。这种观念的普及使得人们对学习更加渴望，参与度持续增长，进而推动教育体系不断创新和进步。在社会教育实践中，教育者和学习者之间的互动形式也能够在一定程度上得到更新和丰富。与传统的单向教学方式不同，社会教育更加注重参与者的主动性和互动性。这种互动学习不仅更能激发学习者的兴趣和热情，还能为教育者提供新的启示和灵感，促进教学方法的创新。

此外，社会教育通过对各种现实问题的关注和介入，使教育更加贴近社会的实际需求。这种以问题为导向的学习方式，不仅有助于培养学习者的实际操作能力，还使教育内容和方法与时俱进，更具前瞻性。

（三）促进青少年全面发展

青少年时期是人生中最关键的时期，社会教育对于他们的成长有着至关重要的作用。通过各种活动和项目，社会教育可以为青少年提供一个开放、包容的环境，使他们能够在实践中学习和成长，培养出独立思考、解决问题的能力。同时，社会教育还重视对青少年的道德、情感和社交能力的培养，帮助他们形成健康的人生观、价值观和世界观，使青少年在学术上取得成功，更使他们成为有社会责任感的公民，为未来的社会发展做出贡献。

青少年在参与社会教育活动的过程中，可以探索自己的兴趣和潜能，从而建立自信心。无论是艺术、科学、体育还是其他领域，这些活动为青少年提供了一个表达自己、锻炼技能和解决实际问题的舞台。这种实践的经验有助于青少年形成明确的人生方向和价值观，为未来的职业生涯和生活打下坚实的基础。更为重要的是，社会教育可以使青少年更好地了解和融入社会。通过对社会问题的深入了解和实际参与，他们可以更全面地理解社会的运作机制和责任。这种社会认知的提高，使他们更容易成为有责任心和有远见的公民，对社会的未来发展做出积极的贡献。

五、社会教育与其他教育的关系

（一）社会教育与家庭教育

社会教育与家庭教育在教育领域内是两个相辅相成的部分。家庭教育以家庭为核心场所，主要由父母针对家中子女进行，旨在养成良好习惯、具有独立自强的精神以及树立遵纪守法的意识。这样的教育形式为孩子提供了一种情感丰富、贴心的指导，为其后续的学校教育和社会教育打下坚实的基础。而社会教育则是一个更为广泛的概念，它旨在为全体社会成员提供教育服务，涉及的范围从个人成长到专业技能的培养。它的实施通常由政府、公共团体和各种社会文化机构负责。社会教育强调全民教育和终身学习的理念，确保每一个人都能在不同的生活阶段受到相应的教育和指导。

家庭教育与社会教育在许多方面都是相互关联的。家庭教育为个体打下了早期的人格和道德基础，而当个体步入社会，社会教育则进一步深化和拓展这些基础，使之更加适应复杂多变的社会环境。简言之，家庭教育是个体教育的起点，而社会教育确保这一教育过程持续并且不断进步。

（二）社会教育与学校教育

当人们提到"教育"时，首先想到的通常是学校教育，即教育的狭义概念。与学校教育相比，社会教育的独特之处在于其覆盖的对象更为广泛，不仅涉及在校学生，还延伸到了学校之外的所有教育接受者。而学校教育的核心对象是在校学生。此外，社会教育的内容也更加丰富多元，除了学校教育涉及的范畴外，它还包含了更广泛的领域。而在场所方面，随着社会教育化与教育社会化的发展，社会教育不仅在学校中进行，还涉及多种社会文化教育机构。相比之下，学校教育主要在学校环境中展开。

从时间维度上看，学校教育受到一定的年龄限制，一旦完成学业，学校教育便告一段落。但社会教育则没有年龄和时间的界限，它伴随一个人的一生，持续地为其提供成长所需的知识与能力。然而，这两种教育形态并非相互排斥，而是相辅相成的。教育是一个庞大且多元的体系，其中社会教育和学校教育都是其重要的支柱。社会教育为学校教育提供了坚实的支撑，反之，学校教育也为社会教育打下了基石。因此，整合社会教育、家庭教育与学校教育是实现教育目标的关键。

（三）社会教育与社区教育

社区教育是围绕特定地域的生活共同体，即社区，进行的集体教育活动。这种教育形式旨在开发和丰富社区生活，以满足居民的教育和文化需求。不同的国家和地区对社区教育有其独特的解读，如北欧认为其是民众教育，日本将其视为社会教育，美国看作社区提供的非正规教育，而苏格兰则认为是影响个人学习的过程。

在我国，社区教育被视为一种由社区居民主动参与、追求精神丰富和满足终身学习需求的群众教育活动。它由政府倡导，基层组织合作推动，旨在提高居民的文化素养，满足其自我完善需求，并确保其自主学习权益。为了实现这一目标，通常会建立如社区教育委员会等协调机构，以促进学校教育与社会教育的融合，并创造有利于青少年全面发展的宏观教育环境。

与社区教育相比，社会教育具有更广泛的覆盖范围，它不仅局限于某一特定地域，而且涵盖了更广泛的社会成员。而社区教育，如其名称所示，主要集中于特定的社区，着重服务于该社区的居民。这使得社区教育在本质上成为针对特定区域和对象的社会教育活动。因此，我们可以理解为，社区教育是社会教育的一个子集，它是社会教育在具体社区环境中的体现和实践。

（四）社会教育与成人教育

成人教育主要针对那些已完成学校教育的个体，以及成人自主或在集体环境中的学习活动。相较之下，社会教育则广泛地服务于社会的所有成员，不仅包括成人，还涵盖了儿童与青少年。在这种背景下，成人教育可以被视为社会教育的一个子集，专门面向成年人群。成人教育主要侧重于"成人"这一教育对象来界定。而社会教育则包含了更为广泛的内容，其中自然也包括了成人教育的所有内容。在实施主体上，负责执行成人教育的机构和团体同样是社会教育的组成部分。

社会教育和学校教育、家庭教育是从教育的形态或教育运行的场所来进行区分的，这也是人们通常所认可的三种教育的划分方式。在此基础上，社区教育和成人教育可视为社会教育的子集。其中，成人教育专门针对成年人群，而社区教育则集中于特定地域的居民，即社区之内。

社会教育在社会进步中扮演着至关重要的角色，其发展历史比学校教育更为久远，并在社会的各个阶段中都产生了深远的影响。作为学校教育的有力补充，社会教育能有效弥补学校教育可能存在的短板，同时也展现出其独有、不可替代的功能。虽然过去社会教育或许被相对忽视，但随着继续教育、终身教育和终身学习的理念逐渐深入人们的认知，社会教育正逐步获得更广泛的关注与认可，其定义和边界也将随之扩展，应用范围不断扩大。总之，社会教育不同于学校教育和家庭教育，主要指各种社会文化机构对学生或广大民众进行的教育活动。社会教育可以使学校教育、家庭教育从封闭走向开放，使学校教育与整个社会系统产生紧密的联系，不仅有利于培养学生的社会适应性和社会活动能力，还有利于培养他们的创新能力和探索精神。

第二节 学校实施社会教育的原则与途径

步入 21 世纪,学校不再仅仅是传统学科教育的园地,还承担着培养学生全面发展的责任。社会教育,作为一种旨在培育学生在学校之外的实践能力和社会适应性的教育方式,已逐渐成为现代教育体系中不可或缺的一部分。为了更好地促进学生的全面发展,深化课堂教学与现实生活的结合,让学生在真实的社会环境中学习和成长,学校有必要积极引入并实施社会教育,丰富学生的知识体系,提高他们的综合素质,使他们与社会保持紧密的联系,实现德、智、体、美、劳全面发展。

一、学校实施社会教育的原则

学校联合社会各界人士开展社会教育实践活动,不仅有助于社会进步和个体成长,而且有助于构建学习型的社区,为实现终身教育提供必要的路径。通过社会教育,学校教育得以与社会需求更紧密地结合为一体,进一步将教学与生产劳动、社会实践相融合。无论是对于学生还是广大民众,社会教育实践都具有十分重要的正向作用。因此,学校在组织开展社会活动时,需要遵循一系列的原则。这些原则不仅是社会教育成功落地的保障,还是学校教育向更高质量、更广领域拓展的关键。

(一) 理论联系实际原则

社会教育强调的是将理论知识与实际生活经验相结合。学校不仅要注重对学生进行纯理论的教学,还要鼓励学生将所学知识应用到实际生活和实践中。这样的方法不仅可以帮助学生更深入地理解和掌握知识,还可以培养他们的实践能力和解决实际问题的能力。例如,在学习环境科学知识时,教师通过组织实地考察或社区环境项目,可以让学生更直观地理解环境问题并参与其中,从而使学到的知识得到实际应用。

当学校利用社会资源组织社会教育时,必须确保教育内容与实际情境相结合。例如,学校可以与当地企业或社区组织合作,为学生提供实践活动的机会。这样,学生不仅可以亲身体验社会生活,还可以将课堂上所学的理论知识应用于实际工作中。此外,学校还可以邀请实践经验丰富的专家、企业家或社区领袖到学校举办讲座,让学生直接听到他们的亲身经历和经验分享,从而加深对某一领域的理解。同时,这也可以激发学生的兴趣,鼓励他们探索不同的专业领域。

(二) 课内与课外互补原则

学校教育不应局限于课堂。课堂教学和课外活动是学校教育的两个重要部分，它们之间应该相辅相成，共同构成一个完整的教育体系。课堂上，学生获取基础知识和理论；而课外活动则为学生提供了一个将所学知识付诸实践、培养各种技能和品质的平台。例如，在学习历史课程时，学生可以通过课外的历史剧表演或参观历史博物馆来更加生动地理解和感受历史。同样，在学习艺术或音乐时，课外的艺术展览或音乐会则能为学生提供更为直接的艺术体验。

学校可以与社区、企业和其他社会组织建立合作伙伴关系，共同设计和组织课外活动，并确保这些活动与学校的教学内容紧密相关，从而增强学生的实践经验和实际操作能力。此外，学生在课外实践中的所见所闻、遭遇的问题和挑战，都可以成为课堂讨论的素材，让教学内容更加丰富和实际。学校在开展社会教育时，应使课堂教学与课外实践相得益彰，从而为学生提供更加全面、深入的学习体验。

(三) 生活化与实用性原则

生活化与实用性原则强调社会教育应贴近学生的日常生活，以及他们未来在社会中的实际需求。教育内容和方式应具有高度的相关性和实用性，确保学生所学所得能在实际生活中得到应用。为了实现这一原则，学校在设计课程和活动时需要关注学生的生活经验、兴趣和需求。例如，学习家庭经济管理、社交礼仪、基本生活技能等，都可以帮助学生更好地应对生活中的各种挑战。此外，学校还可以与社区、企业和其他社会组织合作，为学生提供实习、参观和社会服务等机会，让他们在实践中锻炼能力，体验和学习。

此原则不仅有助于增强教育的针对性和有效性，还有助于培养学生的自主性和责任感，使他们更为主动地参与到学习和生活中。通过与实际生活紧密结合，社会教育能够为学生提供更为丰富和有意义的学习体验，助力他们全面发展。

二、学校实施社会教育的途径

学校实施社会教育的途径是多样化的，可以结合各种教育资源和环境，为学生提供丰富的学习经验和社会实践机会。以下是学校实施社会教育的几种常见途径：

(一) 组织社区参与

社区参与主要是指学校与周边社区建立紧密的合作关系，共同为学生提供更为丰富和多元的教育机会。通过与社区的合作，学生可以参与到各种社区服务活动中，如帮助老人、清理公园等，从而培养社会责任感和公民意识。

社区不仅是学生生活的环境，还是他们成长的重要场所。在这里，学生可以观察和参与各种社会活动，体验生活的多样性，学习与人交往和合作的技能。与此同时，学校拥有专业的教育资源和教育经验，可以为社区提供多种形式的支持和帮助。因此，学校与社区的合作不仅可以为学生提供更为全面的教育机会，还有助于构建和谐的社区环境，促进社区的持续发展。

为了有效地推进学校与社区的合作，学校需要做好以下几方面的工作（见图 6-4）：

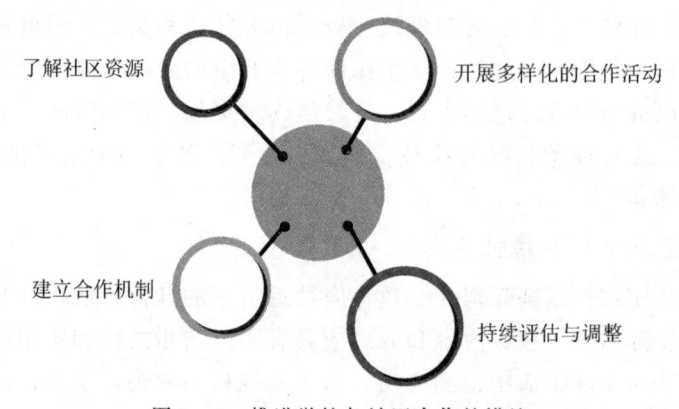

图 6-4 推进学校与社区合作的措施

1. 了解社区资源

学校首先要对周边社区进行深入的调查和研究，了解社区的资源、特点和需求。这样，学校才能够根据实际情况，制定合适的合作策略和方案。

2. 建立合作机制

学校与社区之间的合作不能仅仅停留在口头上，还需要建立稳定的合作机制。例如，学校可以与社区签署合作协议，明确双方的权利和责任；也可以设立专门的合作委员会，定期召开会议，协调和推进合作事宜。

3. 开展多样化的合作活动

学校与社区可以开展多种形式的合作活动，如组织学生参与社区服务、邀请社区居民到学校举办讲座、与社区共同举办各种文化和体育活动等。

4. 持续评估与调整

学校与社区的合作是一个长期的过程，需要根据实际情况，不断进行评估和调整。学校可以定期对合作活动进行评估，了解活动的效果和影响，根据评估结果，调整合作策略和方案，确保合作始终处于健康和有效的状态。

学校与社区的合作对于促进学生的全面发展和构建和谐社区环境都具有重要意义。学校需要采取切实可行的措施，推进这一合作，为学生提供更为优质和多元的教育机会。

（二）实施校外教学

校外教学是指学校组织学生走出课堂，到学校以外的环境进行教学活动，它是学校实施社会教育的有效途径之一。它融合了学科知识与实际应用，使得学生能够在真实的环境中学习和体验，从而增强知识的实用性和教育的针对性。利用博物馆、历史遗址、企业、工厂等场所进行实地考察和学习，可以使学生将课堂知识与社会实际相结合，增强其实践能力。在校外，学生能够亲眼看到、亲手触摸到他们在课本上学到的知识，这种形式的学习更有助于知识的深化和巩固。此外，校外教学还能培养学生的实践能力、团队合作能力和社交能力，为他们未来的社会生活打下坚实的基础。

学校在实施校外教学时，需要注意以下几点：

1. 充分准备

学校在组织校外教学之前，首先要对目的地进行深入的研究，确保所选地点与教学内容相匹配。此外，学校还需要预先制定教学计划，确定教学目标、内容和方法，为学生提供必要的学习材料和工具。

2. 确保安全

学生的安全是校外教学的首要任务。学校要制订详细的安全规定，提前做好风险评估，并为学生提供必要的安全培训和装备。在教学活动中，学校还需要加强对学生的管理和监控，确保他们在安全的范围内活动。

3. 注重实践

校外教学的核心是实践。学校要鼓励学生积极参与各种实践活动，如观察、调查、实验等，并为他们提供必要的指导和支持。此外，学校还可以邀请行业专家和实践者为学生提供现场指导，让他们从中获得更多的启发和收获。

总的来说，校外教学可以为学生提供一个独特的学习环境，帮助他们将理论与实践相结合。在组织校外教学时，学校要充分考虑学生的学习需求和安全问题，确保教学活动既有教育意义又能安全进行。

（三）注重学生社团和兴趣小组

学生社团和兴趣小组为学校实施社会教育提供了独特的平台。这些组织通常是由学生自行发起和管理的，旨在满足学生在某一领域或某一兴趣上的需求。通过参与各种学生社团和兴趣小组，学生可以培养自己的兴趣爱好，同时也可以锻炼自己的组织、领导和沟通能力。

为更好地支持和指导学生社团和兴趣小组的发展,学校应做到以下几点(见图6-5):

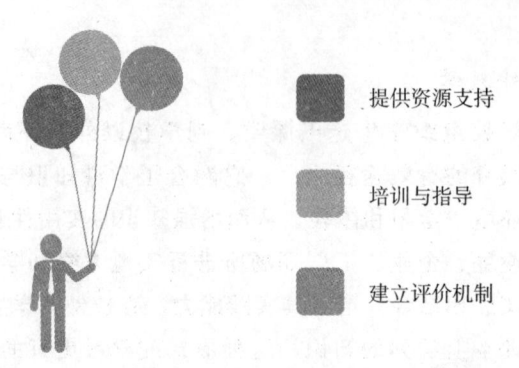

图6-5 促进学生社团和兴趣小组发展的策略

1. 提供资源支持

学校应为学生社团和兴趣小组提供必要的物资、场地和资金支持,确保能够顺利开展活动。

2. 培训与指导

虽然学生社团和兴趣小组是学生自主管理的,但学校仍然需要为其提供必要的培训和指导,帮助他们制订合理的活动计划,提高管理和组织能力。

3. 建立评价机制

学校可以建立一套评价机制,对学生社团和兴趣小组的活动效果进行定期评价,为其提供反馈和建议,推动社团和小组活动持续改进。此外,学校还可以组织各种交流活动,如社团展览、兴趣小组大赛等,鼓励不同的社团和兴趣小组之间开展合作,共同探索和学习。

学校在实施社会教育时,应充分利用学生社团和兴趣小组资源,发挥其在教育中的独特作用,为学生提供更加丰富和多元的学习经验。

(四)开展文化和艺术活动

开展文化和艺术活动是学校联合社会教育的一种有效方式。这些活动多种多样,涵盖音乐、舞蹈、戏剧、绘画、雕塑和文学等各个领域,为学生提供表达自己、欣赏美、感受文化的平台。文化和艺术活动之所以对社会教育具有重要意义,是因为它们能够深化学生对文化遗产的理解,培养其审美能力和创造力,加强其文化自信心和国家认同感。通过参与这些活动,学生可以更好地理解人类文明的进程,体验不同文化背景下的艺术魅力,锻炼自己的情感和表达能力。

对此,学校可以定期举办各类文化和艺术展览、演出和比赛,为学生提供表演和展示的机会。这不仅可以激发学生的参与热情，还可以让他们在实践中感受艺术的魅力，锻炼自己的能力。除此之外，学校还可以邀请艺术家、学者和专家来校举办讲座，为学生提供与专家直接交流的机会，拓宽他们的视野，激发他们的创新思维。为了确保文化和艺术活动持续和深入开展，学校还应建立与社区、艺术机构和文化部门的合作机制，共同策划和组织活动，共享资源，提高活动的影响力和参与度。

第三节 提升师范生社会教育能力的策略

社会教育能力是一项综合能力，通常是指个体在社会环境中获取、处理、运用信息的能力，以及与他人交往、协作、解决问题的能力。它不仅包括传统的学术技能，还涵盖一系列与人际交往、团队合作、批判性思考、情感管理等相关的软技能。

师范生，是未来教育的主力军。对于师范生来说，社会教育能力主要包括以下几个方面的内容：第一，信息处理能力，即获取、分析、评估和运用信息的能力。在数字化信息时代，这项能力尤为关键。第二，人际交往能力，即与他人有效沟通、建立和维护人际关系的能力，了解差异、尊重多样性以及有效地在团队中协作的能力。第三，解决问题与决策能力，即面对复杂的情境，能够独立思考，运用批判性思维来做出决策和解决问题的能力。第四，情感与自我管理能力，即认识和管理自己的情感，发展积极的自我观念，建立自信并能够应对压力和挑战的能力。第五，生活技能，这包括日常生活中所需的基本技能，如时间管理、金钱管理以及其他实际生活技能。第六，道德和公民素养，即了解和尊重社会的规范和价值观，承担社会责任和义务，参与社区和公共事务。社会教育能力不是与生俱来的，而是可以通过教育、培训和实践经验逐渐积累和发展起来的。随着社会的快速发展和变革，社会教育能力的重要性日益凸显，因为它能帮助个体更好地适应和参与社会，实现自身的全面发展。

一、深化教育实习经验

深化教育实习经验对于提升师范生的社会教育能力具有重要意义。实习是师范生将所学知识和技能转化为实践能力的关键过程，而在这一过程中，他们可以更加真实地体验到教育的各种挑战和机遇。深化教育实习经验可以让师范生在实习中有更多的机会与学生互动，参与课堂管理、策划与组织校外教育活动，可以增强他们的实践经验和人际交往能力。

通过实习，师范生得以真正置身于教育一线，深入了解学生的日常生活、学习习惯和需求，从而更加明确自己的教育目标和方法。当他们面对真实的课堂，处理真实的学生问题时，理论知识和实践之间的关系变得尤为突出。比如，如何有效管理课堂、如何调动学生的学习积极性、如何根据学生的差异进行因材施教等，这些问题不再是抽象的教育话题，而是具体的、现实的挑战。另外，深化实习经验也意味着师范生要积极参与到学校的各种教育活动中，与老师、学生、家长和其他教育工作者进行广泛的交流和合作。这样，他们不仅可以加深对教育实践的认识，还可以培养自己的沟通和协作能力，这对于未来的教育工作是至关重要的。而且，实习经验还可以帮助师范生建立起自己的教育哲学和价值观。面对真实的学生和教育问题，他们会更加深刻地认识到教育的意义和价值，从而形成更加明确和坚定的教育理念。

二、鼓励培训与研讨

培训为师范生提供了一个系统性学习新知识和技能的机会。在培训过程中，他们可以接触到最新的教育理论、方法和技术，从而扩大自己的知识视野。与此同时，培训往往注重实践应用，使得师范生有机会将所学应用于真实的教育环境中，从而加深对知识的理解和应用。这种从理论到实践的转化，有助于师范生更好地适应并参与到复杂多变的教育环境中。研讨则为师范生提供了一个交流和分享的平台。通过与他人的讨论和交流，师范生可以听到不同的观点和经验，从而促进自己的思考和反思。研讨可以是围绕某一教育话题的深入探讨，也可以是对某一教育实践的反思和总结。这种深入的交流与探讨，不仅能够帮助师范生更好地理解教育的多样性和复杂性，还可以提高他们的批判性思维和解决问题的能力。

培训与研讨鼓励师范生主动参与和互动。这种主动性和互动性有助于师范生建立起自己的学习和教育网络，从而更好地适应和参与到教育的社会实践中。通过培训与研讨，师范生不仅可以获得新的知识和技能，还可以通过与他人的交流和分享，深化对教育的理解和应用。这种理论与实践相结合的方式，无疑会为师范生的未来教育事业打下坚实的基础。

三、注重持续自我发展

持续自我发展是指个体为了适应和应对不断变化的外部环境而进行的持续

的、有计划的学习和成长。对于师范生而言，持续自我发展不仅是他们个人职业生涯的需要，还是对社会教育责任的回应。在教育领域，知识和技能的更新迭代速度极快，为了更好地培养学生，师范生必须持续更新自己的知识体系和教育技能。

持续自我发展的重要性在于其对教育质量和效果的直接影响。只有不断更新知识、提高技能、丰富经验的教育工作者，才能够为学生提供最合适、最前沿的教育服务。此外，随着社会的发展，教育的目标和内容也在不断地调整和更新。师范生需要通过持续自我发展来适应这些变化，确保自己的教育方法和内容与时俱进。

要实现持续自我发展，师范生应该养成终身学习的习惯，不断地参加各种培训、研讨会和学术活动，与教育界的前沿保持同步。此外，师范生在参与日常教育工作时，还应当将理论与实践相结合，通过实践来检验和完善自己的教育理论，同时，反思自己的实践，总结经验和教训。

第七章　地方高师院校师范生培养与发展

地方高师院校肩负着为国家输送高素质教育人才的重要任务，它们如何把握师范生的培养与发展，不仅仅直接影响到学生的未来，更与整个社会的教育氛围和国家的人才储备息息相关。因此，地方高师院校在培养师范生的过程中，应当紧随时代步伐，结合地方特色，确保为社会培养出既有理论素养又具备实践能力的全面型教育人才。

第一节　强化师范生技能指导

在全球化和知识经济的背景下，教育的角色愈发凸显，现代社会对教师的要求也愈加严格。师范生作为未来教育的中坚力量，他们的技能水平直接影响着下一代的培养质量。地方高师院校作为培养师范生的主要阵地，肩负着培养师范生的重任。技能不仅是教学方法，还包括课堂管理、沟通等多方面的能力。地方高师院校强化师范生的技能指导，不仅仅是对学生职业发展的负责，更是对未来教育质量、对国家未来的发展负责。只有将专业技能真正融入师范教育，才能确保我国的教育事业持续、健康地发展。

一、强化师范生技能指导的意义

师范生是未来教育领域的重要力量，他们肩负着为下一代传递知识和智慧的重任。而技能，无疑是教育这一专业的核心。技能的提炼与锻造不仅仅关乎每一个师范生的职业生涯，更直接影响到他们未来所教授的每一个学生。因此，强化师范生的技能指导，实际上会对整个教育体系质量带来深刻影响。

（一）满足地方教育需求

地方高师院校主要服务于当地的教育体系，每个地方都有其独特的教育环境和挑战。通过强化师范生的技能指导，地方高师院校可以确保它们更好地适应当地的教育现状和需求。对于学生来说，获得与本地紧密相关的教育经验将有助于他们在毕业后更好地融入社会，为当地的发展做出贡献。对于地方社会来说，拥有一支了解本地情况，能够因地制宜施教的教师队伍，意味着教育资源可以得到更加高效和精准的利用，进而推动社会的整体进步。

为了实现上述目标，地方高师院校在强化师范生技能指导时，应该注重以下几个方面：首先是培训内容的地方化。这意味着在教育课程中加入与当地文化、历史、经济和社会发展相关的内容，使师范生能够更好地理解和应对地方的实际需求。其次，教育实习和实践活动也应该尽可能地安排在当地，这样师范生可以直接与当地学生和教师互动，从中获得宝贵的实践经验。最后，与地方教育部门和学校的紧密合作也是不可或缺的。通过合作，师范院校可以更加准确地掌握地方教育的最新需求，从而及时调整教育策略和培训内容。

（二）促进地方高师院校的持续发展

技能训练是师范生实际教育工作的基础。只有技能得到充分的培养，师范生在走上教育第一线时才能快速适应并发挥所学，进而提升整体的教育质量。技能指导不仅仅是教授理论知识，更重要的是帮助师范生将这些知识应用于实际的教育场景中。通过实践，师范生能够更好地掌握教育方法和策略，理解学生的需求，进而为他们提供更加贴切和高效的教育服务。这种技能的培养和应用直接影响到学生的学习成果，从而提高教育的整体质量，促进地方高师院校持续发展。

对于地方高师院校来说，他们应注重与地方教育部门和基层学校的紧密合作，确保培训内容与当地的实际需求相匹配。此外，实地实习和教育实践活动也应被视为培训的核心部分，这样可以确保师范生在学习的过程中获得充足的实践经验。同时，应对师范生的反馈和评价给予足够的重视，根据他们的实际体验不断优化和调整培训内容。而对于师范生本身，他们应当认真对待每一项技能指导课程，努力将所学的知识与实践相结合。在实习和实践中，他们应该主动寻找学习机会，与在校教师和学生紧密互动，了解他们的需求和期望。同时，也要持续地反思和总结自己的经验，寻找教育方法的创新和优化，确保自己的教育理念和技能都能与时俱进。

促进地方高师院校的持续发展是一个系统性的工程，需要学校、师范生和地方社会的共同努力。只有这样，才能确保每一位毕业的师范生成为地方教育的有力支撑，为学生和社会提供更优质的教育服务。

(三) 培养师范生的专业认同感

培养师范生的专业认同感在于让他们深入体会到自身作为教育者的核心价值和所扮演的角色，使其更为坚定地投身于教育事业。专业认同感涉及个体对自己职业身份的认同以及对于自己所从事工作的价值和意义的深入认识。培养和提升师范生的专业技能，可以加深师范生对于教育行业的了解，帮助他们进一步树立专业认同感，使其更加热爱教育事业，投身于这个职业。

地方高师院校强化师范生的技能指导对于培养其专业认同感具有显著的促进作用。通过技能指导，师范生不仅可以掌握更为扎实的教育技巧，而且能够更为直观地感受到教育对于学生和社会的重要价值。实际操作中的成功体验能够增强他们的自信，使他们更加坚信自己选择的教育事业是有意义的。

学校还可以组织与实际教育环境相结合的实践活动，让师范生深入一线，体验教育的魅力与挑战。对于师范生而言，他们应该珍惜每一次技能指导和实践的机会，全心投入，努力提高自己。在实践中，他们应当敏锐地观察和体会，思考自己在教育过程中的作用和意义。与此同时，师范生还要积极与他人交流分享，向经验更加丰富的教育者学习，不断开阔自己的教育视野。

二、强化师范生技能指导的主要内容

地方高师院校在强化师范生技能指导过程中应认真思考如何将教师职业技能训练有机地融入学科教学中，确保技能培养与学科内容紧密相连。教师职业技能训练不仅仅是单纯的技术操作，更是与学科知识相结合的综合应用。因此，高师院校应确保师范生在学科教学中既掌握学科知识，又具备相关的教学技能，以满足学生的多样化学习需求。在教育实践中，教学方法的选择和教学过程的安排都与教师的技能息息相关。高师院校应重视案例教学的示范作用，让师范生在模拟的教学环境中，体验各种教学方法，从而深刻理解其背后的教育原理和实践逻辑。此外，教师的示范作用不仅仅体现在教学方法上，更应该通过日常的课程教学展现出来。师范生不仅是学习者，更是未来的教育工作者。因此，他们在每节课中都应该从双重角度进行学习：一方面吸收学科知识，另一方面观摩和学习教师的职业技能。这种观摩和学习不仅仅限于教师的教学技巧，更包括教师的教育理念、态度和价值观。通过这种潜移默化的方式，师范生可以更深入地理解和掌握教师的职业技能。

一般来看，地方高师院校应注重加强师范生以下几种技能指导（见图 7-1）：

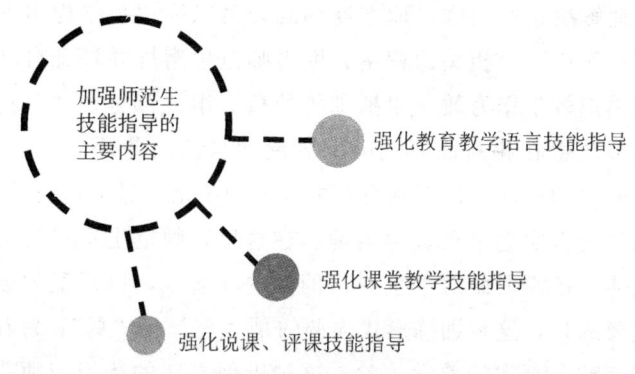

图 7-1　加强师范生技能指导的主要内容

（一）强化教育教学语言技能指导

教师的教育教学语言不仅仅是传递学科知识的媒介，更是促进师生之间思想交流、情感沟通的桥梁。语言的精准性、逻辑性、清晰性和形象性都是其有效性的关键要素。一个教师，如果能够运用准确的词汇、有条理的结构、清晰的发音和生动的例证，往往能够更好地激发学生的学习兴趣，使其更容易理解和接受所传递的知识。此外，适时地融入幽默，可以使教学环境变得轻松和愉悦，进而激发学生的学习积极性。

但要做到这些，不仅需要教师具备高超的语言技能，还需要他们掌握与人沟通的策略。因此，地方高师院校应注重通过各种课程和实践活动，培养师范生的教育教学语言技能。例如，通过"普通话训练"和"教师口语"等课程，师范生不仅能够学习到正确的语音、语调，还能够通过朗诵、演讲和辩论等活动，培养自己的口头表达能力。而在"教师礼仪"课程中，他们可以学会如何在不同的教学场合、面对不同的对象，运用适当的语言和行为进行有效的沟通。为了确保训练的实效性，地方高师院校应强调理论知识的简约性，注重实践活动中的实训实操。其中教师的点评和学生之间的互评都是关键环节。通过这样的评价方式，师范生可以更加明确地了解自己在语言表达上的优点和不足，从而在今后的教学实践中持续提高。

（二）强化课堂教学技能指导

课堂教学技能，包含备课、导入、讲解、提问、板书板画、组织教学、应变及现代教育技术的运用等各项能力。它们共同构建起一个完整、高效的教学过程，帮助教师更好地传授知识和技能，激发学生的学习兴趣和潜能。

初登讲台的师范生常常面临诸多挑战，如怯场、语速过快、过于依赖教材等。为了有效地解决这些问题,地方高师院校可以采用教学模拟训练法,将其融入"课程与教学论"等相关课程中,助力师范生磨炼并提升自己的课堂教学技能。试讲和模拟教学作为教学模拟训练的核心组成部分,具有其独特的教育价值。试讲让师范生在相对简短的时间内展现自己的备课、讲解和板书技能,再通过教师和同学的点评,认识到自己的长处和不足,进而进行针对性的改进。模拟教学可以较为真实地呈现教学情境。在这里,师范生不仅需要综合运用各种课堂教学技能,还需要面对学生提出的问题和挑战,这无疑加强了他们的应变能力。更重要的是,这种训练形式强调的是"全"和"真",旨在让师范生从中获得尽可能完整、真实的教学体验。这种近似真实的练习使师范生更容易跨越理论与实践之间的鸿沟,为他们的实习和未来的教育工作奠定坚实的基础。

(三) 强化说课、评课技能指导

"说课"是一种基于备课的教研形式,教师向同行或其他人员以口头方式展现其教学设想及其背后的理论依据。它实际上是将教师对教材的理解以及教法和学法设计的预期转化为教学活动的预演。这种方式不仅有助于深入了解、研究和评估具体的教学内容,还对提高教师的教学水平起到了关键作用。说课的过程中,教师能够将教学理论与实际操作结合,这不仅有助于优化教学设计和提高教师的教学能力,还能促进教师的知识掌握和应用,培养他们运用教育理论去分析和解决实际问题的能力。为此,地方高师院校应在学科教学论课程中为师范生提供全方位的说课训练,并通过比赛等形式鼓励他们更加主动地参与练习。

在教法课上,观摩和评价课程的方式也能有效培养学生的教学技能。观察学习是一种直接、真实的学习方式,它能增强理性思考,使知识更具迁移性和灵活性。为了提供更实质的学习体验,地方高师院校可以在课堂上展示优秀教师的教学录像,这种方法对于师范生来说,是直接积累实践性知识的最佳方式。优秀的教师示范不仅能够呈现新课程改革的要求,而且还能够展示如何在新的教学理念和思想指导下进行实际教学。这种观摩在结合授课教师的课后点评后,能为学生带来更高层次的实践性认识,既是引导他们了解课程改革的有效方式,又是培训未来教师技能的关键路径。

三、强化师范生技能指导的策略

(一) 以学生为中心,设计技能培养的课程内容

地方高师院校在培养师范生时,面临着一个重要的使命,即确保未来的教

师不仅具备扎实的理论知识，还能在真实的教学环境中发挥所学，成功培养学生。为了达到这个目标，地方高师院校必须以学生为中心来设计技能培养的课程内容。高师院校应深入了解学生的需要、兴趣和背景，然后根据这些信息来定制课程，确保课程与学生的实际需求相匹配。此外，地方高师院校还应鼓励师范生主动参与课程设计，让他们根据自己的兴趣和需求选择技能培训的重点。这种自主性不仅可以提高师范生的学习动机，还可以帮助他们更好地理解和掌握所学技能，从而在未来的教学工作中更加得心应手。在此基础上，高师院校还应注重提供实践机会，如模拟教学、实习教学等，让师范生在安全的环境中尝试、练习和完善所学技能。同时，应与真实的教育场所，如学校、培训机构等，建立紧密的合作关系，确保师范生在实习期间能得到充分的支持和指导。

地方高师院校在培养师范生时，需深刻把握以学生为中心的原则，结合时代变革和学生的个性化发展需求来设计技能培养的课程内容。新时代的师范生不仅仅需要掌握教育部门规定的基本职业技能，如语言技能、书写技能、教学技能等，更要具备与本地区紧密结合的特色教育技能。在此背景下，地方高师院校可以结合本地的文化、历史和资源优势，设计出更加贴近实际的技能课程。结合本地的特色和资源为师范生提供技能培训，不仅能够满足他们的个性化发展需求，还能使他们更好地融入当地的教育环境，更加有效地开展教育工作，为培养有特色、有水平的教育人才奠定坚实的基础。

（二）以产出为导向，完善技能培养的保障条件

产出导向，强调学习的实际成果，关注师范生所获得的知识和技能，以及他们毕业后能够胜任的工作。也就是说，地方高师院校应更加关心师范生在完成学业后具体掌握了哪些知识和技巧，以及他们能够承担的任务。为此，各高等师范院校需要根据基础教育的真实需求和师范生的核心能力素质要求，调整其课程和教学环节，确保教育和教学能够为师范生的培养提供有效的支持和保障。此外，这些院校还应根据师范专业的认证标准，明确培养目标和毕业要求，从而建立和完善一个明确的职业技能目标体系。

明确技能培养的目标，即师范生毕业后应具备的技能和能力，需要学校与各地教育部门、教师进行深入的沟通与合作，确立明确、实际且可操作的培养目标。有了明确的培养目标后，地方高师院校应调整课程设置，确保每一门课程都与技能培养目标紧密结合。此外，学校还需要整合各种资源，如实验室、教学楼、图书馆等，为师范生提供足够的实践机会，使其在实际操作中磨炼和提高技能。

教师队伍建设，是强化师范生技能指导的基础保障条件之一。地方高师院

校为强化师范生的技能指导,必须将加强教师队伍建设作为首要任务。有经验、有专业技能的教师和培训师能够为学生提供实践操作中的指导和帮助。在地方高师院校中,教师队伍通常具有丰富的实践经验和教学背景,他们熟悉基础教育的实际需求和变革方向。为了更好地为师范生提供技能指导,教师必须时刻与时俱进,不断更新自己的知识体系和教学方法。这不仅包括对教育理论的深入研究,还涉及对新技术、新方法的掌握和应用。地方高师院校需要注重吸引和留住那些既有丰富教育经验又对新知识和技能充满热情的教师。地方高师院校可通过提供专业发展的机会,如研讨会、进修课程和国际交流,鼓励教师持续学习和成长。同时,学校还应激励教师积极参与教育实践,与基础教育一线深度合作,理解当前教育的真实需求和挑战。

(三) 以合作为契机,提供技能培养的实践机会

在师范教育中,技能的培养绝不仅仅是理论授课的累积,更多的是通过实践来达成的。地方高师院校,为了有效提升师范生的技能,应当将合作视为提供技能培养实践机会的重要契机。

地方高师院校应与基础教育学校紧密合作,为师范生提供实习、教学观摩和教育项目合作的机会。通过这种合作,师范生可以深入教育第一线,直接体验教育的实际情况,理解学生的真实需求,并在实际教学中运用和锻炼自己的技能。借助基础教育学校的资源,高师院校可以设计"双师"课程,即由高师院校的教师与基础教育学校的在职教师共同执教。这种教学模式能够为师范生提供丰富的教育理论与实践知识。地方高师院校要鼓励师范生与基础教育学校共同开展教育项目,如课题研究、教学设计等。这样的合作不仅能够锻炼师范生的项目管理和组织能力,还能提高他们对教育实践的敏锐洞察。

地方高师院校还可以与社区、非政府组织和其他教育机构建立合作关系,开展各种教育活动和项目。这样的合作不仅可以帮助师范生扩大教育视野,还能让他们学会如何在不同的环境和条件下进行教育工作,培养他们的适应能力和创新思维。与社区的合作,使得师范生能够深入社区,为社区居民提供各种教育服务,如家长讲座、课后辅导班、成人教育等。这不仅仅让师范生了解到社区的实际需求,更能锻炼他们与不同年龄、背景的人群沟通与合作的能力。此外,社区中的各种文化活动、庆典或节日也为师范生提供了一个亲自组织和参与的机会,使其更加了解多元文化的教育价值。与非政府组织的合作,尤其是那些专注于教育公益的机构,可以使师范生有机会参与到更为广泛的社会教育活动中,如偏远地区的支教活动、特殊教育、为弱势群体提供的教育服务等。这样的经验不仅增强了师范生的社会责任感,还让他们看到教育的深远影响和

价值。与其他教育机构合作,例如培训中心、文化机构或研究所,为师范生打开了一个全新的学习和实践平台。这些机构往往拥有丰富的教育资源和独特的教育方法,通过与这些机构的合作,师范生可以获取更多的教育理念和方法,提高自己的教育研究能力和教育实践技能。

但合作并不是简单地将师范生"送"到合作机构就可以了。真正的合作需要双方的深入沟通和精心策划。地方高师院校在与其他机构合作时,应当明确师范生的培养目标和实践需求,确保合作内容与师范生的技能培养目标相匹配,确保师范生在合作中获得真正的成长和进步。

除了外部合作,内部的跨学科合作也不容忽视。例如,地方高师院校可以鼓励教育学与心理学、艺术或科技等其他学科的结合,开展跨学科的教育研究和项目,为师范生提供更加丰富和多元的技能培养机会。各个学科之间都有其独特的知识体系和方法论。教育学与心理学的结合,可以使师范生更深入地了解学生的心理发展、学习动机和行为特点,从而为他们提供更为精准的教学指导;教育学与艺术的结合,可以培养师范生的审美观念和创意思维,使他们在教学中更加生动有趣;而教育学与科技的结合,则可以帮助师范生引入更多现代化的教学手段和技术,让教学更加高效和智能。为了推进这种内部的跨学科合作,地方高师院校可以设立专门的跨学科研究小组或实验室,由来自不同学科的教师共同参与,共同研发新的教育理念、方法和技术。此外,院校还可以组织跨学科的研讨会、工作坊和培训活动,鼓励教师之间交流和合作,共同探讨教育的前沿问题和挑战。通过加强内部的跨学科合作,地方高师院校不仅可以推进教育研究和实践创新,还能为师范生提供更为全面和深入的技能培养机会,确保他们在未来的教育工作中更好地服务学生,满足社会的需求。

第二节 着力培养"多元化"教师

在21世纪这个多元化、快速变革的时代,教育的核心任务不仅仅是传授知识,更是培养学生的全面能力,使他们能够适应社会的多样性和不断的变革。因此,教师的角色也发生了根本性的变化,从传统的知识传授者变为引导者、伙伴和终身学习者。为了更好地适应这一变革,培养"多元化"教师成为地方高师院校的当务之急。这样的教师不仅仅具备跨文化沟通的能力,更能灵活地运用各种教学方法,满足不同学生的学习需求。他们还积极地与社区、非政府组织和其他教育机构合作，为学生提供更加丰富和多元的学习经验。总之，着力培养"多元化"教师，是地方高师院校适应教育现代化、满足学生多样性需求的必然选择，也是推动教育创新和进步的关键。

一、着力培养"多元化"教师的必要性

在当前社会的快速变迁中，教育需求也在持续演化，要求教育工作者不仅掌握专业知识，还要具备跨学科、跨领域的综合能力。为此，地方高师院校应不断深化教学改革，培养出能够适应多样化教育场景、适应社会发展的优秀人才。

（一）满足多元化学生需求

每个学生都有自己的学习风格和节奏，多元化的教师能够运用多种教学方法和策略，为不同的学生提供定制化的教学支持。

多元化不仅仅指教学方法和策略的多样性，更是指教师对学生个体差异的深刻理解和尊重。只有教师能够结合学生的个体差异灵活地运用不同的教学方法和策略，才能真正做到因材施教，帮助每一个学生找到最适合自己的学习路径。因此，地方高师院校在培养师范生的过程中，应当更加注重实践性、探索性和创新性，为师范生提供更为宽广的知识视野和更为深厚的实践经验。只有这样，未来的教师才能够真正成为适应多元化学生需求的教育工作者。在教学内容上，地方高师院校应当确保课程内容与当代学生的实际需求紧密相连，使师范生能够在理论学习中感受到教育的现实意义。此外，除了传统的教育学知识，还需要加强融入跨学科知识，使师范生在宽广的知识视野中，更好地理解和应对学生的多样化需求。

此外，师范生的人文关怀和教育情怀需要得到重视和培养。教育不仅仅是一种技术活动，更是一种人与人之间的交往活动。地方高师院校应当帮助师范生建立正确的教育观念，培养其对学生的关心和关爱，使其在教育实践中，真正做到因材施教，关心每一个学生的成长。

（二）持续推进教育改革创新

随着社会、经济和技术的快速变革，学生的需求、家庭的期望和社会的要求都在发生深刻变化。教育，作为培育未来人才的关键领域，不可能停留在传统的框架和方式上，需要与时俱进，应对各种新的挑战和机遇。地方高师院校着力培养多元化教师，正是为了应对这种快速变化的环境，为教育改革创新提供人才支持。多元化教师不仅具备传统的教育技能和知识，而且能够根据不同的学生、不同的环境和不同的情境进行灵活应变，实施差异化的教育。他们更

加注重学生的个体差异，关心学生的真实需求，努力创造有利于学生成长的教育环境。

此外，多元化教师也更加开放和创新，更愿意尝试新的教育理念、方法和技术，为教育改革创新提供实践的机会和经验的积累。他们的存在，为教育的多样化、个性化和人性化提供了有力的支持。面对教育领域的各种挑战和问题，多元化的教师更有可能提出新的教育理念和方法，推动教育的持续创新和进步。

因此，地方高师院校在培养师范生的过程中，应更新教育观念，培育师范生的创新思维，使其能够对传统教育理念进行反思，勇于探索新的教育路径。在此基础上，地方高师院校应当提供学术平台和实践机会，让师范生能够深入研究、实践和创新。此外，地方高师院校应当积极引入先进的教育技术和方法，让师范生在实践中运用这些新工具为学生提供更具针对性、更加高效的教育，让他们在不断变化的教育环境中，成为真正的教育改革者和引领者。

（三）实现家庭、学校、社会协同育人

在当前的教育环境中，实现家庭、学校、社会协同育人已经成为育人工作的重要内容。这一理念强调教育不仅仅是学校的事情，更是全社会、每一个家庭和个体的共同责任。孩子们在家庭中度过了他们生命的初级阶段，而学校和社会又是他们日常生活和学习的主要场所，因此，家庭、学校和社会之间的紧密合作和协同育人对于孩子们的健康成长具有决定性的作用。

多元化教师，不仅具备教书育人的基本技能，还具有跨文化、跨学科的沟通与合作能力，能够理解和尊重学生的多元文化背景和家庭教育观念。这样的教师更能够为学生搭建起一个连接家庭、学校和社会的桥梁，实现真正的协同育人。多元化教师能够更好地理解和应对学生的多元化需求，更加注重学生的个性化发展。这不仅仅有助于学生的全面发展，更能够让家庭、学校和社会之间形成一个紧密的育人网络，共同为学生的成长提供支持。

为实现家庭、学校、社会协同育人，地方高师院校在培养师范生的过程中，需加强对师范生的实践培训，为师范生提供更多的实践机会，让他们深入了解家庭、学校和社会三者的紧密联系和互动关系，让师范生在实际的教育环境中体验和应用所学的理论知识和技能，从而更好地为学生提供教育服务。

二、着力培养"多元化"教师的主要内容

在全球化的背景下，教育的多样性和复杂性日益凸显。地方高师院校逐渐认识到，单一的教育模式和传统的教育方法已经难以满足当前的教育需求。因此，着力培养"多元化"教师成为地方高师院校教育改革和发展的重要方向。

这种多元化不仅仅是教学方法和内容的多样化，更是教师综合素质和能力的全面发展和提升。这样的教师能够更好地适应和应对教育的现代化、国际化和信息化带来的各种挑战，更能够满足学生多样性的需求，推动教育的持续改革和创新。

为培养"多元化"教师，地方高师院校需要重点培养师范生以下几个方面的能力和素养。

（一）沟通协调能力

在当今教育背景下，多元化教师不仅要面对多样性的学生，还要与家长、同事以及社区建立有效的联系。在这一背景下，沟通协调能力显得尤为关键。地方高师院校之所以要着重培养师范生的沟通协调能力，是因为这一能力在教师的职业生涯中起到了至关重要的作用。无论是理解学生的需求，还是与家长探讨学生的发展，甚至是参与学校的团队工作，沟通协调能力都是不可或缺的。

在现代社会，教育不再是单向的传授，而是多方的互动。教师需要理解和尊重每一个学生的差异，同时协同家长和其他教育工作者，为学生提供一个全面、均衡的教育环境。此外，教师还需要与社区和其他机构建立联系，共同为学生的成长创造条件。

为培养多元化教师，提升师范生的沟通协调能力，地方高师院校可以通过模拟教学，让师范生在实际的教学环境中体验和锻炼沟通协调的技巧，也可以开设专门的课程，让师范生深入探讨沟通协调的理论和方法。在模拟教学环节，地方高师院校可以设计各种真实场景，如家长交流会、教育团队的讨论会或是模拟处理学生冲突。通过这些模拟活动，师范生可以在一个较为真实但又相对安全的环境中，练习他们的沟通和协调技巧，从中吸取经验，不断完善。在课程建设方面，地方高师院校应该深入地为师范生开设沟通协调相关课程，应涉及人际关系建立、有效沟通策略、冲突解决技巧等。通过系统的学习，师范生能够掌握沟通协调的基本原理和技巧。与此同时，真实的实践是锻炼能力的最佳方式。地方高师院校可以与当地的学校和社区建立合作关系，为师范生提供实习或志愿服务的机会。在这样的实践中，师范生可以与不同的人群进行真实的交往，学习如何在复杂的环境中进行有效的沟通和协调。地方高师院校还可以邀请经验丰富的教育工作者来校分享他们的经验和见解。这样，师范生不仅可以从中学到真实的案例和策略，还可以了解到在实际工作中如何更好地运用沟通协调的技巧。

（二）技术整合能力

在信息化日益深入的今天，技术整合能力已经成为教师必备的技能之一。

在信息化、数字化的时代背景下，教育方法和手段也在不断创新，而技术，正是创新的关键驱动因素。教师需要利用各种技术资源，创造出具有时代特色的教学环境，从而更好地满足学生的学习需求。多元化教师能够利用不同的技术手段去适应多种学习风格，为学生创造个性化的学习环境。教师面对的是多元化的学生群体，他们有着不同的学习风格、背景和兴趣，只有充分利用技术，才能为每一个学生提供合适的学习资源和方法。技术整合能力使得教师能够灵活运用不同的教学工具，为学生创造更为个性化的学习体验，同时也能够提高教学的效果和效率。

因此，地方高师院校应加强师范生技术整合能力的培养。高师院校可以与各类学校或教育机构建立合作关系，让师范生有机会参与到真实的教学环境中，体验并实践技术与教学的结合。这种沉浸式的学习方式，不仅可以让师范生直观地理解技术在教学中的应用，还能让他们在实践中发现问题、寻找解决方案。同时，地方高师院校需要加强对师范生的理论培训，让他们深入了解现代教育技术的发展趋势、教育应用场景以及技术如何促进学生学习。地方高师院校更要鼓励师范生参与到相关的研究项目中，亲身体验技术整合过程，培养他们的创新思维和解决问题的能力。

（三）终身学习能力

终身学习能力是指个体在整个生命历程中，不断自我更新、主动探索、持续吸取知识并将其应用于实践的能力。这种能力不仅包括学习新知识的技能，还包括反思、自我调整和对新情境的适应。

在当今这个日新月异、知识更新速度极快的社会，教育的目标不仅仅是传授知识，更重要的是培养学生的学习能力，让他们在未来的生活和工作中，都能够持续学习、不断进步。对于地方高师院校来说，培养师范生的终身学习能力显得尤为重要。因为教师不仅仅是知识的传授者，更是学习的模范，他们的学习态度和方法，直接影响到学生的学习习惯和效果。

多元化教师需要具备终身学习能力，因为他们面对的学生、教学环境和社会背景都在不断变化。只有具备了终身学习的能力，教师才能够不断更新自己的知识和技能，适应新的教育需求，提高教学效果。同时，终身学习能力也是教师应对职业挑战、实现自我成长和保持教育热情的关键。此外，随着社会的发展，教育的目标和内容也在不断演变，多元化的教育需求和挑战也在增加。只有具备了终身学习的能力，教师才能够及时掌握新的教育理念和方法，满足学生的多元化需求，促进教育的持续创新和发展。

为提升终身学习能力，师范生应养成自我反思的习惯。每当完成一个任务或经历一个事件,师范生都应该思考自己从中学到了什么,这些经验如何帮助自己成长,并思考如何在未来做得更好。通过反思,师范生能更加明确自己的长处和短板,从而明确下一步的学习目标。此外,利用现代技术工具也是提高终身学习能力的关键。在这个信息爆炸的时代,学习资源比以往任何时候都要丰富。师范生可以利用在线课程、教育平台和各种应用软件,获取最新的知识和技能。与此同时,师范生还需要学会筛选信息,区分哪些是有价值的知识,哪些是干扰和噪音。更为关键的是,师范生需要培养出持续的好奇心和探索精神。他们要学会提问,对未知的事物保持敏感和好奇,不满足于现有的知识和经验,而是努力寻找答案和解决问题的方法。同时,与他人的交流和合作也能够帮助师范生提升自己的终身学习能力。通过分享自己的知识和经验,听取他人的意见和建议,师范生可以从中获得新的启示和灵感,激发自己的学习热情。师范生应该认识到,学习不仅仅是为了应对考试或完成任务,更是为了实现自己的人生价值和职业目标。只有这样,他们才能真正体验到学习的乐趣,将其内化为自己生活中不可或缺的一部分。

(四) 多元化教学能力

多元化教学能力是指教师在教育教学过程中能够根据学生的不同特点、兴趣和需求,运用多种教学方法、技巧和资源,创设多样化的学习环境,实现教学的个性化和差异化,以达到优化教学效果的目标。它要求教师不仅拥有扎实的学科知识和基本的教育教学技能,还需要具备教育心理学、学生发展学等多学科的知识,以及跨文化交际、技术应用等多方面的能力。

在当前的教育背景下,学生的背景、兴趣、认知风格和学习需求日趋多样化。传统的、单一的教学方法已经难以满足学生的多元化学习需求,也不能充分发挥学生的潜能和创造力。而高师院校作为教师培训的重要基地,有责任和使命培养出适应时代发展、满足学生需求的高素质教育人才。对于教师来说,具备多元化教学能力是他们工作的核心素养。只有这样,他们才能在复杂多变的教育环境中,灵活地运用多种教学策略和技术,创设丰富多彩的学习场景,引导学生主动参与、深入探究,激发学生的学习兴趣和潜能,帮助学生建立正确的学习观念和策略,促进学生的全面发展和终身学习。

为培养师范生的多元化教学能力,高师院校应注重理论与实践的结合,通过课堂教学,让师范生深入理解教育学、心理学、教育技术等相关理论知识,培养师范生的教育哲学和价值观。同时,高师院校还应创建多种教学模拟环境,使师范生能在模拟的环境中尝试不同的教学策略和方法,从而培养其多元化教学的直观感知和实际操作能力。除了课堂教学,高师院校还应加强与基础教育学校的合作，为师范生提供丰富的实习和实践机会。在实践中，师范生可以直接面对不同背景、兴趣和需求的学生，学会如何根据学生的实际情况进行教学设计、组织和管理，如何运用多媒体和信息技术辅助教学，如何处理教育教学中的复杂问题和挑战。此外，高师院校还应开展多种形式的研究与培训活动，鼓励师范生参与教育教学的研究和创新，使其提高教育教学的研究能力和创新意识。通过参与研究和创新，师范生不仅可以深入理解和掌握多元化教学的理论知识和实践技能，还可以形成教育教学的批判性思维和自主学习能力。

（五）道德修养与专业操守

教育不仅仅是知识的传递，更是价值观、人生观和世界观的塑造。师范生在其职业生涯中，将与来自不同背景、具有各种需要的学生打交道。这种多样性要求师范生不仅在知识上有深厚的积累，更要具有高尚的品质。地方高师院校培养师范生的道德修养与专业操守，正是为了确保每一位未来的教师都能成为学生心灵的引导者，成为社会公众信赖的教育者。具备高尚道德修养的教师，会更容易得到学生和家长的信任和尊重，而且更有可能为学生提供一个公平、尊重和关爱的学习环境。具备专业操守的教师，也会始终坚守教育的核心价值和使命，遵循教育的规范和原则，确保教育的质量和效果，维护教育的公正和公平，这也是多元化教师的基本素质要求。

因此，地方高师院校应该深化师德教育，让师范生从入学之初就深刻认识到作为一名教师的社会责任和使命。这不仅仅包括对教育法律法规的学习，更包括对教育的核心价值和原则的深入探讨和反思。在教学实践中，高师院校可以设计一系列的师德案例分析，让师范生在实际的教育情境中体验和思考，如何做到公正、公平、尊重和关爱。此外，地方高师院校还应该加强师范生的心理健康教育，帮助他们建立正确的人生观、价值观和世界观，培养他们的情感智慧和情绪管理能力。因为只有心理健康、情感成熟的教师，才能更好地应对教育中的困惑和挑战，为学生提供一个稳定、和谐的学习环境。

三、着力培养"多元化"教师的策略

（一）构建"多方位"的支撑保障体系

地方高师院校需要构建"多方位"的支撑保障体系，全方位地服务于师范生的成长。这一体系旨在确保师范生在技能、知识、态度和价值观等多个方面得到均衡的培养。只有这样，他们才能真正成为"多元化"的教师，能够适应不同文化、技术和学习需求的教育环境，为学生提供高质量的教育。具体来看，构建"多方位"的支撑保障体系，地方高师院校需要从以下几个方面入手。

1. 学术研究与教育资源

为培养"多元化"教师，地方高师院校需深入了解师范生的需求，为师范生提供丰富的学术资料、教育工具和教育技术，确保师范生在学术上不断更新和拓展，与教育的前沿保持同步。只有深入研究，师范生才能真正理解教育的本质、趋势和挑战，从而形成与时俱进的教育观念。而在实际教育工作中，丰富的教育资源可以帮助师范生高效地完成教学任务，更好地满足学生的学习需求。因此，地方高师院校要组织并鼓励师范生参与各类学术研讨会、讲座和工作坊，提供与教育专家交流的机会，促进他们的学术思维与实践能力相结合。地方高师院校要与国内外的研究机构、大学和教育机构建立合作关系，共享学术资源，为师范生提供更宽广的学术视野和更多的研究机会。

2. 心理健康与职业辅导

心理健康是任何专业成长的基石。面对教育行业的种种压力和挑战，地方高师院校有责任确保师范生在心理和职业层面得到全面的支持和指导。教育工作常常涉及情感劳动，教师需要与学生建立深厚的关系，同时处理家长、同事和行政人员之间的关系。这些互动可能导致情感上的压力和疲劳。因此，地方高师院校需提供心理健康教育，教导师范生如何识别和管理情感，以及如何维护自己的心理健康。此外，提供定期的心理健康检查和心理咨询服务，也能帮助师范生面对和解决他们可能遇到的心理问题。

与此同时，职业辅导也是师范生走向成功的关键。教育行业虽然充满机会，但也存在许多不确定性。为了确保师范生在这一行业中取得成功，地方高师院校应为他们提供职业规划、职业发展和其他相关的辅导。这不仅可以帮助师范生了解他们的长处和兴趣，还可以为他们提供在教育领域内外寻找机会的策略和资源。培训师范生在求职、面试和职业发展过程中所需的技能，也是职业辅导的一部分。

总之，地方高师院校在培养多元化教师时，必须在心理和职业上为师范生提供充分的保障。这不仅有助于他们的个人和职业发展，还能够保证他们为学生提供高质量的教育。

3. 培训与进修

随着教育研究的进步和社会环境的变化，教育方法、技术和工具也在不断更新。为了培养出与时俱进、适应未来教育需求的多元化教师，地方高师院校必须为师范生提供持续的培训与进修机会。

地方高师院校可以与国内外的教育机构建立合作关系，共同设计和实施持续教育计划。这些计划可以是短期的研讨会、工作坊，也可以是长期的进修课程或研究项目。这不仅可以为师范生提供与前沿教育研究接轨的机会，还可以增强他们在实际教育环境中的应用能力。除了传统的面授课程，地方高师院校还可以利用技术手段，如在线教育平台，为师范生提供更加灵活和多样化的学习机会。这样，即使师范生已经进入工作岗位，也可以根据自己的时间和需求，选择合适的课程进行学习。同时，地方高师院校还应鼓励师范生参与实践活动，如教育实习、教育项目设计等，以获得实际的教育经验。这样的实践机会可以帮助师范生更好地将所学知识与实际教育环境相结合，增强他们的教育实践能力。

（二）健全"多维度"的校本研训体系

校本研训是指在具体的学校或教育机构内部，根据其实际情况与需求，组织和实施的针对性的教育与教学研训活动。与传统的大规模、标准化的研训方式相比，校本研训更加注重对特定学校、团队或个体教师的实际需求的满足，以及对实际教学实践的改进和提升。

地方高师院校在培养师范生的过程中，应该意识到简单的课堂教学与传统的教育模式已无法满足现代教师的多维成长需求。因此，地方高师院校需要构建健全的"多维度"校本研训体系，为师范生提供一个全方位的成长平台。

通过构建分阶段、分层次、分类型的校本研训体系，地方高师院校可以让师范生按照自己的兴趣和需求选择合适的研训内容，这样既可以确保师范生得到充分的关注和培训，又可以确保他们在知识、技能和能力态度等各个方面都得到全面的发展。这样的校本研训体系不仅有助于师范生的专业发展，还为培养出更具创新性和多元性的现代教师提供了有力的支撑。

（三）改革"多样化"的教育实习体系

教育实习是师范生参与教育和教学实践的活动，是师范院校教学计划中不可或缺的综合性实践课程。这样的实习机会可以让师范生深入了解中小学的实际教育环境，并直接参与到教学中，从而在各个方面得到全面的锻炼。在此过程中，师范生不仅可以验证和巩固自己的学术和专业知识，还能提高自己的教育技能，培养独立进行教育和教学工作的能力。更为重要的是，实习能够加深师范生对教育事业的执着与热爱。教育实习作为师范院校的一次关键的职前训练，是实现师范教育培养目标的核心实践环节。

为培养多元化的教师，地方高师院校应改革"多样化"的教育实习体系，努力实施集中教育实习和分段教育实习相结合、定点教育实习和分散教育实习相结合、单科教育实习和多科教育实习相结合的教育实习机制。

1. 集中教育实习和分段教育实习相结合

集中教育实习，通常为一段时间内，师范生全身心投入某一学校进行实践，它为师范生提供了一个沉浸式的教学环境。在这样的环境中，师范生能够快速适应学校的教育节奏，深入参与教学活动，并与学校的教师、学生建立紧密的关系。这样的经验有助于他们对教育教学有一个全面而深入的了解。分段教育实习则具有更大的灵活性。它允许师范生在不同的时间段或学年中选择合适的实习机会，与其学术学习和个人发展相结合。例如，他们可以根据自己的学习进度和实际需求，选择在某个学段进行实习，或者在某个特定的教育话题或项目上进行深入研究。

对此，地方高师院校应当制定明确的实习计划和目标。例如，可以确定某一学年的某个时间段为集中实习期，而在其他时间则进行分段实习。同时，地方高师院校还需要与多家合作学校建立紧密的合作关系，确保为师范生提供丰富且有质量的实习机会。此外，还应该为师范生提供充分的前期培训和实习期间的指导，确保他们能够在实习中获得真正有价值的经验。

2. 定点教育实习和分散教育实习相结合

定点教育实习通常是指师范生在某一特定学校或教育机构中进行一段连续的实习。这种模式允许师范生深入了解和融入某一特定的教育环境，与校方教师、学生建立持久的关系，并对该校的教育模式和文化有深入的了解。此外，这种实习方式还可以确保师范生获得持续、系统的教学经验和指导。分散教育实习则是指师范生在多个不同的学校或教育机构中进行短期、不连续的实习。这样的实习模式为师范生提供了一个观察和体验多种教育环境和模式的机会，从而拓宽视野，培养适应不同教育环境的能力。

因此，为培养多元化教师，地方高师院校需要在教育实习计划的制定上做出精细的安排。例如，可以在师范生的初级学年进行分散实习，让他们对不同的教育环境有初步的了解和体验，然后在高级学年进行定点实习，让师范生深入某一特定的学校或教育机构进行系统的实践。此外，学校还需要与各个实习点建立稳定的合作关系，确保为师范生提供高质量的实习机会。为了确保实习的效果，学校还需要为师范生提供充分的前期培训，以及实习期间的持续指导和反馈。

3. 单科教育实习和多科教育实习相结合

单科教育实习，专注于某一具体学科的教学，例如数学、物理或历史。这种模式的优势在于，师范生能够深入某一学科，专注于该学科的教学方法、内容和策略，形成深厚的学科教学能力。然而，现代教育越来越强调跨学科的整合与合作，这就需要教师不仅要对自己的专业学科有深入的了解，还要能够与其他学科进行有效的整合。因此，多科教育实习应运而生，它使师范生有机会涉猎多个学科，形成跨学科思维和教学能力。

地方高师院校在实施这两种实习模式时，可以考虑在师范生的初期学习阶段重点推进单科教育实习，确保他们在某一学科上达到教育的专业标准。随后，在师范生的学业进程中，逐渐加入多科教育实习的元素，使他们开始尝试跨学科的教学。为确保实习效果，学校需要与合作学校紧密沟通，为师范生提供多种类型的实习机会，包括单科和多科的教学实践。同时，指导教师的选择和培训也是关键，他们不仅要在自己的学科领域有深厚的造诣，还要具备跨学科教学的经验和能力。

此外，扶贫顶岗实习支教的模式也为地方高师院校开辟了一条新的教育实习路径。这样的实习模式让优秀的师范生走出校园，深入偏远地区，真正融入教育第一线，体验教育的实际操作。这种深度的体验使他们能够更好地理解和应对教育中的实际问题，培养他们解决问题的能力和教育责任感。此外，这种模式也有助于构建一个职前培养与职后培训一体化的教师教育人才培养模式。师范生在支教期间不仅仅有机会与一线教师探讨教学经验、解决教学难题，更是在实践中与基础教育改革相适应，形成了教学做合一的教学实践格局。直接参与教育教学、班级事务管理和人际关系处理的经验，会使师范生在短时间内快速掌握教师必备的教育教学技能，并在实际工作中增强责任意识和获得教师职业认同感。这种实际操作与理论学习相结合的方式，使师范生更为全面地掌握教师的职业技能，为其未来的职业生涯打下坚实的基础。

第三节　建立师范生评价标准

为确保培养出的师范生能够胜任未来的教育工作，满足社会和学生多变的需求，对他们进行全面、公正、具有针对性的评价显得尤为关键。而这一评价不应仅仅局限于学术成绩，而是要构建一个多维度、立体的评价体系，覆盖师范生的教育理念、教学能力、学科知识、实践经验以及职业操守等多个方面。只有这样，地方高师院校才能确保每一位毕业的师范生都具备教育者的基本素养，为我国的教育事业注入新的活力。在这一背景下，建立一套公正、合理且具有前瞻性的师范生评价标准，成为地方高师院校努力的方向和目标。

一、建立师范生评价标准的意义

地方高师院校承载着为国家和地方培养合格、专业的教育工作者的重要任务。在这样的使命驱动下，建立一套科学、合理、具有指导意义的师范生评价标准显得尤为关键。这样的标准不仅能够确保师范生在专业知识、教育技能、人文素养等各个方面达到预期的培训目标，还可以促进学院内部教学管理、教育资源配置与教学方法的持续优化。通过这套评价标准，高师院校可以持续深化教育教学改革，更好地满足现代社会对教师角色和职责的期待，进而为未来的教育事业输送更为优质的教育人才。

（一）评估师范生的素质和能力

评估师范生的素质和能力是地方高师院校教育工作的核心，因为这关系到教师教育的最终目的——培养出既有知识储备又有实际教学能力的合格教育者。师范生的素质涵盖了他们的职业情感、教育理念和人文关怀，而能力则涉及他们的教育技巧、教学策略和课堂管理等方面。这两个方面是相辅相成的，一个优秀的教育者不仅要具备丰富的专业知识，还要有与之匹配的职业情感和实践技能。

地方高师院校建立师范生评价标准，实际上是为了更准确地把握这两个方面的培养成果。这些标准为教育者的成长提供了一个明确的方向和参照，确保他们在学习的过程中能够知道自己的长处和需要努力的方向。同时，评价标准还能为教育机构提供反馈，让它们了解自己的教育策略是否有效，哪些地方需要调整，从而保证教育工作的高效进行。具体来说，如果地方高师院校拥有一套完善的师范生评价标准，它们就可以更加系统地评估师范生在知识、技能和态度三个层面上的表现。这不仅可以帮助师范生更好地理解自己的优势和劣势，还可以为教育机构提供宝贵的数据支持，使其能够根据师范生的实际表现来调整教育方法和内容，确保教学与师范生的实际需求相匹配。

（二）指导教师改进教学过程

教学过程作为教育的核心环节，其质量直接影响到学生的学习效果和教育目标的实现。因此，持续改进和优化教学过程显得尤为重要。为了有效地进行这一工作，教师需要根据具体的评价数据来调整和完善自己的教学方法和策略，确保教学内容和方式都能够适应学生的实际需求。

地方高师院校建立师范生评价标准，其意义在于为教师提供一个明确的教学效果参考。这套评价标准不仅关注师范生的知识掌握情况，还深入教学方法、课堂互动和师范生的实际应用等多个维度。当教师根据这些标准进行自我评估和反思时，他们能够更加明确地识别出自己在教学中的短板和潜在的改进空间。具体而言，地方高师院校的师范生评价标准可以帮助教师深入了解师范生的学习难点和兴趣所在，从而调整教学内容和方法，使其更加贴近师范生的实际需求。同时，通过对师范生的综合评价，教师可以更好地掌握师范生的学习进度和状态，及时进行针对性的辅导和指导，提高教学效果。此外，这套评价标准还可以为教师提供与同行交流和学习的机会。当面对教学难题或疑惑时，教师可以参照评价标准中的相关指标，与同事进行深入的探讨和交流，共同寻找更为有效的教学策略和方法。

（三）提升地方高师院校教育质量

教育质量是衡量教育机构效益的核心指标，与学校的声誉、教育效果以及毕业生的未来发展紧密相连。地方高师院校作为培养未来教育工作者的重要场所，其教育质量直接关系到基础教育的持续发展和社会的稳定进步。因此，提升教育质量是每一所高师院校的核心任务和长远目标。

地方高师院校建立师范生评价标准，正是为了确保教师教育的质量与时俱进、科学合理。这套评价标准可以为教学活动提供明确的导向和教育目标，使教育活动更加有目标性、计划性。同时，这套标准也能够为教师和学生提供一个清晰的反馈机制，使双方明确自己的位置，及时进行调整和完善。在此基础上，师范生评价标准能够促使高师院校不断地审视调整自己的教育策略和方法。当教育成果不能满足评价标准时，学校会寻找原因并进行相应的教学改革。而当教育成果超越评价标准时，学校也会进一步提升标准，追求更高的教育目标。

二、建立师范生评价标准的要求

在教育领域，教学评价不仅仅是对学生学业成果的量化，更是一个深度反思教学质量、课程设计、教学方法和学生发展等多方面因素的过程。评价标准，作为这个过程的核心组成部分，决定了教学评价的质量、方向和效果。地方高师院校在培训未来的教育者时，面临着特殊的挑战和责任，不仅要确保师范生在学术上达到一定的标准，还需要确保他们具备成为优秀教育者的各种素质。因此，高师院校的评价标准必须是全面的，要反映出师范生在知识、技能和态度等多个层面上的发展。评价标准要关注师范生的知识掌握，也要关注他们的实践能力、批判性思维、情感态度、职业意识和团队合作等多方面的发展。而随着社会和教育环境的变化，评价标准也应该是动态的，能够适应时代的要求，反映出教育的最新理念和目标。此外，考虑到地域、文化和社会经济背景的差异，地方高师院校在制定评价标准时，应当充分考虑本地的特色和需求。这样，评价不仅能够真实地反映出师范生的学习成果，还能促进地方教育的发展和完善。

具体来看，地方高师院校建立的师范生评价标准应满足以下几点要求：

（一）全面性

地方高师院校不仅仅要关注师范生在某一领域或某一时间点上的表现，更要综合评估他们在多个方面和长时间内的整体表现。

地方高师院校培养的师范生要面对复杂多变的教育环境，他们所需的知识和技能也要多样化。评价内容的全面性意味着评价不单单局限于师范生的学术知识和教育技能，还要关注他们的职业态度、团队合作能力、沟通技巧、心理健康等各个维度。例如，一个教师在教育理论上可能很卓越，但如果他在班级管理或与家长沟通时遇到困难，他的教学效果可能就会受到影响。因此，全面的评价内容可以确保师范生在所有必要的领域都得到足够的关注和培训。同时，评价过程也要体现全面性。这意味着评价不应仅仅依赖于某一次的考试或某一段时间的表现，而是要综合考虑师范生在整个培训过程中的发展和变化。可能有些师范生开始时在某些方面表现不佳，但随着时间的推移，经过持续的努力，他们可能会有显著的进步。如果只关注某一时间点的评价，可能会错过这些师范生的努力和成长。只有通过全面的评价，地方高师院校才能确保培养出的师范生真正具备成为优秀教育者的所有必要素质，从而更好地为社会和学生服务。

（二）动态化

教育过程中，学生的知识、技能和态度都是在不断发展的。这种发展可能是线性的，也可能是阶段性的。如果评价方式是静态的，即只在某一特定时间点进行，那么很可能会错过学生在其他时期所展现出的能力和潜力。而动态化的评价则强调在整个教育过程中在不同阶段多次进行评估，以获取学生全面的、连续的发展信息。

地方高师院校培养的师范生需要在真实的教育环境中施展所学，而这个环境本身就是不断变化的。随着社会、技术和教育政策的发展，教育的需求和挑战也在不断演变。动态化的评价标准可以确保师范生的培训和评估与这些变化保持同步，从而更好地面对未来的教育任务。此外，动态化的评价还可以为教育者提供及时的反馈，帮助他们了解自己在哪些方面做得好，哪些方面需要加强。这种及时的、持续的反馈对于教育者的自我调整和成长至关重要。

（三）地域性

地域性要求地方高师院校在建立师范生评价标准时，考虑特定地区的文化、社会和经济特点，确保评价标准既具有普遍性又具有针对性。

每一个地域都有其独特的文化传统、历史背景和社会环境。这些特点不仅影响着该地区的教育风格和内容，还直接影响着教育的需求和期望。例如，某些地方可能重视传统文化的传承，而其他地方可能更看重技术或现代化的知识。

因此，师范生的评价标准需要与当地的实际情况相匹配，确保师范生在完成培训后能够满足当地社区的真正需求。此外，地方高师院校构建的师范生评价标准应该关注本地的实际问题和挑战。某些问题可能在全国范围内都存在，但在某些地区可能更为突出。通过地域性的评价，可以帮助师范生更加具体、深入地了解这些问题，从而更有效地寻找解决方案。

此外，地方高师院校在建立师范生评价标准时，还可以增强当地社区对教育的认同感和参与度。当地社区看到自己的特色和需求被纳入教育评价时，更可能积极参与和支持教育工作，为师范生提供更多的资源和机会。

三、建立师范生评价标准的策略

（一）深入调研地域特色与需求

地方高师院校在建立师范生评价标准时，首先要对当地的教育环境、文化传统、社会经济背景等进行深入研究。了解地方的具体需求和特色是制定评价标准的基石。地域特色不仅仅是地理位置、气候和自然环境的差异，更多的是文化、社会结构、经济发展、教育资源等方面的综合体现。这些因素直接影响了当地学校的教育目标、课程设置、教学方法和学生的学习需求。为了确保师范生评价标准的实用性和适应性，地方高师院校应当与当地的基础教育学校、教育行政部门、社区组织等进行广泛沟通和合作。这种沟通可以是正式的访谈、问卷调查，也可以是实地考察、参与学校的日常活动等形式。这不仅仅可以帮助高师院校了解当地教育的实际情况，更可以直接听到学校、教师、学生和家长的真实声音，了解他们的期望和需求。

同时，地方高师院校还应当考虑地域发展的长远趋势。随着社会经济的发展，地方的教育需求和目标也会发生变化。这就要求师范生评价标准不仅要满足现有的需求，还要具备一定的前瞻性和灵活性，能够适应未来的变化。

（二）采用多元化的评价工具

地方高师院校在建立师范生评价标准时，考虑到教育过程和教育成果的多样性，应当采用多元化的评价工具。这样不仅有助于更全面、深入地了解师范生的实际能力和发展情况，而且可以为师范生提供更具针对性和导向性的反馈，促进他们的自主学习和职业发展。除了传统的笔试、面试等评价方法之外，地方高师院校还可以采用项目评估、教学设计、教育实践报告、同行评审等多种评价方式，使评价更为全面。

项目评估关注的是师范生在完成特定项目或任务时展现出的各种能力。这通常涉及应用所学知识和技能来解决实际问题。项目评估不仅关心结果，还考虑过程。这种评估有助于了解师范生在真实或模拟环境中的应用能力。

教学设计着重考核师范生如何根据教学目标、学生特点、教学内容以及教育环境来进行教学设计。此外，它还考察教学资源的使用、教学策略的选择以及评估方法的制定。通过评价师范生的教学设计，可以了解他们的教学规划和组织能力。

教育实践报告是师范生在完成教育实践后撰写的报告。它不仅记录了实践活动的过程，还包括师范生的反思、学生的反馈以及对未来教学的规划。这种评价工具有助于了解师范生的实践经验、自我认知和发展需要。

同行评审即由同级或同领域的人员对师范生的教学或其他活动进行评价。这种评价通常更为客观和全面，因为评审者与被评审者处于同一环境，更容易理解和感受到其教学的特点和问题。同行评审可以提供宝贵的反馈，帮助师范生了解自己的优点和不足，从而调整和完善自己的教学。

这些多元化的评价工具可以相互补充，提供更全面、深入的信息。同时，地方高师院校还应当注重评价的公正性、客观性，确保评价结果的真实性和有效性。只有这样，师范生评价才能真正发挥其应有的作用，为师范生的成长和发展提供有力的支持。

（三）强化反馈与改进环节

评价的目的不仅仅是为了评分，更重要的是为了提供反馈，帮助师范生和教育机构不断改进。因此，应确保评价结果能够及时、准确地反馈给相关人员，并据此采取相应的改进措施。

地方高师院校应确保评价结果能够迅速反馈给师范生，使他们了解自己在哪些方面做得好，哪些方面需要改进。这些反馈不应是笼统或一般性的，而是要具体到某一项技能或知识点，这样师范生才能明确自己的学习方向。地方高师院校建立的评价标准应强调师范生的长处和努力，而不仅仅是他们的不足，可以激励他们继续努力并加强自信。与此同时，评价标准本身也应是动态的，始终与时俱进。地方高师院校需要定期回顾和调整评价标准，确保它们始终与教育目标、地区特色和社会发展的需求相符合。当师范生的反馈或其他相关数据显示当前的评价方法或标准可能不够准确或不再适用时，学校应及时做出调整。

整体来看，地方高师院校在建立师范生评价标准时，不仅要确保标准的科学性和公正性，还要强化其反馈功能，使之成为师范生学习、成长的指南和学校调整教学策略的依据。这样的评价标准才能真正起到促进学生成长和提高教育质量的作用。

参考文献

[1] 唐松林,赵菲菲,赵菲凡,等. 从"景观性"到"审美性":师范生教育实习评价的审思与超越[J]. 大学教育科学,2022(4):93-101.

[2] 陈时见,刘凤妮. 师范生教育实习的目标定位与实践路径[J]. 教师教育研究,2022,34(2):15-21.

[3] 王向东,魏民. 专业认证理念下师范生教育实践体系重构和质量改进研究:基于东北师范大学的实践探索[J]. 东北师大学报(哲学社会科学版),2022(2):141-147.

[4] 张荣,胡巧红,安宁. 地方院校师范生教育情怀培育[J]. 中学政治教学参考,2022(7):63-65.

[5] 马晓倩,唐爱民. 师范生的教育实习与师德素养的生成[J]. 河北大学成人教育学院学报,2021,23(3):117-124.

[6] 左崇良,郑志辉. 高校师范生培养和发展现状的调查与评价:基于湖南省14所高校的实证分析[J]. 评价与管理,2021,19(3):7-15.

[7] 吴薇. 认知·体验·实践:基于能力达成、全时空的师范生生涯教育[J]. 生涯发展教育研究,2020,24(4):17-21.

[8] 魏戈,吕雪晗. 从实践性知识反思教师教育课程改革:基于师范生教学视频的实证研究[J]. 教师教育研究,2021,33(4):76-85.

[9] 陈飞. 师范生教育实习关键事件质化研究[D]. 长春:东北师范大学,2015.

[10] 胡洪羽. 化学教学论课程实施中化学师范生教育教学能力的形成机理[J]. 化学教育(中英文),2022,43(12):61-67.

[11] 李政云. 论师范生教育实习能力标准构建:以宾夕法尼亚州为例[J]. 湖南师范大学教育科学学报,2019,18(6):85-91.

[12] 张惠娟. 坚定信念,培养"大国优师"[N]. 人民政协报,2022-09-14(10).

[13] 赵秀红. 师范生教育实践要坚持问题导向[N]. 中国教育报,2016-

04-13.

[14] 祁雪晶. 免费师范生实习三大困境如何破除［N］. 中国教育报, 2011-01-03.

[15] 康丽. 实施师范生免费教育是国家战略［N］. 中国教师报, 2010-06-09.

[16] 毛帽. 免费师范生：以怎样的姿态走向未来？［N］. 中国教育报, 2009-10-29.

[17] 唐景莉. 免费师范生政策引领教师教育变革［N］. 中国教育报, 2008-04-28.

[18] 李梦林. 师范生教育实习指导过程中存在的问题及对策研究［D］. 长沙：湖南师范大学, 2020.

[19] 李梦. 师范生教育理论学习现状及优化策略研究［D］. 无锡：江南大学, 2020.

[20] 张帝. 教育实习对特殊教育专业师范生教师职业认同的影响研究［D］. 上海：华东师范大学, 2019.

[21] 李丹丹. 小学教育全科师范生的教师专业素养的调查研究［D］. 成都：四川师范大学, 2018.

[22] 高文财. 免费师范生教育硕士培养模式研究［D］. 长春：东北师范大学, 2016.

[23] 蒋福英. 师范生教育实习中的角色冲突研究［D］. 南昌：江西师范大学, 2015.

[24] 陈飞. 师范生教育实习关键事件质化研究［D］. 长春：东北师范大学, 2015.

[25] 郝晓娟. 师范生对教师职业认同的微观研究［D］. 扬州：扬州大学, 2014.

[26] 杨宁. 师范生教育技术能力发展：目标层次、影响因素与培养策略［D］. 长春：东北师范大学, 2013.

[27] 闫闯. 乡贤文化视域下公费定向师范生教育研究［M］. 长春：吉林大学出版社, 2021.

[28] 赵呈领, 万力勇著. 教育信息化发展与师范生教育技术能力培养［M］. 北京：科学出版社, 2013.

[29] 许世坚. 思想政治教育专业师范生教育实践指导［M］. 成都：西南交通大学出版社, 2016.

[30] 张建新. 高校师范生教育信仰研究［M］. 湘潭：湘潭大学出版

社，2012.

[31] 张世俊. 师范生教育实习引论［M］. 上海：华东师范大学出版社，1999.

[32] 徐世贵，刘芳，王晓旭，等. 新教师是这样炼成的师范生教育实习与就业指导［M］. 重庆：重庆大学出版社，2010.

[33] 李进. 我的教师教育观：当代师范生之愿景［M］. 北京：北京大学出版社，2009.

[34] 岳军祥. 新时代小学教育专业师范生综合素质影响因素研究［M］. 西安：陕西科学技术出版社，2020.

[35] 蒋馨岚. 传统与超越：师范生免费教育制度的价格研究［M］. 青岛：中国海洋大学出版社，2015.

[36] 王智超. 师范生免费教育政策实施状况追踪研究［M］. 长春：吉林人民出版社，2013.